MINERVA スタートアップ経済学 ②

経済学入門

中村 保・大内田康徳 編著

ミネルヴァ書房

はしがき

　本書は，経済学を初めて学ぶ人のための教科書である。経済学は，日々の経済活動，日本や世界の経済状況などを理解し，私たちの生活を向上させるために必要な国や地方自治体の政策を考える上で有用であると同時に，多くの人々の知的好奇心を刺激する面白い学問でもある。それゆえ，まずはこの教科書で経済学に興味を持ってもらい，その後でより深い内容の学習へと進んでいただければと考えている。

　ユネスコの無形文化遺産にもなった「和食」は私たちも大好きで，世界中の人々にそのおいしさ，奥の深さを知ってもらいたいと思う。しかし，一度にたくさんの料理を出されるとどうなるだろうか。ある人は「こんなには食べられない」と思い敬遠するかもしれない。ある人は全部食べきれず，その人がおいしいと感じる料理を口にしないで終わるかもしれない。仮にすべてを食べてもらえたとしても，満腹感や食べ過ぎたという意識の方が個々の料理の味わいよりも勝ってしまうかもしれない。和食の素晴らしさを最終的に分かってもらうためには，「あれも知ってもらいたいし，これも味わってもらいたい」という気持ちを抑えて，まずはエッセンスに触れてもらい「また食べてみたい」「違う和食も試してみたい」と思ってもらうことを目指すのが良いのではないだろうか。この本はこのような思いから書かれた「経済学」の教科書である。

　しかしながら，教科書である以上，最低限の内容を盛り込むことは必要である。また，経済学に限らず，入門段階では，その学問に特有な専門用語を学び，その意味を正しく理解することが不可欠である。この点がおろそかになると，その後の学習にマイナスの影響を与えるだけではなく，その分野への興味が失われることにもなりかねない。盛り込む内容を厳選すると同時に，重要な経済用語の正確な意味，さらにはその背後にある経済学的な考え方や論理の組み立

て方に細心の注意を払っている点も本書の特徴と言えるかもしれない。

　経済学に興味を持ってもらうためには，それがどのような学問なのか，そしてどのようにして現在のようなものになったのか，を知ってもらう必要がある。そのために，序章「経済学へのナビゲーション」がある。まずは，ざっとでも良いのでこの章を読んでもらいたい。そこで説明されているように，現在の経済学は，大きくミクロ経済学とマクロ経済学に分けられている。本書の構成もそれに従っているが，それはこのように分けるのが単に一般的であるというからだけではなく，初学者にとって分かりやすいと考えたからである。第Ⅰ部「ミクロ経済学」と第Ⅱ部「マクロ経済学」は独立したものとなっているので，どちらを先に読んでもらっても良い。ただし，第Ⅱ部から勉強する場合でも，経済学を理解するために必要不可欠な専門用語について説明している第1章「市場メカニズムの基礎」に先に目を通してもらいたい。

　各章には本文の他に2つのコラムがある。1つは，本書のレベルを若干越えてはいるが，できれば読者の皆さんに理解してほしいと考えたものを取り上げている。各章を読む際に一緒に読んでもらっても良いが，それ自体独立した内容になっているので，本書全体を読んだ後に各章の内容を思い出しながらコラムだけを読むのも1つの方法である。もう1つのコラムでは，各章の内容に関連する人物を紹介している。教科書の場合，その分野で大きな貢献をした研究者を取り上げることが多いが，本書では経済学者以外の歴史上の人物，特に日本人を数多く取り上げている。勉強の合間に目を通して楽しんでいただければ幸いである。

　皆さんの理解を確認するために章末の練習問題をぜひ活用してほしい。その際に，正解を探すことだけにこだわらずにじっくり考えてほしい。可能であれば1人ではなく友達と一緒に挑戦して，互いの考えを出し合い議論をしてみると理解はより深くなるだろう。章末には〈参考文献〉と〈今後の学習のための本〉も紹介しているので，より深い理解，そしてより進んだ内容への道案内として役立ててほしい。

　本書の作成段階で，ミクロ経済学（第Ⅰ部）とマクロ経済学（第Ⅱ部）のそれ

はしがき

　ぞれのパートごとに執筆者が集まり丸1日かけて各章ごとに詳細に検討した。内容や説明の仕方など多くの面でそれぞれが多くのことを学ぶことができた。「教えることが最良の学習法である」と言われるが，この教科書から最も多くのことを学んだのは執筆者たち自身かもしれない。

　MINERVAスタートアップ経済学シリーズの編者である関西大学の奥和義先生とミネルヴァ書房の堀川健太郎さんには，構想，執筆，そして校正の各段階で大変お世話になった。最後になったが，両氏のご尽力に心からお礼を申し上げたい。

　　2017年1月

神戸大学　中　村　　保
広島大学　大内田康徳

経済学入門

目　次

はしがき

序　章　経済学へのナビゲーション……………………………………1
　1　経済学とは何か………………………………………………………1
　2　経済学の誕生…………………………………………………………2
　3　マクロ経済学の誕生…………………………………………………6
　4　ミクロ経済学とマクロ経済学………………………………………7
　5　経済学の学習に向けて………………………………………………10
　Column
　①アダム・スミス（Adam Smith: 1723-1790）……5

第Ⅰ部　ミクロ経済学

第1章　市場メカニズムの基礎…………………………………………15
　1　経済活動と市場経済…………………………………………………15
　2　市場経済と分業………………………………………………………19
　3　交換からの利益………………………………………………………21
　4　分業のシステムとしての経済………………………………………27
　5　見えざる手の理解に向けて…………………………………………29
　Column
　②デイビッド・リカード（David Ricardo: 1772-1823）……27
　③生産可能性フロンティアと機会費用……30

第2章　需要曲線と消費者余剰…………………………………………33
　1　需要曲線………………………………………………………………33
　2　消費者余剰……………………………………………………………36
　3　需要曲線のシフトと形状……………………………………………39
　4　効用最大化……………………………………………………………43
　5　需要曲線から消費者行動へ…………………………………………47

vi

目　次

Column
④アーサー・C. ピグー（Arthur Cecil Pigou: 1877-1959）…… 45
⑤効用最大化行動 …… 46

第3章　供給曲線と生産者余剰 …………………………………… 51
1　供給曲線 …………………………………………………………… 51
2　生産者余剰 ………………………………………………………… 54
3　供給曲線のシフトと形状 ………………………………………… 57
4　企業行動と費用 …………………………………………………… 60
5　企業行動と利潤最大化 …………………………………………… 64
6　供給曲線と企業行動 ……………………………………………… 68

Column
⑥ロナルド・H. コース（Ronald Harry Coase: 1910-2013）…… 60
⑦利潤最大化行動 …… 67

第4章　市場の効率性 …………………………………………………… 71
1　経済学における2つの評価基準 ………………………………… 71
2　効率的資源配分 …………………………………………………… 75
3　市場への介入の効果 ……………………………………………… 79
4　市場を評価する2つの視点 ……………………………………… 85

Column
⑧アルフレッド・マーシャル（Alfred Marshall: 1842-1924）…… 79
⑨税と効率性 …… 81

第5章　部分均衡と一般均衡 ………………………………………… 89
1　部分均衡分析 ……………………………………………………… 89
2　一般均衡分析 ……………………………………………………… 91
3　純粋交換経済での分析 …………………………………………… 98
4　部分均衡分析と一般均衡分析の比較 ……………………………104

vii

Column
⑩タウンゼント・ハリス（Townsend Harris: 1804-1878）……93
⑪高年齢者の雇用政策と労働市場……97

第6章 市場の失敗……107
1 独占市場と寡占市場……107
2 外部性……115
3 公共財……118
4 情報の非対称性……122
5 市場が失敗する状況……126

Column
⑫A. A. クールノー（Antoine-Augustin Cournot: 1801-1877）……114
⑬ゲーム理論とミクロ経済学の発展……124

第Ⅱ部　マクロ経済学

第7章 GDPと国民所得会計……131
1 経済規模・経済活動の成果の測定……131
2 国内総生産（GDP）とは何か……134
3 経済循環と三面等価の原則……138
4 実質 vs. 名目，水準 vs. 成長率……144
5 現実の中のマクロ経済データ……150

Column
⑭石田三成（1560～1600年）……144
⑮成長率に関する近似式……149

第8章 総所得の決定と財政政策……153
1 総需要とは何か……153
2 総所得決定のメカニズム……155

3　乗数効果···161
　　4　財政政策···164
　　5　合成の誤謬···170
　　6　政策的処方箋としてのマクロ経済学···············173
　Column
　　⑯高橋是清（1854〜1936年）······ 162
　　⑰乗数を簡単に求める方法······ 167

第9章　貨幣と物価···175

　　1　貨幣の機能と定義·······································175
　　2　金融と金融仲介機関···································179
　　3　銀行の役割···184
　　4　貨幣貸借の対価としての金利·······················186
　　5　貨幣と物価の関係·······································189
　　6　貨幣量の調節と物価の安定··························192
　Column
　　⑱荻原重秀（1658〜1713年）······ 177
　　⑲減価する貨幣······ 190

第10章　投資関数と金融政策·····································195

　　1　投資の定義と投資の決定理論·······················195
　　2　金利，投資とGDPの関係····························206
　　3　金融政策とその波及経路·····························208
　　4　波及経路と近年の金融政策の動向···············212
　　5　投資の重要性と行き詰まる金融政策············214
　Column
　　⑳ケインズの限界効率······ 202
　　㉑ジョン・メイナード・ケインズ
　　　　（John Maynard Keynes: 1883-1946）······ 208

第11章 国際マクロ経済学入門 …… 217
1 国際収支統計 …… 217
2 外国為替レートと外国為替市場 …… 222
3 為替レートの決定理論 …… 226
4 開放経済における経済政策の効果 …… 231
5 海外とのつながりを考えるために …… 236

Column
㉒ロバート・A. マンデル（Robert A. Mundell: 1932-） …… 233
㉓マーシャル＝ラーナー条件 …… 235

第12章 経済成長入門 …… 239
1 なぜ経済成長について学ぶのか …… 239
2 生産性と物的資本 …… 243
3 技術進歩の役割 …… 250
4 経済成長論と日本経済 …… 257

Column
㉔ロバート・M. ソロー（Robert M. Solow: 1924-） …… 254
㉕知的財産保護制度は本当に研究開発を促進するのか …… 257

終 章 経済学の可能性 …… 261
1 ミクロ経済学の可能性 …… 261
2 マクロ経済学の可能性 …… 264
3 経済学の可能性 …… 267
4 経済の課題と経済学の課題 …… 270
5 経済と経済学の可能性 …… 272

Column
㉖ヨーゼフ・A. シュンペーター
　　（Joseph Alois Schumpeter: 1883-1950） …… 269

索　引 …… 275

序　章
経済学へのナビゲーション

1　経済学とは何か

経済の2つの意味

　私たちは，いつもは厳密な定義など考えずに言葉を用いている。「経済」という言葉についても同じで，「あの国の経済はうまくいっている」「彼女の家は経済的には大丈夫だ」などと言ったりするが，「今おっしゃった経済とは何を意味するのですか」と尋ねられると答えに困るかもしれない。必ずしもピッタリではないが，この場合「経済」という言葉を「豊かさ」「物質的な繁栄」，さらには「それらの土台」というような意味で使っている。実際，前の2つの文章は，「あの国は物質的には繁栄している」「彼女の家には豊かな生活のためのしっかりした基礎がある」と言い換えることができる。

　ところが，上の例とは全く別の意味で「経済」という言葉を使うこともある。「あの車は経済性が高い」「こちらの方が経済的です」などと言うが，この場合の「経済」は「豊かさ」とは直接結びつかないように感じられる。「お金が節約できる」あるいは「効率的である」というような意味である。「あの車は燃費がよくてガソリン代がかからない」「こちらの方が効率的なので少ない費用ですみます」というふうに言い換えることができる。これら2つの「経済」の意味あいは少しかけ離れているように感じるが，「希少性」というキーワードに着目すると同じことの2つの側面を言っていることが分かる。

希少性と経済学

「希少性」とは、「少ないこと」あるいは「量や数が限られていること」というような意味である。日本には石油や天然ガスなどの資源が少ない。つまり、「日本にとってこれらの資源は希少である」、あるいは「日本ではこれらの資源には希少性がある」というように用いる。どの国でも人口は当然ながら有限で、1人の人間が働ける時間にも限界がある。つまり、労働という資源は希少である。言い換えると、労働は希少性を持っている。このような希少性を持つ資源をたった1つの目的のために使うことは効率的ではないだろう。すべての人が農業だけに従事すると、農作物以外のものが全く生産できなくなる。そのような国の人々に豊かな生活ができるとは思えない。つまり、資源が希少である時に物質的に（経済的に）豊かな生活をするためには、それらを効率的に（経済的に）使うことが必要である。

経済学とは、人々の物質的な豊かさの原因や性質について研究し、それらを体系的に整理すること、あるいは体系的に整理されたものである。そのためには、日々の生活の基礎をなす人々の生産・分配・消費などの活動、及びそれらによって形成される社会全体としての関係や活動がどのように行われているかを分析することが不可欠になる。それらの活動が効率的（経済的）であれば、結果として物質的（経済的）な豊かさが達成されることになる。言い換えると、現実の経済活動を観察し、物質的な豊かさの原因や性質について分析し、そのための条件を明らかにすることが、経済学の研究課題である。その上で、現実の経済活動がうまくいっていない場合、どのようにしたら良いのかを考えることも、現在では経済学の重要な実践課題となっている。それゆえ、政府や地方自治体が人々の生活の向上のために行う政策の立案・実行のためには、経済学が不可欠なのである。

2　経済学の誕生

一口に「物質的な豊かさ」と言っても、さまざまな見方や考え方がある。皆

さんもそうだったと思うが、子どもの頃は多くの人にとって、「豊かさ」よりも「お金持ち」という言葉の方に親しみがある。つまり、「たくさんの預貯金や財産があること」を「経済的な繁栄」と考える。成長するにつれて「豊かな生活」というものを意識し始め、それが財産の多さとは必ずしも同じではないことに気づいてくる。つまり、「ゆったりとした生活をしながら、おいしいものを食べたり、レジャーを楽しんだりすること」の中に豊かさを感じるようにもなってくる。もちろん、豊かな国に住んでいれば、「財産があれば、豊かな生活ができる」のは事実である。しかし、モノやサービスを十分に生産することができない貧しい国あるいは時代に住んでいると、金銀財宝をたくさん持っていても豊かな生活を送ることは難しい。400年前の王様に比べると私たちが持っている金銀財宝はほんのわずかだろうが、私たちの方が彼らより豊かで快適な生活をしているように思われる。

重商主義

　歴史を振り返ると、人類の豊かさについての見方や考え方も同じように変化してきたように思われる。ご存知のように、イギリスで18世紀に産業革命と呼ばれる大きな変化が起き、生産量が飛躍的に増加し、その後周辺の国々にも波及していった。産業革命以前の世界では、現在とは違って、ほとんどの人が生きていくだけで精いっぱいだった。豊かさについて考えることができたのは、一部の特権的な階級の人々だけだったに違いない。彼らにとって、金銀財宝といった目に見える富が国家の豊かさそのものであった。16世紀から18世紀の西ヨーロッパでもそのような考え方が支配的であり、国の富とは金銀財宝であり、その蓄積によって国力が増大する、と信じられていた。そして、自分の国に有利な形で外国との交易を行うことを通じて、海外からより多くの金銀財宝を自分の国に持ってくることが重要であると考えられ、国家の経営がなされていた。この思想・政策は、海外との通商を重視するという特徴から、後に紹介する**アダム・スミス**（Adam Smith）によって「**重商主義**」と名づけられた。

重農主義

　日々の生活を支えているのは日々生産されるモノやサービスである。現在では，スマートフォンやパソコン，車やバスなどのように生産した後何年も使えるモノが身の回りにたくさんがあるが，産業革命以前は，住居や家具・食器類など一部を除いて，ほとんどのモノが日々消費されてはなくなっていくモノであり，一般の人々にとってその中心は食糧であった。つまり，生活の土台は農業や漁業によって生み出されるモノで支えられていた。この点を重視し，農業こそが生活（経済）の基盤であると考えたのが，フランスの**フランソワーズ・ケネー**（François Quesnay）という人である。彼は，主著『**経済表**』の中で，現在では経済循環と呼ばれている重要な概念を初めて提示した。『経済表』では，農業が人々が生み出す価値の唯一の源泉であると説明されている。それゆえ，重商主義の後に彼の考えに基づいて生まれたこの経済思想は，アダム・スミスによって「**重農主義**」と名づけられた。

　人間の体を実際に切り離して分析することはできない。しかし，人体をその機能によって分類してその働きを研究することはできる。実際に，消化をつかさどる臓器や器官を1つのまとまりとして捉え，消化のシステム（体系），つまり消化器系としてその働きを分析するのが今では一般的である。循環器系，呼吸器系，神経系などについても同様である。医者であったケネーは，人間社会のさまざまな活動のうち経済的なものだけを取り出し，それをモノやサービスの循環系として捉えることができることを『経済表』によって明らかにしたのである。現実の人間社会においては経済活動以外のさまざまな活動も日々行われている。それらが経済活動と密接な関係にあることは，人体において，循環器系の働きが神経系や消化器系の働きと密接に関係しているのと同じである。しかし，あえて循環器系だけを取り出すことによって，その働きと重要性をより明確にすることができる。同様に，人間活動の経済的な側面だけを取り出して分析することによって，経済活動をより詳しく理解することができる。このようなアプローチによって学問としての経済学が始まったと言える。その端緒となったのがケネーの『経済表』なのである。

> *Column* ① アダム・スミス（Adam Smith: 1723-1790）
>
> イギリス・スコットランドの小さな町に生まれたアダム・スミスは，スコットランドの中心都市・グラスゴーにあるグラスゴー大学で道徳哲学を学ぶ。オックスフォード大学でも学ぶが，古い時代に浸りきっているのに失望して，グラスゴー大学に帰り教授となる。当時のスコットランドは産業革命の勃興期にあったが，産業革命の成果が現れるのは『国富論』が出版された1776年より後のことである。つまり，彼は科学技術ではなく市場の中に経済の発展の可能性を見出したのである。経済学の父と呼ばれているので，才気煥発な人物を思い浮かべる人が多いかもしれないが，実際のアダム・スミスは，absent-mindedという言葉がぴったりするような，どちらかというとぼんやりした人だったようである。しかし，彼の人類への貢献ははっきりしている。1999年に『ライフ』というアメリカの雑誌が「西暦1000年から1999年までの1000年間の世界の100人」を選んだが，彼ももちろんその中に入っている。経済学者ではもう1人，カール・マルクスが入っている。ちなみに，日本人は葛飾北斎1人である。

アダム・スミス──経済学の父

「経済学の父」と呼ばれているのは，1776年に出版された『諸国民の富』あるいは『国富論』と呼ばれる書物を著したイギリスのアダム・スミスである。彼は，市場を媒介として，人間社会が生産・分配・消費などの経済活動を全体として実に効率的に（経済的に）行っていることに注目した。経営者は，市場で調達した原材料と市場で雇い入れた労働者を用いて生産を行い，その成果である生産物を市場で販売する。そうやって手に入れたお金は，一部は労働者に賃金として分配され，一部は経営者の利潤となる。市場で生産物を購入した人々は，それらを消費したり，必要に応じて将来のためにとっておいたりする。このような経済活動を行うシステム，つまり，市場を通して生産・分配・消費を行うシステム（体系）のことを「経済」と考えることができるが，それを初めて明確な形で示したのがアダム・スミスである。

先に「経済学とは，人々の物質的な豊かさの原因や性質について研究し，それらを体系的に整理すること，あるいは体系的に整理されたもの」と述べたが，アダム・スミスは，その際に分析の対象とすべき「経済」というシステム（体

系）を明らかにしたのである。そして，経済というシステムを理解するための1つの学問の体系（システム）を初めて示したのである。この学問体系こそが経済学であり，それゆえ，彼は経済学の父と呼ばれているのである。

3　マクロ経済学の誕生

産業革命後，西ヨーロッパ及び北アメリカの諸国は長期的に見れば順調に経済発展を続けてきたと言ってよいであろう。このことは，これらの国々が現在先進国となっていることからも明らかである。もちろん，短期的には，不況あるいは恐慌と呼ばれる経済的な停滞を何度も経験してきたが，人々に市場経済というシステムに対する大きな疑念を抱かせるほど深刻なものではなかった。「経済活動はほっといてもだいたいうまくいく」と考えられており，政府が民間の経済活動に積極的に介入する必要はないという**自由放任主義**（レッセ・フェール）が経済学の主流の考え方であった。現実の経済現象を理解し説明することが，当時の経済学が果たすべき最大の課題であったと言ってよいであろう。

大恐慌

第1次世界大戦後，世界経済の中心は西ヨーロッパから北米すなわちアメリカに移っていくことになる。1929年，経済の新しい中心となりつつあったニューヨークの株式市場で株価の大暴落が発生する。それをきっかけに世界経済は，後に「**大恐慌**」と呼ばれる，かつて経験したことのないような大きな不況に見舞われる。自由放任主義で問題ないと考えていた当時の経済学は，当然ながら大恐慌に対処する有効な政策を提示することができなかった。各国は手探り状態で大恐慌から脱する道を探すことになる。

ケインズとマクロ経済学

1933年，アメリカ大統領になったフランクリン・ルーズベルトは，これまでの政策とは全く異なる，政府が市場経済に大胆に介入するという政策，ニュ

ー・ディール政策を実施した。同じ年，イギリスのジョン・メイナード・ケインズ（John Maynard Keynes）は「繁栄への道」と呼ばれる論文（パンフレット）で，政府が積極的に経済に介入することで大恐慌から脱することができると主張した。ケインズの新しい考えはルーズベルトの政策に理論的な根拠を与えることになり，逆にニュー・ディール政策の成功がケインズの理論を後押しすることになった。1936年に出版された『(雇用，利子および貨幣の) **一般理論**』において，ケインズは彼の理論をより体系的に展開した。

ケインズの理論は，今日の経済学の1つの柱となっている，**マクロ経済学**の原点（原典）となった。そして，ケインズの『一般理論』が出版されるずっと前から存在し今も発展を続けている経済学のもう1つの柱は，**ミクロ経済学**と呼ばれるようになる。つまり，マクロ経済学の誕生とともにミクロ経済学も誕生したのである。

4 ミクロ経済学とマクロ経済学

本書で紹介する経済学は，市場を中心とした経済を分析の対象としているので，アダム・スミス以降に発展してきた経済学である。最初にミクロ経済学について，次いでマクロ経済学について説明する。それはこれまでに述べてきた経済学の歴史に対応しているという理由からだけではない。その方が経済学を理解する上でも良いと考えられるからである。

ミクロ経済学

ミクロ経済学というとミクロという言葉から，小さなものを扱う経済学だと思う人も多いだろう。もちろん，そういう側面があるのは事実であるが，小さいものを扱うことが目的なのではなく，分析の目的のために小さいもの，つまりミクロを分析の対象としているのである。ミクロ経済学の目的は，経済に存在するさまざまな資源が市場を通じて人々や企業などに配分されるメカニズムを解明することにある。そのためにはまず，個々の人々や企業が行う経済的意

思決定を分析する必要がある。次いで，その結果として人々や企業が売買するさまざまなモノやサービスが取り引きされる個々の市場を分析しなければならない。このような分析は経済の一部分を切り取って分析しているので，**部分均衡分析**と呼ばれる。部分均衡分析は，全体を考慮していないという意味で一般的ではないという短所がある一方で，簡単な枠組みを用いて市場が果たす役割の本質を明らかにすることができるという長所がある。これに対して，複数の市場の相互依存関係を考慮しながら，経済全体にあるすべての市場を同時に分析するものを**一般均衡分析**と呼ぶ。

　私たちはモノやサービスを売買する際，通常それらの価格を最も重要視する。価格をシグナルとして経済活動を決定すると言ってよいだろう。驚くべきことに，市場が需要と供給が一致する適切な価格を決定し，この価格にしたがって人々が行動すると資源が効率的に利用されることになる。これは市場価格が果たす最も重要な役割であり，価格メカニズムと呼ばれ，アダム・スミスが「見えざる手」と呼んだものに他ならない。つまり，市場は価格を通じて経済全体の資源を人々や企業に効率的に配分するのである。このメカニズムを正しく理解することがミクロ経済学の学習の基礎となる。

　もちろん，現実の市場がつねに資源の効率的な配分に成功するわけではない。必要な情報のすべてが価格に反映されていなければ，価格の資源配分機能も不完全なものとなる。例えば，基礎的な科学技術は非常に大きな応用可能性があるが，その価値を市場価格として正しく評価するのは難しい。あるいは，経済活動の結果生み出されるゴミや汚染物質などのように，そもそも市場が存在しないモノさえ存在する。このような場合，市場は資源の効率的な配分に失敗することになる。このような現象は「**市場の失敗**」と呼ばれるが，なぜ失敗と呼ばれるのかを理解するためにも，市場の機能を正しく理解しておく必要がある。市場で失敗が起きているのであるから，この失敗を修正するためには，市場以外の制度，つまり法的な規制や政府による市場への介入などが必要になる。経済的な規制や政策について考えることもミクロ経済学の重要な課題である。

マクロ経済学

　ミクロ経済学が資源の効率的な配分に焦点を当てるのに対して，マクロ経済学は，経済に存在する資源の全体としての利用度，そしてその結果として生産されるモノやサービスの大きさに焦点を当てた分析を行う。市場がうまく機能し，資源の効率的な配分が実現していれば，有用な資源はすべて使われるはずである。しかし現実には，使用されていない生産設備が存在し，雇用されていない労働者つまり失業者が存在する。設備があまり利用されなくなり失業が発生するのは，個々の人々や企業，あるいは個々の市場に問題がある場合もあるが，全体としての経済に問題がある場合も多い。そのために，ミクロの視点ではなく経済を全体として大きく捉えるというマクロの視点が必要になる。

　皆さんも一度くらいは目にしたことがあると思うが，国民所得，インフレ率，利子率，外国為替レートなどのニュースで取り上げられる経済データのほとんどは，マクロの変数，つまり集計されたデータである。マクロ経済学の重要性はこのことからもよく分かる。これらのデータ1つひとつについては第Ⅱ部で詳しく説明するが，これらが重要なのは，第1に，全体としての経済の状態はすべての人々や企業に影響を与え，第2に，これらの変数を通して経済の状態を私たちはかなり的確に知ることができるためである。経済を人間の体にたとえるならば，これらのマクロの変数は，身長，体重，体温，血圧，体脂肪率などの健康状態を知るための数値に当たる。健康状態の変化は，発熱，体重の急激な減少などの全身症状としてまず捉えられる。それゆえ，全体として見た経済の健康状態を把握するための的確な指標（尺度）を考えることがマクロ経済学にとっても重要となる。それらが前に述べた国民所得，インフレ率，利子率，外国為替レートなどの集計量である。

　適切な集計量によって経済の状態を把握できたとしても，それらがどのように決定され，それらの間にどのような相互依存関係があるのかが分からなければ，経済状況に応じた対応をとることはできない。そえゆえ，マクロ変数の決定及び相互依存関係について明らかにしなければならない。さらには，これらの集計量の最も大きな決定要因の1つである（物的・人的・知的）資源そのもの

が，時間とともにどのように変化するかについても分析しなければならない。これらが理論としてのマクロ経済学が取り組む課題である。再び人体にたとえるならば，結果として現れている発熱や体重の減少の原因を正しく知り，必要であれば治療を行うことになる。つまり，経済活動の低下や失業の増加が発生した場合，その原因を解明し必要な対策を講じることになる。民間の人々や企業の行動の結果としてこれらの問題が生じたのであれば，解決できるのは政府などの公的な機関である。それゆえ，マクロ経済学では，国が行う経済政策や中央銀行が行う金融政策について詳しく分析し，それらの限界や考えられる副作用についても詳しく検討することになる。

5　経済学の学習に向けて

　人々の経済活動はおそらく何千年も前から行われてきたであろう。しかし，本書で取り上げる経済学の歴史はそれに比べるとはるかに短い。なぜなら，本書で取り上げる経済学は市場経済を分析の対象とし，その基本的なメカニズムを理解するためのものだからである。アダム・スミスが『国富論』において市場経済に関する体系的な分析を初めて示したのは，1776年である。ケインズが『一般理論』で今日マクロ経済学と呼ばれる理論を提示したのは，それから160年後の1936年である。このように若い学問ではあるが，その蓄積は決して小さいものではなく，学び甲斐のある学問である。

　現在の経済学はミクロ経済学とマクロ経済学の2つに大きく分けられているが，それは分析対象の大きさの違いというより，むしろ分析課題の違いによるものである。資源配分の効率性を分析するためにはミクロの視点が必要であるし，全体としての経済活動を分析するためにはマクロの視点が不可欠になる。このことをきちんと頭に入れておくことは経済学を学習する上でとても大切である。

参考文献

ロバート・L. ハイルブローナー，八木甫・浮田聡・堀岡治男・松原隆一郎・奥井智之訳『入門経済思想史 世俗の思想家たち』筑摩書房，2001年。
　＊経済思想に関する最も分かりやすい入門書の1つ。

J・M. ケインズ，山岡洋一訳『ケインズ 説得論集』日本経済新聞出版社，2010年。
　＊『繁栄への道』をはじめとした短い著作を通してケインズの「鋭さ」に触れることができる本。

宇沢弘文『経済と人間の旅』日本経済新聞出版社，2014年。
　＊日本を代表する経済学者の経済学に関する考え方を知ることができる本。

(中村　保)

第Ⅰ部

ミクロ経済学

第1章
市場メカニズムの基礎

本章のねらい

どのような学問分野でもそこで用いられる言葉（専門用語）を正確に理解することは重要である。日常よく用いられる言葉がかなり違った意味合いを持つことも多い。経済主体，生産要素，財・サービス，市場などといった経済学の専門用語の意味を正確に理解し，それらを適切に使えるようになってもらうことがこの章の第1の目的である。市場の存在によって分業と交換が可能になるのであるが，2つのタイプの分業，①生産過程の分割，②比較優位に基づいた特化，を区別し，分業と交換からの利益によって人々の物質的な意味での生活水準が向上することを学習することがこの章の第2の目的である。

1　経済活動と市場経済

経済活動を構成する3つの重要な要素

現実の社会を経済活動に注目して単純化して考えてみよう。それは実際には長い時間をかけて起こることを1，2時間の演劇として見るような感じである。市場という舞台に経済主体が登場しそれぞれの役割を果たしながら，**財・サービス**を交換するのが，ここで見ていく経済活動である。つまり，市場，経済主体，財・サービスが重要な構成要素となる。そこでまずこれらの1つひとつについて紹介しよう。

経済主体とは，主体的に経済活動を行う人間，組織，団体などを指し，主な**経済主体**として**家計**，**企業**，**政府**がある。財・サービスとは，経済主体の生活

に必要なモノあるいは生活を豊かにするモノのことである。財は英語の goods に対応するもので，食べ物や自動車のように形のあるものを指す。これに対して，サービスとはタクシーによる移動やヘアーカットのような具体的な形のないものを指す。最近ではグッズ（goods）という言葉も定着しているので，グッズ＆サービスと言った方が良いのかもしれないが，経済学では財・サービスという言い方が一般的である。

市場(しじょう)とは，財・サービスを交換するために経済主体が出会う「場」のことである。市場を「しじょう」と呼ぶ時，それは具体的な場所を指す言葉ではない。財・サービスの交換が行われる舞台を指す非常に広い概念である。缶コーヒーの市場を例にとると，それは①コンビニ，②スーパー，③自動販売機，④インターネット上の店，などを含む。それゆえ，日本中で缶コーヒーがたくさん売れるようになった場合，「日本の缶コーヒーの市場は好調である」というような言い方をする。

市場経済とは

市場が存在しないと，経済主体は財・サービスを交換することができない。それゆえ，自給自足するしかない。別の言い方をすれば，市場が存在することで，交換が可能になり，経済主体は必要なすべてを自分で生産する必要がなくなる。つまり，経済活動が社会的なものになるのである。それでは，市場を通じて財・サービスが交換されている経済は，すべてここで考えている**市場経済**なのであろうか。

市場経済とは，単に財・サービスの交換の中心が市場であると言うことだけでなく，市場を通じて**資源配分**がなされている経済を言う。資源と言うと多くの人はまず天然資源を思い浮かべるであろうが，経済学で言う資源とはもっと広い意味で用いられている。経済活動に貢献する可能性を持ったものはすべて資源である。それゆえ，天然資源はもちろん資源であるが，失業中の人々も大切な資源である。資源は用いられる場所によってその経済活動への貢献度が異なる。農作業が得意な人は農業で，野球の才能がある人はプロ野球でその能力

を発揮する。資源はその存在自体が重要であると同時に，それが配分され使われる分野もまた重要である。どの分野でどの資源を使うかを決めるのが，資源配分である。市場があれば，それを通じた資源配分が可能であるが，資源配分が必ず市場を通して行われるわけではない。

江戸時代は，市場(いちば)は発達していたが，今日のような市場経済ではなく伝統的経済と言ってよいであろう。なぜなら，多くの資源，特に土地や労働など重要な資源の配分が市場で決定されず，多くの場合，伝統や慣習・身分制度などによって決定されていたからである。稲作用の水田を他の作物の生産に自由に転用することや人々が自分の才能が発揮できる職業を選ぶことは，不可能ではなかったが，かなり難しかった。つまり，**資源配分の効率性**は，市場が存在することで多少は高まったかもしれないが，それは限定的であり市場経済と呼べるものからは遠いものであったに違いない。

生産の3要素

資源とは前に述べたように経済活動に貢献する可能性を持ったものを指すが，その貢献は通常は生産を通してなされる。そこで生産のために不可欠であると思われる資源を**生産の3要素**と言う。それらは，土地，労働，資本である。

まず土地であるが，単なる土地だけでなく，自然が与えてくれる生産に貢献するものを代表して土地と呼んでいる。つまり，天然資源や広い意味では気候条件なども指す。つまり，自然の恵みすべてと言ってよいであろう。

次に労働である。労働とは労働者（家計）が提供する生産を行うためのサービスのことであるが，ここではそれを提供する基盤を指していると言ってよい。つまり，人間が持っている生産能力のことである。その中でも，人々が後天的に獲得した能力を**人的資本**と呼ぶ。

最後の資本は，人的資本との対比で**物的資本**とも呼ばれ，生産された生産要素（生産手段）のことを指す。例えば，釣りざおは魚の捕獲（生産）のために生産された手段であるので資本の一種である。教室にあるホワイトボードも教育というサービスの生産のために生産された生産手段であるので，資本である。

第Ⅰ部　ミクロ経済学

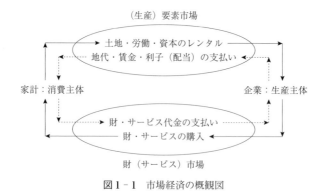

図1-1　市場経済の概観図

物的資本であれ人的資本であれ、それらは生産されたものであるが、資本を生産することが人々の最終的な目的ではない。資本は最終的な目的である財・サービスをつくための手段にすぎない。つまり、すぐに最終的なものを生産せずに、その前に機械設備や部品を生産するという一種の回り道をすることになる。それゆえ、資本を用いた生産は**迂回生産**と呼ばれる。現在では、消費される財・サービスのほとんどが迂回生産されていると言ってもよいであろう。

市場経済の概観図

　現実の経済は非常に複雑であるが、大胆に単純化すると図1-1のように表すことができる。ここでは、政府は存在せず、家計と企業という経済主体しか存在しない経済を考えている。家計は生産要素の所有者であり、主として消費を行う主体である。具体的には、所有する土地、労働、資本を（生産）要素市場で貸し出し、その対価として**地代、賃金、利子（配当）**を受け取り、財・サービスを購入して消費する。企業は生産技術の所有者であり、主として生産を行う主体である。具体的には、要素市場で借り入れた生産要素を用いて生産を行い、財・サービス市場で生産物を販売する。そこで得た収入で地代、賃金、利子（配当）を家計に対して支払う。

2　市場経済と分業

市場と分業

　市場の存在によって生産要素や財・サービスの交換そして**分業**が可能になる。逆に言えば，分業を可能にしているのが市場の存在である。そして，市場が経済活動にどれくらい貢献するかは，分業がどの程度効率的に行われているかに依存する。この分業には大きく2つのタイプがある。1つは生産過程（作業工程）の分割，もう1つは得意・不得意を考えた役割分担である。

生産工程の分割

　餃子作りを例に生産工程の分割という分業の効果を考えてみよう。ここでは，餃子が完成するまでには以下の3つの段階が必要であるとしよう。

　　作業①　材料の下準備をする（下準備）
　　作業②　材料を混ぜ合わせて具を作る（具作り）
　　作業③　餃子の皮で具を包む（皮包み）

　3つの作業を1人でやるよりも，3人の人間が1つの作業だけを行う方が効率的であると考えられる。なぜなら，作業①を終えて作業②に移り，その後で作業③に進むとすると，使う道具も異なるし，1つの作業から次の作業へ移るのに時間もかかるからである。それゆえ，製造工程を分割することで作業を効率化することができる。それでは，工程を分割する方を人はつねに選ぶであろうか。

市場規模と分業

　まず，餃子を30個だけ作る場合を考えてみよう。皆さんは2人の友達を見つけて，3人で分業するであろうか。答えはおそらくノーであろう。餃子を作る時間だけを考えると，2人に手伝ってもらった方が確実に短くなるだろう。し

第Ⅰ部　ミクロ経済学

図1-2　市場の拡大と分業の進展の正のスパイラル

かし，手伝ってくれる人を探して頼んだりする時間を考えると，1人でやった方が早いからである。

次に，300個作る場合はどうであろうか。答えは，イエスかもしれないしノーかもしれない。手伝ってくれる友達がすぐに見つかるのであればイエスであろうが，それが難しい場合はノーとなる可能性が高い。

最後に，3,000個作る場合を考えてみよう。ほとんどの人がイエスと答えると思う。少々時間をかけても手伝ってくれる人を探した方が明らかに短い時間ですむと考えられるからである。企業や個人における生産工程の分割においても，多くの場合生産量が非常に重要な役割を果たす。経済全体における分業についても同じで，生産量すなわち市場の規模が分業の程度に大きな影響を与える。

自動車の生産では，さまざまな部品を製造する非常に多くの企業が存在し，広範囲にわたる分業が行われている。これは，部品の数が多いという自動車製造の特性（物理的要因）だけによるものではなく，市場の規模が大きいという経済的要因にもよる。市場の規模がきわめて小さく年間10台程度の生産であれば，企業内での分業もおそらく行われないであろう。台数が限定された超高級車の場合，1台を多くの人がハンドメイドで生産する。市場の規模が大きくなり，年間1,000台程度の生産になると企業内での分業は発生するが，この程度の市場規模では経済全体での分業は起きないだろう。年間10万台以上の市場規模になると，ほぼ間違いなく経済全体での分業が始まる。つまり，部品の生産と組み立ては別々の企業が行うようになるであろう。

市場の規模と分業の利益の関係は図1-2のようになる。この好循環（正のスパイラル）に注目して市場の規模と分業の利益と関係を『国富論』（『諸国民の富』）で強調したのが，アダム・スミスである。それゆえ，彼は市場経済について非常に楽観的な見方をしていた。

3　交換からの利益

作業工程を分割することから直接利益が得られない場合でも，それぞれが自分の得意なことをやれば分業から利益が得られる。得意・不得意が明確であれば話は簡単であるが，現実にはそうでない場合も多い。その場合，得意・不得意を判断する明確な基準（尺度）がなければならない。それはどのようなものであろうか。考えてみよう。

絶対優位と絶対劣位

餃子作りの例に戻ろう。ここでは，話を簡単にするために，下準備がされた材料があるとし，作業①は考えず，作業②（具材作り）と作業③（皮包み）の2つの作業だけに注目する。花さんと大和君は餃子を作るが，ここでは1人が片方に集中しても，つまり生産工程を単純に2つの作業に分割しても，1人ひとりの作業効率が上がることはないとしよう。また，花さんと大和君が1時間の労働でできるそれぞれの作業の量は，表1-1のようになるものとする。

表を見れば，花さんの方が大和君よりどちらの作業も上手である，つまり効率的に行えることは明らかである。同じ時間でより多くのモノを作れるからである。これを経済学では**生産性**という。つまり，生産性とは，人や機械などが一定時間で生産できる財・サービスの量のことで，生産能力・効率性の代表的な尺度である。花さんの具材作りの生産性は300個で，大和君の具材作りの生産性は240個となる。具材作りに関して花さんの生産性は大和君の生産性より高いし，皮包みに関しても同じことが言える。

経済学では，ある仕事に対する得意・不得意を生産性を基準に判断して，**絶**

表1-1　花さんと大和君の1時間当たりの生産量

	②具材作り	③皮包み
花さん	300個分の具材	200個分の皮包み
大和君	240個分の具材	120個分の皮包み

対優位・絶対劣位という言葉で表す。ここで、絶対という言葉を使うのは、他の仕事とは比較せずに、つまり相対的な意味ではなく、その仕事に関する生産性だけから判断していることを強調するためである。この例では、「花さんは作業②において絶対優位を持つ」「花さんは作業③において絶対優位にある」と言う。逆に、「大和君は、作業②においても作業③においても絶対劣位にある」というような表現を用いる。

分業の方法と成果の違い

餃子1個当たり10円もらえることになり、花さんと大和君は、それぞれ2日間で15時間餃子作りをすることになった。最初に花さんと大和君が別々に餃子を作った場合を考えてみよう。2人の収入は次のようになる。

　　花さんの場合：餃子を1,800個作り、18,000円の収入
　　　　作業②を6時間行い1,800個分、作業③を9時間行い1,800個分
　　大和君の場合：餃子を1,200個作り、12,000円の収入
　　　　作業②を5時間行い1,200個分、作業③を10時間行い1,200個分

2人の収入の合計は30,000円で、当然のことであるが、花さんの方がより多くの収入を得ることになる。

　花さんが作業②と作業③の両方に絶対優位を持ち、大和君が両方で絶対劣位にあるので、これだけからは誰がどちらの作業をした方が良いかはすぐには判断できない。そこで極端な2つの分業を考えてみよう。1つは花さんが作業②を全く行わない分業で、これを分業Ⅰと呼ぼう。もう1つは大和君が作業②を全く行わない分業で、これを分業Ⅱと呼ぶ。2つの分業の結果は下のようにな

る。分業Ⅰでは大和君に，分業Ⅱでは花さんに，それぞれ15分の休み時間ができる。

　　分業Ⅰ：3,180個の餃子ができ2人で31,800円の収入
　　　　花さん　作業②0時間　　　　　0個分，作業③15時間　3,000個分
　　　　大和君　作業②13時間15分　3,180個分，作業③1時間半　180個分
　　　　　（花さんの労働時間は15時間で，大和君の労働時間は14時間45分）
　　分業Ⅱ：2,850個の餃子ができ2人で28,500円の収入
　　　　花さん　作業②9時間半　2,850個分，作業③5時間15分　1,050個分
　　　　大和君　作業②0時間　　　　　0個分，作業③15時間　1,800個分
　　　　　（花さんの労働時間は14時間45分で，大和君の労働時間は15時間）

　総労働時間はともに29時間45分なので，全体として見た場合の生産性は，分業Ⅰの場合が分業Ⅱの場合より高くなる。簡単に言うと，「花さんが作業②をやり，大和君が作業③をやる」より「花さんが作業③をやり，大和君が作業②をやる」方が，より大きな成果が得られる。つまり，分業のやり方により全体としての生産性に違いが生じ，その結果2人が受け取る成果にも違いが生じる。ここでの例では，分業Ⅰ（31,800円）と分業Ⅱ（28,500円）では3,300円の差が出る。2人で別々に仕事をした時（30,000円）と比べても，分業Ⅰだと1,800円得をする。このことから良い分業の方法を見つけることが重要であることが分かるが，そのためにはいろいろな分業の方法を1つずつ検討していく必要があるのだろうか。そのような面倒なことをせずに最適な分業のやり方を見つける方法がある。それについて見ていこう。

機会費用

　絶対優位・絶対劣位の基礎になる生産性を求める際には，他の仕事の生産性を考える必要はない。1時間でできる作業③の量が分かっていなくても，1時間でできる作業②の量だけが分かっていれば，作業②についての絶対優位・絶対劣位が分かる。しかし，ある人が2つの作業のうちどちらが得意かを考える

場合は，2つの作業を比較する必要がある。そこから，生産性だけを基準として導き出された絶対優位・絶対劣位とは異なる，**比較優位・比較劣位**という得意・不得意についての別の見方が導き出される。

花さん，大和君それぞれが，作業②（具材作り）と作業③（皮包み）のどちらがどの程度得意なのかを考えてみよう。そこで，作業②を1時間減らして，作業③を1時間増やすと，花さん，大和君の具材作りと皮包みの生産量がどうなるかを考えてみよう。表1-1から次のようなことが分かる。

　花さん：200個分の皮包みが増えるが300個分の具材作りが減る
　大和君：120個分の皮包みが増えるが240個分の具材作りが減る

花さんも大和君も，皮包みを増やすため具材作りが減るのは明らかだが，それがどの程度なのかはこのままでは分かりにくい。そこで，分かりやすくするために，増える皮包みの量を同じにしてあきらめなければならない具材作りの量を計算してみよう。1個皮包みを増やすために，花さんと大和君があきらめなければならない具材作りの数は次のようになる。

　花さん：1.5個分の具材作りをあきらめなければならない
　大和君：2個分の具材作りをあきらめなければならない

上の事実から，どちらが皮包みを増やした方が良いかを考えてみよう。1個の皮包みを増やすために，大和君は2個分の具材作りをあきらめなければならない。それに対して，花さんは1.5個分あきらめるだけですむ。別の言い方をすると，大和君は2個の具材を作る機会を犠牲にしなければならないのに，花さんは1.5個の具材を作る機会を犠牲にするだけですむ。同じだけの皮包みをしてもらうなら，大和君に頼むより花さんに頼んだ方が，犠牲にしなければならない具材作りの量は少なくてすむので，花さんに皮包みを頼んだ方が良いことになる。逆に言うと，大和君には皮包みではなく具材作りをしてもらう方が良いことになる。これは分業Iを選ぶことと同じであり，その時の方が成果が大きいことはすでに確認した通りである。

表 1-2 花さんと大和君の機会費用

	具材作り1個の機会費用	皮包み1個の機会費用
花さん	（皮包み）2/3個	（具材作り）3/2個
大和君	（皮包み）1/2個	（具材作り）2個

　経済学では、あるもの（皮包み）を得るためには、別のもの（具材作り）を得る機会（opportunity）をあきらめなければならない、という事実を重視する。そして、A を得るためにあきらめなければならない B のことを、A の**機会費用**（opportunity cost）という。意識するかしないかは別にして、私たちが何かの選択をする時には、必ず機会費用が発生している。例えば、デートをするか授業に出席するか迷った結果、ある人が授業に出席したとすれば、その人はデートの機会を犠牲にしたことになる。この時、この人の授業（A）の機会費用は、デートから得られる楽しさや嬉しさ（B）であると言える。餃子作りの例では、A は「皮包み1個」で、B は、花さんの場合は「具材作り1.5個」、大和君の場合は「具材作り2個」である。つまり、皮包み1個の機会費用は、花さんにとっては具材作り1.5個、大和君にとっては2個となる。

特化と交換からの利益——比較優位の原則

　機会費用を考える際に、先ほどは「皮包み1個」を基準にしたが、「具材作り1個」を基準にして考えることもできる。つまり、具材作り1個を増やすために犠牲にしなければならない皮包みの数で、具材作りの機会費用を測ることができる。それらを計算して表にまとめると、表1-2のようになる。

　この表を見て次の2点を確認してほしい。まず第1は、具材作りの機会費用は皮包みの数で、皮包みの機会費用は具材作りの数で表される点である。つまり、機会費用は、得るモノの量ではなくて諦めなければならないモノの量で表されるのである。第2は、こちらがより重要であるが、花さんの2つの機会費用をかけると1、大和君の2つの機会費用をかりると1になる点である。これは偶然ではなく、ある人の2つの機会費用を掛けると必ず1、つまり機会費用

どうしは必ず逆数の関係になる。つまり，一方の機会費用が大きければ，必ずもう一方の機会費用は小さくなる。

　生産性で比較すると，大和君は花さんよりどちらの仕事でも劣っているが，具材作りの機会費用は花さんよりも小さい。このことは，大和君が具材作りを引き受けた場合，同じだけの具材作りをして失う皮包みの量が花さんよりも少ないことを意味している。つまり，機会費用が小さい仕事をした方が良いということである。実際，大和君が具材作りに多くの時間を使う分業Ⅰにおいて全体としての生産量は多くなっている。これを一般化すると，分業を行う時は，その仕事に関してより小さい機会費用を持つ人がその仕事を行った方が全体としての成果は大きくなる，ということになる。

　複数の仕事の間での得意・不得意を比較した上で，ある人が他の人に対して持つ優位性を経済学では比較優位と呼ぶ。比較優位を判断するための基準が機会費用である。つまり，人は機会費用がより小さい仕事に比較優位を持つのである。先ほど述べたように，2つの機会費用をかけると必ず1になるので，1人の人がすべての仕事に比較優位を持つことはできない。ここでの例では，大和君は皮包みについては花さんに対して比較優位にあるが，具材作りについては比較劣位にある。花さんは，大和君に対して，具材作りについても皮包みについても絶対優位にあるが，具材作りについては比較劣位にある。一般的に言うと，どんなにたくさん人がいても，どんなにたくさん仕事があっても，ある人がすべての仕事に比較優位を持つことはないし，ある人がすべての仕事において比較劣位を持つこともない。つまり，社会のすべての人が自らが比較優位を持つ仕事を行うという形で分業に参加することができるし，それによって誰でも社会に貢献できるのである。自らが比較優位を持つ仕事を引き受けるという形で分業するのが，全体としての成果を大きくすることにつながる。これを「**比較優位の原則**」と呼ぶ。

　分業Ⅰにおいて，大和君は仕事の時間のほとんどを具材作りに使っている。このように，ある仕事（生産）を他の仕事より多く行うことをその仕事に**特化**（specialization）すると言う。花さんの場合はもっと極端で，皮包みの仕事しか

第 1 章　市場メカニズムの基礎

> **Column ②　デイビッド・リカード（David Ricardo: 1772-1823）**
>
> オランダ移民の子としてイギリスのロンドンに生まれたリカードは，父親の後を継いで証券仲買人となり成功を収める。42歳で実業界から引退し本格的に経済学の研究を始め，その3年後の1817年に主著である『経済学及び課税の原理』を書き上げている。穀物，特に小麦の輸出入に一定の制限を加えるという穀物法に反対し，穀物法の賛成者であった『人口論』で有名なトーマス・ロバート・マルサス（Thomas Robert Malthus）と「穀物法論争」を繰り広げる。彼は，本章で説明した「比較優位の原理」の元となる「比較生産費説」を用いて貿易の利益を明らかにするとともに，「差額地代説」を用いて地代と利潤の決定理論を展開し，穀物法によって地主の利益である地代だけが不当に保護されると主張した。彼の理論は，現在の経済学の「交換・生産・分配の理論」の重要な基礎となっている。消費（者）の分析が本格的に展開される前の段階の経済学（古典派経済学）の骨格を作り上げたという意味で，リカードは古典派経済学の完成者と言えるであろう。

していない。このように他の仕事をせずにある仕事だけ行うことを**完全特化**（complete specialization）と呼ぶ。先ほどの比較優位の原則は，「経済主体が比較優位のある仕事（生産）に特化すると全体としての成果が大きくなる」と言い換えることができる。そして，そのような形での分業を行うことで「**交換からの利益**」（gains from trade）が発生するのである。

4　分業のシステムとしての経済

これまでは，個人間の生産における分業を考えてきた。比較優位の原則は，生産された財・サービスを市場を通じて交換する経済全体の分業についても当てはまる。ここでは，国際貿易を例に，国家間での分業の利益すなわち交換からの利益を考えよう。具体的には，A 国と J 国の2国からなる世界経済を考え，2国間での財・サービスの交換すなわち貿易がない状態と貿易がある状態を比較して分業の利益について考える。A 国と J 国はパン（必需品）と自動車（ぜいたく品）を生産し，消費あるいは使用している。それぞれの国のパンと自

第Ⅰ部　ミクロ経済学

表1-3　A国とJ国の生産性と総労働量

	労働1単位当たり	労働1単位当たり	総労働量
A国	パン3単位	自動車1単位	24単位
J国	パン4単位	自動車2単位	12単位

動車の労働1単位当たりの生産性と総労働量は表1-3で表されている。この表から，A国はパンの生産においても自動車の生産においても絶対劣位にあることが分かる。逆に，J国がパンの生産においても自動車の生産においても絶対優位にある。

　話を分かりやすくするために，ここでは労働1単位当たりにつき2単位のパンが必要であるとしよう。それゆえ，A国では48単位のパンが，J国では24単位のパンが必要で，両国合わせると，72単位のパンが必要である。

閉鎖経済

　外国に対して扉を閉ざし，海外との取引を行っていない経済を**閉鎖経済**と呼ぶ。まず2国間での貿易がない場合，つまり両国が閉鎖経済である場合を見てみよう。2国間での分業がないので，A国もJ国も必需品のパンをすべて自国で生産しなければならない。各国が自動車の生産のために使える労働は，全体の労働からパンを生産するために用いた労働を引いた残りとなる。この時，両国のパンと自動車の生産量は次のようになり，世界全体では，72単位のパンを生産し，自動車を20単位生産することになる。

　　A国：48単位のパン（16単位の労働），8単位の自動車（8単位の労働）
　　J国：24単位のパン（6単位の労働），12単位の自動車（6単位の労働）

開放経済

　外国に対して扉を開け，海外との取引を行っている経済を**開放経済**と言う。開放経済における効率的な分業のやり方を考えるために，各国の機会費用を計

表 1-4　A 国と J 国におけるパンと自動車の機会費用

	パン 1 単位当たりの機会費用	自動車 1 単位当たりの機会費用
A 国	自動車1/3単位	パン 3 単位
J 国	自動車1/2単位	パン 2 単位

算して表にすると，表 1-4 のようになる。

　この表から分かるように，A 国のパンの機会費用は J 国のパンの機会費用より小さい。つまり，A 国はパンの生産において J 国に対して比較優位を持っているので，パンの生産に特化すべきである。A 国のすべての労働がパンの生産のために用いられると，世界全体で必要な72単位のパンすべてを生産することが可能であることが，表 1-3 から分かる。つまり，A 国はパンの生産に完全特化すれば良い。そして，J 国は自動車の生産に完全特化することができる。その結果，両国のパンと自動車の生産量は次のようになる。

　　A 国：72単位のパン（24単位の労働），0 単位の自動車（0 単位の労働）
　　J 国：0 単位のパン（0 単位の労働），24単位の自動車（12単位の労働）

　開放経済では，世界全体で必要な72単位のパンの生産を維持したまま，自動車を24単位生産することができる。閉鎖経済と比べて，自動車の生産が 4 単位増加することになる。これがここでの国際貿易からの利益，つまり交換からの利益を表している。ここでは国家間の分業を考えたが，家計と家計の間での分業，家計と企業の間での分業，企業と企業の間での分業といったさまざまな形での分業からも利益が生まれる。つまり，交換からの利益は一般的に存在するのである。

5　見えざる手の理解に向けて

　市場の存在によって財・サービスの交換とその基礎となる分業が可能となる。分業によって，特定の生産工程に専念（特化）することが可能になり生産性が

Column ③ 生産可能性フロンティアと機会費用

ある経済（国や地域）が実現できる最大の生産の組み合わせを示したグラフを，生産可能性フロンティアと言う。ここでは，本文中のA国を例にとって考えてみよう。

すべての労働を，パンの生産のためだけに使うと72単位のパンが生産でき，自動車の生産のためだけに使うと24単位の自動車が生産できる。下のグラフでは，これらはそれぞれ点$X(72, 0)$と点$Y(0, 24)$に対応する。この2つの点を結んだ直線がA国の生産可能性フロンティアで，生産可能な最大のパンと自動車の組み合わせのすべてがこの線上のどこかにある。パンが48単位必要であれば，自動車は最大で8単位生産可能で，この組み合わせは点$Z(48, 8)$で示されている。この点Zが本文で述べた閉鎖経済の場合のA国の生産の組み合わせである。

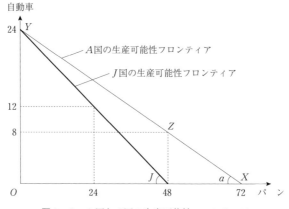

図1-3 A国とJ国の生産可能性フロンティア

A国は点Zの組み合わせから点Xの組み合わせへと生産を変更できる。この変更によって，パンは24単位増加し，自動車は8単位減少する。つまり，パン1単位当たり自動車が1/3単位だけ減少することになる。これは生産可能性フロンティアの傾き（の絶対値）に対応し，図の角aで示されている。これが自動車で測ったパンの機会費用である。つまり，生産可能性フロンティアの傾きから機会費用を知ることができるのである。同様のことはJ国についても言えるので，各自確かめてほしい。

上がる。また，比較優位の原則に従った分業が可能になり，交換からの利益が生まれる。すべての仕事について絶対劣位にある人でも，ある仕事では比較優位を持つので，社会のすべての構成員が全体としての経済的な豊かさを高めることに貢献できることを，比較優位の原則は明らかにしている。しかし，誰がどの分野に比較優位を持っているかを完全に把握するのは不可能であり，それゆえ資源を最適に配分することは人間の能力を越えている。つまり，潜在的可能性とその実現可能性の間には大きなギャップがあるのである。

　ところが，現実の経済はかなり上手に分業を行っている。このことは，私たちが必要なモノを毎日手に入れることができ，それらのほとんどが全く知らない人の手によって作られていることを考えるとよく理解できる。その人たちは私たちに会うこともなく，私たちが何をどのくらい必要としているかも知らずに生産を行っているのである。市場は，交換や分業を可能しているだけではなく，資源の効率的な配分という非常に重要な役目も果たしているのである。次章以降では，市場の働きとその限界について学ぶことになる。

参考文献

アダム・スミス，山岡洋一訳『国富論——国の豊かさの本質と原因についての研究』上下，日本経済新聞社出版局，2007年。
　＊「経済学の父」が書いた古典中の古典。市場経済の素晴らしさを分業の利益から解き明かしている。
デイビッド・リカードウ，羽鳥卓也・吉澤芳樹訳『経済学および課税の原理』上下，岩波書店，1987年。
　＊比較優位の原理をはじめとした古典派経済学の集大成の本である。

今後の学習のための本

パーサ・ダスグプタ，植田和弘・山口臨太郎・中村裕子訳『経済学』岩波書店，2008年。
　＊経済について具体例から始めて説明し，信頼や共同体と対比することで市場の役割がよく理解できる。
N. グレゴリー・マンキュー，足立英之・石川城太・小川英治・地主敏樹・中馬宏之・柳川隆訳『マンキュー入門経済学』第 2 版，東洋経済新報社，2014年。

第Ⅰ部　ミクロ経済学

＊生産可能性フロンティアを用いた「交換からの利益」の説明は分かりやすい。
ポール・クルーグマン／ロビン・ウェルス，大山道広・石橋孝次・塩澤修平・白井義昌・大東一郎・玉田康成・蓮田守弘訳『クルーグマン　ミクロ経済学』東洋経済新報社，2007年。
＊少し進んだ内容を扱っているのでこの本の後に読むと良い。

練習問題

問題1
アダム・スミスは市場経済について楽観的な考えを持っていた。分業をキーワードに彼の考えを説明しなさい。

問題2
100人の労働者で椅子の組み立てを行っている。①すべての作業を1人でやると，全員で1時間に100脚組み立てられる。②作業を2つに分割すると全員で1時間で150脚，③5つに分割すると全員で250脚組み立てられる。
(1) ①，②，③の場合の労働者1人当たりの生産性を求めなさい。
(2) 椅子1脚当たり1,000円の収入が手に入る。この企業は，設備費用が1時間当たり，①の場合はゼロ円，②の場合は3万円，③の場合は15万円かかる。この企業は①，②，③のどの生産方法をえらぶだろうか。理由をつけて答えなさい。
(3) 今度は1,000人の労働者を雇用している企業を考えよう。この企業の生産量は前の企業の生産量の10倍になるが，1時間当たりの設備費用は全く同じだとしよう。この企業は①，②，③のどの生産方法をえらぶだろうか。理由をつけて答えなさい。
(4) 前の2つの問題の答から，生産量と分業の関係について考えなさい。

問題3
あなたは1時間で，うどんなら6キロ，ラーメンなら4キロ，パンなら12個作れるとしよう。それぞれの機会費用を示す下の表を完成させなさい。

	うどんの量	ラーメンの量	パンの量
うどんの機会費用			
ラーメンの機会費用			
パンの機会費用			

（中村　保）

第2章
需要曲線と消費者余剰

本章のねらい

本章では、第1章で学習した経済主体の1つである家計について考えていく。家計とは、生産手段の所有者であり、主として消費主体とされるが、ここでは、消費主体という観点に着目する。本章では第1に、需要の一般的な法則について、その構造を理解しながら、価格と需要量の関係を示す需要曲線を紹介する。第2に、市場に参加することで得られる便益の1つである消費者余剰という概念について説明する。第3に、需要曲線がシフトする現象などを解説し、最後に合理性という仮定のもとでの消費者の効用最大化について説明する。

1　需要曲線

本節では、需要とは何か、という点について最初に明らかにする。そして、一般的な需要の法則に関する理解を深めていく。その上で、価格と需要量の関係を描いた需要曲線について説明する。

需要の法則

ここでは、第1章で解説されている財・サービス市場における消費主体、すなわち需要主体である家計について、明らかにしていく。ここで、**需要**という言葉がでてきているが、財・サービス市場において、家計が財やサービスを購入することを示しており、その数量が需要量となる。形式的に述べれば、需要量とは、家計が購入したいと思い、かつ、購入することのできる数量をいう。

第Ⅰ部　ミクロ経済学

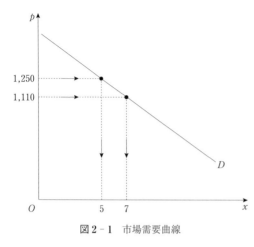

図2-1　市場需要曲線

後節で明らかにされる通り，需要量はさまざまな要因により増加したり減少したりするが，需要の法則を学ぶ上で最も重要となるのは，その財の価格変化によるものである。すなわち，ある財の価格が上がったり下がったりすることで，その需要量が影響を受けるというものである。一般に，ある財の価格と需要量には，価格以外の他の条件が一定のもとでは，次のような関係があり，これを**需要の法則**という。

- ある財の価格が下落すると，その財の需要量は増大する。
- ある財の価格が上昇すると，その財の需要量は減少する。

以上のような価格と需要量の関係をグラフに描いたものが，いわゆる**需要曲線**である。

需要曲線

図2-1は，一般的な需要曲線をグラフに示したものである。ここで，縦軸は価格（p），横軸は需要量すなわち数量（x）を表しており，需要曲線Dはこのグラフのように右下がりに描かれる。経済学において需要曲線を描く場合は，このように，価格を縦軸にとり，数量を横軸にとるのが通例である。これは，ある価格の時に数量がいくつになるかという読み方に対応しており，さまざまに与えられる価格のもとで，いくつ購入するかを示した需要計画になる。このグラフの例に従えば，価格が1,250円の時に需要量である数量は5個となるが，価格が1,110円に下落すると7個に増加する。このように，一般的な法則として，価格の下落は数量を増加させ，価格の上昇は数量を減少させることが言え

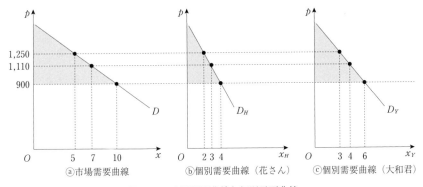

図 2-2 市場需要曲線と個別需要曲線

る。なお，このグラフの需要曲線は，社会全体の需要曲線であり，市場需要曲線と言われる。

市場需要曲線と個別需要曲線

需要曲線には，**市場需要曲線**と**個別需要曲線**がある。これまでに見てきたものは，市場需要曲線であり，この市場に参加しているすべての家計が含まれている。他方，個別需要曲線とは，その市場に参加している個々人の持つ需要曲線を意味する。すなわち，その財のすべての個別需要曲線を集計したものが，市場需要曲線になる。ここで，個別需要曲線は実際にどのようにして導き出せるのか。そして，個別需要曲線をどのように集計すれば市場需要曲線となるのか。これらの基本的な性質を正確に把握するために，非常にシンプルに設定された世界を考えてみる。具体例として，この財市場をジュース市場において，ジュースを消費する人たちは，花さんと大和君の 2 人しかいないと仮定する。この例は，図 2-2 を用いて解説していくが，以下で示されていく通り，3 つ並んでいるグラフのうち，図 2-2 ⓐに示されているものは，市場需要曲線 D であり，図 2-2 ⓑに描かれている花さんのジュースに対する個別需要曲線 D_H と，図 2-2 ⓒに描かれている大和君のジュースに対する個別需要曲線 D_Y を水平方向に足し合わせたものである。

第Ⅰ部　ミクロ経済学

　それでは，グラフを使って市場需要曲線と個別需要曲線の関係を実際に確かめてみよう。まず，ジュースの価格が1杯1,250円の時，個別需要曲線を使って市場の需要量がいくつになるかを求めてみる。価格1,250円のもとでは，それぞれのグラフから明らかな通り，それぞれ，花さんは図2-2ⓑより2杯，大和君は図2-2ⓒより3杯のジュースを消費することが分かる。すなわち，価格1,250円のもとでは，図2-2ⓐの通り，花さんの2杯と大和君の3杯を足し合わせた2+3=5杯が市場での需要量となる。同様にして，価格が1,110円の時に，花さんは3杯，大和君は4杯のジュースを消費するので，価格1,110円の時での市場での需要量は3+4=7杯となる。さらに，価格が900円の時に花さんは4杯，大和君は6杯のジュースを消費することから，価格900円のもとでの市場でのジュースの需要量は4+6=10杯となる。このように，それぞれの価格のもと，市場でいくつの需要量になるのか，その軌跡を示したものが市場需要曲線であり，それは個別需要曲線を水平に集計したものである。

　すなわち，市場需要曲線においては，その財の価格が下落すれば，すべての個人の需要量が増加していき，それらを足し合わせた市場の需要量は増加することが分かる。そして，その財の価格が上昇すれば，すべての個人の需要量減少を通じて市場の需要量は減少していく。以上が，市場需要曲線と個別需要曲線の関係である。

2　消費者余剰

　前節では，ある財市場における需要の一般的な法則が示された。本節では，消費者余剰という概念について説明するが，はじめに，個別の消費者余剰を紹介し，次いで，市場の消費者余剰がどのように得られるのか解説する。

個別の消費者余剰

　ここでは，部分均衡分析の1つとして知られる**消費者余剰**について考えていく。部分均衡分析とは，ある特定の財市場の経済現象のみに着目して，その財

市場における価格と資源配分について分析することを言うが、詳しくは第5章で改めて示される。それでは、消費者余剰とは、一体どのようなことを意味しているのか。消費者余剰とは、買い手である家計が財市場に参加することで得られる便益とされ、支払ってもよいと考える額と実際に支払った金額との差額として与えられる。

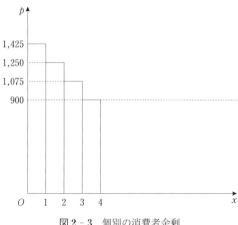

図2-3　個別の消費者余剰

この消費者余剰の概念について、具体例を用いながら体系的に理解できるように、グラフを用いて考えてみよう。ここで、図2-3に描かれるようなジュースの消費に直面している花さんを思い浮かべてみる。このグラフは、ジュースの消費と花さんとの関係について、次のように読み取ることができる。すなわち、例えば花さんが、ジュースを最初の1杯目消費したとすれば、花さんはこの1杯目のジュースに対して1,425円の評価を行っていると考えられる。これは、花さんにとって、このジュース1杯の需要に対する金銭的評価が1,425円であることを意味している。同様にして、花さんがジュースを2杯目まで消費したとすれば、花さんはこの2杯目のジュースに対して1,250円の評価を行っていることになる。そして、3杯目については1,075円、4杯目においては900円というように話を発展させていくことができる。このように、その財を購入する数量に応じて、最大どれだけ支払ってもよいと思うかを示した価格を**留保価格**（reservation price）と呼ぶ。

さて、花さんが消費するこのジュースの価格が、実際には1杯につき900円だったとする。この時、4杯目までジュースを消費したならば、花さんが支払ってもよいと考えていた額の合計は、1杯目から4杯目にいたるそれぞれの額を足し合わせて、1,425+1,250+1,075+900＝4,650円となる。他方、花さん

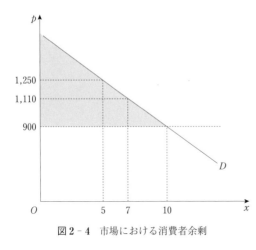

図2-4 市場における消費者余剰

が4杯消費した時の実際の支払い額は4×900＝3,600円であることから，花さんには，4,650－3,600＝1,050円の差額が生じることになる。この差額が消費者余剰である。このように，消費者余剰は，買い手である家計が財市場に参加することで得られる便益を測る尺度となる。なお，図2-3では線が階段状に描かれているが，横軸の単位をさらに細かく分割していくと，滑らかな形状で描かれることになり，それが個別需要曲線に対応する。

市場における消費者余剰

　これまでの消費者余剰の概念は，個別レベルでのものだったが，個別需要曲線から市場需要曲線が得られたのと同じく，消費者余剰についても市場における消費者余剰を考えることができる。結論から述べれば，市場における消費者余剰は，個別の消費者余剰を水平方向に集計させたものとなる。それでは，順を追って丁寧に学んでみよう。これまでの例に従えば，ジュースの実際の価格が1杯900円であったとすれば，ジュースの消費が5杯目の時の消費者余剰は，1,250－900の高さで表され，この差額350円は，家計が財市場に参加することで得られる便益となる。同様に，7杯目の時の消費者余剰は，1,110－900の高さとなる。このような手順を最初の1杯目から10杯目まで行い，すべての消費者余剰を集計すると，家計が財市場においてジュースを10杯消費すなわち需要することで得られる市場における消費者余剰が求められる。その結果，このケースでの市場における消費者余剰は，グラフを使って表せば，図2-4における価格線（900円の高さで引かれる水平線）と需要曲線で囲まれた三角形の部分

の面積となる。

3　需要曲線のシフトと形状

　ある財の価格とその需要量の間の関係を示す需要曲線は，一般に右下がりで描かれることがこれまでに明らかにされた。本節ではさらに，その財の価格以外の要因で需要量が変化するケースについて紹介する。これは，需要曲線のシフトによって説明されるが，ここでは，所得変化によるシフトとそうでないものとに分けて考える。また，価格と需要量の関係について，本節の後半ではさらに，需要曲線の形状によってさまざまなパターンが与えられることを示していく。

需要曲線のシフト

　これまで扱われている需要分析は，観察している財の価格以外はすべて一定とした上で，その財の価格変化に伴って需要量がどのように変化するか，というものだった。そこで，観察している財の価格変化以外に，どのような要因で需要量が変化するのか，ここで明らかにしておこう。以下では，それらの要因として，①所得変化によるものと，②所得変化以外によるものとに分けて考えていく。

①所得変化によるもの　　所得が増加した時に，ある財の需要量はどう変化するだろうか。チョコレートを例に考えてみよう。今までの所得水準のもとで，チョコレートを週に2箱消費していたとする。もし所得が増加したならば，チョコレートの消費は週に3箱に増えるかもしれない。あるいは，毎月の楽しみにしている人気カフェのケーキセットが，所得の増加によって毎週の楽しみになるかもしれない。このように，所得の増加によって需要量が増加するような財は，**正常財**もしくは**上級財**と呼ばれる。同様に考えて，所得が減少した時には，需要量も減少することになる。

　これに対して，所得の増加によって，ある所得水準のもとでは需要量が減少

第Ⅰ部　ミクロ経済学

表2-1　所得変化に伴う需要量の変化

財の種類	所得と需要量の関係	
正常財	所得が増加 所得が減少	→ 需要量は増加 → 需要量は減少
中立財	所得が増加 or 減少	→ 需要量は不変
劣等財	所得が増加 所得が減少	→ 需要量は減少 → 需要量は増加

していく財もある。これは，**劣等財**もしくは下級財と言われる。このような財は，同様に考えて，ある所得水準のもとでは所得が減少すると需要量が増加していくことになる。それでは，実際にどのような財が思い浮かぶだろうか。例えば，金銭的にゆとりが出てくることで，次第に消費が抑えられていくような財をいくつか思い浮かべてみると想像がつくかもしれない。なお，正常財や劣等財いずれにも当てはまらないケースも考えられるが，そのような財は**中立財**と呼ばれ，以上をまとめると，表2-1のようになる。

さて，こうした所得変化による需要量の変化は，需要曲線を用いた時，グラフ上の動きとして，どのようなことが観察できるだろうか。ここで，図2-5を見てみよう。所得が増加した時のケースについては，所得増加によって需要量が増加することになるので，需要曲線がDからD'に移るような右方へのシフトとして表すことができる。同様に考えて，所得が減少した時のケースについては，所得減少が需要量を減少させることになるので，需要曲線がDからD''に移るような左方へのシフトとして示すことができる。

②**所得変化以外によるもの**　需要曲線をシフトさせるものとして，所得変化以外にどのような要因があるだろうか。考えられる要因として，関連性を持つ他の財の価格，天候や気温，社会環境といった変化によるものが挙げられる。こうした1つひとつの要因についてここで観察しておこう。第1に，関連性を持つ他の財の価格変化について見てみよう。私たちは喉が渇いた時，何かおいしいものが飲みたくなる。ここで，飲みたくなるものが，ジュースかアイスティーのいずれかとしよう。この時，アイスティーの価格が下がるとジュー

ス市場に一体何が起こるだろうか。おそらく、たとえジュースの価格が変化していなくても、ジュースの需要量は減少してしまうだろう。それは、低価格になったアイスティーに需要の一部が移ってしまうからである。

第2に、同じくジュースの需要量について、天候の変化という外的要因から考えてみる。最も分かりやすい例として、冬には一面雪

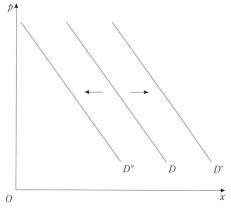

図2-5 需要曲線のシフト

景色になり夏には灼熱の太陽があふれるような国や地域を思い浮かべてみる。そのような場所では、真冬と真夏、ジュースの需要量はどちらがより大きくなるだろうか。私たちの日頃の経験からも容易に推測できるだろうが、おそらく、暑くてとても喉が渇きやすい真夏に近づくにつれて、需要量は次第に大きくなるだろう。そして、この需要の増加具合は、同じ夏でも日照時間の多い年や、猛暑日が続く年にはさらに大きくなるとも考えられる。

最後に、社会環境という要因について考えてみよう。最近の健康食品ブームからも想像できる通り、社会全体において健康への関心がより高まるにつれて、消費行動にどのような影響が生じるだろうか。ここで例にしているジュースが、100％生搾りの体にやさしいジュースだとすれば、この社会環境の変化によって、より多くの需要が見込まれるだろう。

こうした一連の外的要因による需要量の変化は、所得変化による需要曲線のシフトの場合と同じく、図2-5のように、需要量を増加させる場合については、グラフ上では需要曲線が D から D' というような右方シフトとして、その動きが示される。同様にして、需要量を減少させる場合については、グラフ上では需要曲線が D から D'' というような左方シフトとして表されることになる。

需要曲線の形状

これまでの分析において，観察している財の外的要因を一定とおいているケースでは，その財の価格変化によって，需要量が増加あるいは減少することが確かめられた。ここではさらに，その度合いについて，一般的な需要の法則に基づいて考えてみることにする。これは，需要曲線の形状を観察することによって明らかになる。今まで描かれてきた需要曲線を思い出しながら，既に多くの読者は気がついているかもしれないが，需要曲線は，急な傾きで描かれたり，緩やかな傾きで描かれたり，さまざまな形状が考えられる。それは，財の種類によって異なるのだが，この点を明らかにするために，図2-6を観察してみよう。

図2-6ⓐには急な傾きの需要曲線，そして図2-6ⓑには緩やかな傾きの需要曲線が描かれている。これら2つのグラフの相違は次のように説明することができる。すなわち，図2-6ⓐのような急な傾きの需要曲線で表される財は，その財の価格変化が需要量にそれほど影響を与えていないことが分かる。これに対して，図2-6ⓑのような緩やかな傾きで描かれる需要曲線を持つ財は，その財の価格変化がその需要量に大きく影響することが分かる。ここで，前者のようなケースは，価格に対して非弾力的な需要曲線と呼ばれる。そして，後者のようなケースは，価格に対して弾力的な需要曲線と言われる。両者の相違については，図2-6ⓐと図2-6ⓑにおいて，価格がp_1からp_2に下落した時のそれぞれの需要量x_1からx_2への変化の程度を比較してみることで，より直感的に理解できるだろう。

それでは，価格に対して非弾力的な財，弾力的な財には，それぞれどのようなものが当てはまるだろうか。一例を示せば，価格に対して非弾力的なケースとしては，日常生活に不可欠とされる**必需財**，すなわち，お米やパン，ミネラルウォーターなどが挙げられるだろう。他方，価格に対して弾力的なケースは，**奢侈財**と言われる高級品やぜいたく品が考えられる。なお，必需財にしても，奢侈財にしても，ここで見ている例では，価格の上昇によって需要量が減少するか，価格の下落によって需要量が増加するかのいずれかの関係にあり，こう

第2章 需要曲線と消費者余剰

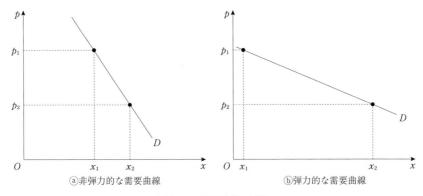

ⓐ非弾力的な需要曲線　　　ⓑ弾力的な需要曲線

図2-6　需要曲線の形状

した財は一般的な需要の法則が成り立っている。

しかしながら,一般的な需要の法則が成り立たないケースも存在する。そのような性質を持つ財は,**ギッフェン財**と呼ばれる。ギッフェン財とは,ある財の価格が低下することで,その財の需要量も減少することが理論的には考えられ,そういったケースに当てはまる財のことを言う。その結果,需要曲線が右下がりとなる一般的な需要の法則とは異なり,ギッフェン財の需要曲線は右上がりの形状で描かれることになる。

4　効用最大化

本章では,個別需要曲線と市場需要曲線,消費者余剰,そして需要曲線のシフトと形状について学んできた。本節では,これらの背景にどのようなことがあるのか,その背後にある消費者行動について考えていく。最初に,消費者行動と効用の関係について明らかにする。次いで,消費者の効用最大化について理解を深めていく。最後に,これらの概念と個別需要曲線の関係について考える。

第 I 部　ミクロ経済学

効用とは

　これまで，消費主体を家計と呼んできた。第 1 章で学習した通り，家計は生産手段の所有者であり，（生産）要素市場における家計への支払いが，財市場でさまざまな財を調達し消費するために用いられる。このように，財市場からさまざまな財を調達する点に着目するという意味においては，家計は特に消費者と呼ばれる。本章では，既に個別の消費者余剰について学んだが，これは，その人が支払ってもよいと考える最大の額である留保価格から，実際の支払い金額を引いたものであった。この点に関して，もう少し厳密に考えてみると，個別消費者余剰の背後には，その財を購入して消費することで，どれだけの満足が得られるかという概念が存在している。このように，財を消費することから得られる満足を，経済学では「効用」と呼んでいる。そして，その財の需要量が増えるにつれて，効用は増えていくが，その増え方は次第に減少していく。これを経済学では限界効用逓減の法則と呼んでいる。

　以上のことを，具体例を用いながら分かりやすく示そう。例えば花さんは，喉が渇いている時にジュースを飲めば，とても良い気分になって花さんの満足，すなわち効用はその分だけ大きくなる。花さんが消費するジュースの需要量が増えるにつれて，その満足も大きくなっていく。ただし，満足の増え方は次第に小さくなる。この点について，私たちの経験から改めて眺めてみよう。すなわち，最初の 1 杯目のジュースから得られる満足感と，10 杯目から得られる満足感と，20 杯目から得られる満足感，口にした瞬間の満たされた感覚はどう表現できるだろうか。おそらく，その満たされ感は次第に少なくなっているだろう。

　ここで改めて，限界効用逓減の法則を理解していこう。まず，逓減という意味だが，これは，ある動きを観察している時に，その増加していく割合が次第に小さくなっていくことを言う。次に，**限界効用**とは，財の需要量 1 単位の増加に伴う効用の増分を言う。より一般的に述べれば，限界効用とは，他の条件を一定として，ある財の需要量を少しだけ変化させた時に，その人の効用がどのように変化するかを表したものである。ここで注意しておくことは，限界効

第2章 需要曲線と消費者余剰

--- *Column* ④　アーサー・C. ピグー（Arthur Cecil Pigou: 1877-1959）---

　人間の生活の改良を目指していたピグーは，厚生という概念に着目したものの，厚生とは何かという問題には踏み込まずに経済的厚生に分析の焦点を置いた。経済的厚生は個々の効用の総計であり，個々の効用の総計を客観的に観測することは困難であることから国民分配分を援用した。その結果，国民分配分という全体のパイが大きいほど，パイに占める貧者の取り分が大きくなるほど，パイの変動が小さいほど，社会全体の厚生が大きくなるという論理展開に至った。国民分配分以外への拡張は，現在もその余地が残されており，ピグーが本来抱いていた人間生活の改良を目指す学問体系の樹立に，大きな期待が寄せられている。なお，個々の効用を総計するためには，序数的効用でなく基数的効用が用いられ，異なる経済主体間の比較や集計ができるという点で高く評価されている。しかしその一方で，実際にどのような変換を行うことで，実際の社会の状態を表現できるかという点については未だ多くの課題が残されている。

用の大小は順序を表すものであり，数値を入れて計算するものではないという点である。すなわち，友達との会話が盛り上がる中で，「花さんは大和君よりも蓮君に好意を抱いている」という表現はできるが，「花さんは大和君よりも蓮君が3倍好きだ」という言い方はできないのと同じことである。
　こうした一連の概念を用いて，本章では最後に効用最大化という観点から，消費者行動についてその基本的な枠組みを理解していく。

効用最大化

　ミクロ経済学における合理性を持った消費者は，財を消費することから得られる満足を最大にする**効用最大化**がその行動目的とされている。効用最大化行動のもとでは，特に，観察される財の価格が重要な役割を果たす。ここで，話を単純化して，次のようなモデルを考えてみる。すなわち，観察される財は2種類のみ存在している2財モデルとする。そして，2つの種類の財を，それぞれ第1財，第2財と呼ぶことにする。また，第1財，第2財にそれぞれ与えられている価格を第1財価格，第2財価格とおく。ここで，第1財価格と第2財価格を比率で表せば，それは2財モデルにおける財の価格比となる。今，第1

— **Column ⑤　効用最大化行動** ———

　消費者の効用最大化問題においては，制約条件を併せて考える必要がある。すなわち，花さんはより多くのジュースを消費することで満足が高くなっていくが，ジュースの消費に使えるお金が限られているため，好きなだけ買うことはできないという点である。これは，経済学では，予算制約と呼ばれている。ここで，具体的に，ある個人が予算制約1,000円のもとで1個100円のりんごと1本50円のバナナを購入するような状況を考えてみよう。この個人の効用は，りんごとバナナそれぞれの需要量に依存して決まる。予算1,000円を使い切り，かつ予算を超えない組み合わせとは，例えばりんごのみ10個，バナナのみ20本，もしくはりんご4個とバナナ12本，などの組み合わせが考えられる。これらの組み合わせは，横軸と縦軸にそれぞれりんごの需要量 x_1 とバナナの需要量 x_2 をとった図2-7の右下がりの直線で表され，予算制約線と呼ばれる。

　次に，財の組み合わせ方と効用の関係について検討する。この図では，点 A で示されるりんご4個とバナナ12本，あるいは点 B で示されるりんご7個とバナナ6個，どちらの組み合わせも選択可能だが，点 A と点 B では，どちらがこの個人にとって効用がより高くなるのだろうか。

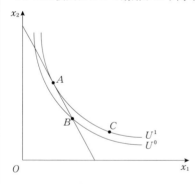

図2-7　予算制約線と無差別曲線

　この問題を解くために，無差別曲線が用いられる。無差別曲線（ここでは U^0 および U^1）とは，原点から遠ざかるにつれて高い効用を保障する等高線であり，図から明らかなように，この例においては点 A の方が望ましい財の組み合わせであることが分かる。無差別曲線は，さらに，消費者に十分な判断力がある前提のもと，右下がりで原点に対して凸で描かれる，相互に交わらない，無差別曲線上の傾きは限界代替率で表される，といった性質を備えている。

　ここで，点 C も，点 A と同じ無差別曲線 U^1 上にあるが，点 C は予算制約を超えているため，選択することができない。以上のことから，本ケースにおいては点 A が最適な財の組み合わせとなる。なお，この点では，予算制約線の傾きである財の価格比と，無差別曲線の接線の傾きの限界代替率あるいは限界効用の比が等しくなっている。

財をジュースとおき，第2財を貨幣とおけば，2つの財の価格比は，貨幣の単位を単純に1と仮定すれば，第1財のジュースの価格のみで表すことができる。

さて，ここで問題になるのは，第1財であるジュースをどこまで購入して消費するかという点である。具体的には，第1財であるジュースをもう1杯（より一般的に，1単位）追加消費することは，第2財である貨幣をその分だけ減少させることになる。これを，**限界代替率**と言い，一方の財を1単位増加した時に，もう一方の財を何単位減少させて元の効用水準が維持できるかを表現したものになる。この限界代替率は，増加させる財の需要量が大きくなるにつれて次第に小さくなっていく。その背景には，財の需要量が増えるにつれて，追加的に発生する効用の増分が小さくなる限界効用逓減の法則がある。すなわち，限界代替率は，限界効用の比として表され，限界効用が数量の増加に伴って小さくなることは，限界代替率が逓減することを意味している。

最後に，効用最大化について，最適化行動と個別需要曲線の関係から述べれば，次のように説明できる。第1に，私たちは，価格を通じてさまざまな財を消費している。その数量が需要量であった。第2に，財の価格は既に与えられているものであり，かつ人々が1単位の追加に伴い支払ってもよいと考える限界的な価値を示すものでもあった。すなわち，その背後には，財の価格比によって，何かをさらに多く獲得するためには，他のものをいくつ断念してもよいかが比率によって表されているのである。

5　需要曲線から消費者行動へ

本章では，前章で扱われた経済主体のうち，財・サービス市場における家計に着目し，第1に需要の法則についてその性質を明らかにした。そして，価格と需要量の関係を示す需要曲線が紹介された。さらに，需要曲線には市場需要曲線と個別需要曲線があり，両者の関係について理解を深めた。第2に，消費者余剰の概念を導入し，家計が市場に参加することで得られる便益について学習した。第3に，ある財の需要量は，その財の価格以外の変化によっても影響

を受けることが示された。すなわち，所得変化による需要曲線のシフトと，所得変化以外の外的な要因による需要曲線のシフトである。また，需要曲線の傾きがさまざまに与えられる点について，需要曲線の形状を学んだ。ここでは，需要量がどの程度価格に反応するかという観点から，具体的にどのような財がそれぞれ当てはまるのか，明らかにした。最後に，合理性という仮定のもとでの消費者の効用最大化について，その基本的な枠組みを紹介し，本章の前半で学んだ個別需要曲線との関連性について示した。

参考文献

ヴァリアン・R. ハル，佐藤隆三監訳『入門ミクロ経済学』原著第9版，勁草書房，2015年。
　＊日本語訳版では入門と位置づけてあるが，原書は Intermediate Microeconomics として量質ともに整えられているロングセラーの本。

川島康男『寡占と価格の経済学』勁草書房，1995年。
　＊理論の1つひとつについて，さまざまな例を追いながら丁寧に理解し，理論の構造を本当に理解できたかどうかを着実に確認することのできる本。

今後の学習のための本

奥野正寛編著『ミクロ経済学』東京大学出版会，2008年。
　＊ミクロ経済学のコアとなる箇所について詳細に分かりやすく解説されている本。

酒井泰弘『リスクの経済思想』ミネルヴァ書房，2010年。
　＊不確実性を伴う私たちの行動が経済理論にどう組み込まれるのか，日常のさまざまな出来事を思い浮かべながら読み進めていくことのできる本。

原司郎・酒井泰弘編著『生活経済学入門』東洋経済新報社，1997年。
　＊経済学を学ぶ者が，実社会で抱えているさまざまな社会問題に，どう向き合っていけるのか，その手がかりを探っていくことのできる本。

練習問題

問題1
需要曲線のシフトと形状についての分析において，劣等財が紹介された。これは，ある所得の範囲内においては，所得が増加することでその需要量が減少する性質を持つ財であった。例として，具体的にどのような財が考えられるか。

問題 2
キャベツやレタスの収穫の時期になると，豊作貧乏という言葉がニュースになることがある。これは，豊作によって，生産者が本来出荷できるはずの生産物の一部を廃棄せざるを得ない状況になることを言う。なぜ廃棄せざるを得ないのか，図2-6を見ながら一般的な需要の法則の考え方を用いて説明しなさい。

問題 3
効用最大化行動を考えてみよう。他の条件は一定として，所得のみが減少したとする。この時，消費者にどういった変化が見られるか，分かりやすく解説しなさい。

(中村大輔)

第3章

供給曲線と生産者余剰

本章のねらい

本章では，供給主体としての企業の行動について学習する。第1に，供給曲線とは何か，また，価格と価格以外の要因の変化が，供給量及び供給曲線へどのように影響するのかを学ぶ。第2に，供給曲線を利用して，市場に参加することで得られる企業の便益である生産者余剰を導出する。第3に，供給曲線の背後にある企業の利潤最大化行動を明らかにする。本章のねらいは，これら3つのことについて理解を深めていくことである。

1　供給曲線

第2章では需要主体である家計の行動について学習した。第3章ではもう1つの重要な経済主体である供給主体としての企業の行動について学習する。本節では，**供給の法則**及び**価格**と**供給量**の関係を図示した**供給曲線**について見ていく。

供給の法則

ここでは，供給主体としての企業の行動について，最も基本的なことを学ぶ。財を生産して市場で売ることを**供給**と言い，企業が売りたいと思い，かつ，売ることのできる数量のことを供給量と言う。供給量はいろいろな要因によって決まるが，最も重要な要因は価格である。価格以外の要因がすべて一定であるとすれば，価格が上昇すると，企業は利益が得られるので供給量を増やすであ

第Ⅰ部　ミクロ経済学

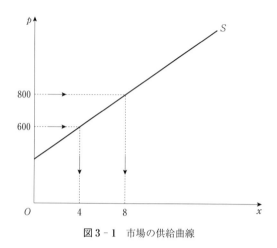

図3-1　市場の供給曲線

ろう。逆に，価格が下落すると，企業は利益が減少するので供給量を減らすであろう。このような価格と供給量の間の関係は，供給の法則と呼ばれる。供給の法則とは，以下の通りである。

- ある財の価格が上昇すると，その財の供給量は増加する。
- ある財の価格が下落すると，その財の供給量は減少する。

この価格と供給量の関係を図に描いたものが供給曲線である。

供給曲線

価格と供給量との関係を表した曲線を供給曲線（S）と言い，図3-1のように縦軸に価格（p）を，横軸に供給量である数量（x）をとると，供給曲線は右上がりの曲線として描かれる。需要曲線と同様に，これは，ある価格の時に，数量がいくつになるのかという読み方に対応している。つまり，図3-1は，さまざまな価格のもとで，企業がどれだけ財・サービスを供給するのかを示している。例えば，財市場として，ジュース市場を考えてみよう。図3-1は，ジュースの価格が600円の時に，企業はジュースを4杯供給し，価格が800円に上昇した時は8杯供給するということを表している。このように，価格の上昇

第3章 供給曲線と生産者余剰

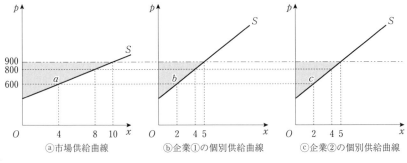

図3-2 市場供給曲線と個別供給曲線

は供給量を増加させ，価格の下落は供給量を減少させる。

市場供給曲線と個別供給曲線

供給曲線は，企業の価格と供給量の関係を表したものであるが，実際の世の中には多数の企業が存在している。図3-1の供給曲線は，多数の企業を集計して，あたかも1つの企業のように考えたものである。ここでは，このような市場供給曲線と個々の企業の供給曲線，すなわち，個別供給曲線の関係について見ていこう。

今，話を分かりやすくするために，この世の中でジュースを供給している企業は，企業①と企業②の2つの企業のみであるとしよう。個別供給曲線は，市場供給曲線と同様に，さまざまな価格のもとで，個別企業がどれだけ財・サービスを供給するのかを示している。縦軸に価格を，横軸に供給量である数量をとると，企業①の個別供給曲線は図3-2ⓑで，企業②の個別供給曲線は図3-2ⓒで描かれる。

図3-2ⓑⓒから，ジュースの価格が600円の時に，企業①と企業②のジュースの供給量はそれぞれ2杯である。この世の中には企業①と企業②しか存在しないので，市場全体のジュースの供給量は，企業①と企業②の供給量を合計した4杯（2杯＋2杯）となる。同様に，価格が800円の時に，企業①と企業②の供給量はそれぞれ4杯であり，市場全体の供給量は，企業①と企業②の供給

53

量を合計した8杯（4杯＋4杯）となる。さらに，価格が900円の時に，企業①と企業②の供給量はそれぞれ5杯であり，市場全体の供給量は，企業①と企業②の供給量を合計した10杯（5杯＋5杯）となる。つまり，市場供給曲線は，図3-2ⓐのように，それぞれの価格のもとで，個々の企業の個別供給曲線を水平方向に加えたものである。

2　生産者余剰

企業が，市場に参加することで得られる企業の便益，つまり，企業の経済的な利益のことであるが，これを**生産者余剰**という。本節では，この生産者余剰について学習する。生産者余剰は，第2章で学んだ消費者余剰と対になる概念である。

個別の生産者余剰

生産者余剰は，市場に参加することで得られる企業の便益を測る尺度であり，（市場で決まった）価格と企業が売ってもよいと考える最低価格との差額で表される。企業が売ってもよいと考える最低価格は，供給曲線を利用することで分かる。例えば，図3-3には企業①や企業②のような，ジュースを供給しているある個別企業の個別供給曲線が描かれているが，図3-3からこの個別企業が1杯目のジュースを売ってもよいと考える最低価格は500円，2杯目の時は600円となる。供給曲線は企業の価格と供給量の関係を表したものであるが，このように別の見方をすることもできる。ここでは1杯ごとの説明をするため，図3-3の個別供給曲線はあえて階段状で描かれているが，大きな市場を考えると，図3-2ⓑⓒのような滑らかな形状の個別供給曲線となる。そして，企業が売ってもよいと考える最低価格の背後には，企業の利潤最大化行動がある。この話についても本章で学ぶ。個々の企業における生産者余剰は，個別の生産者余剰と呼ばれる。

それでは，図3-3の個別供給曲線を利用して，個別の生産者余剰について

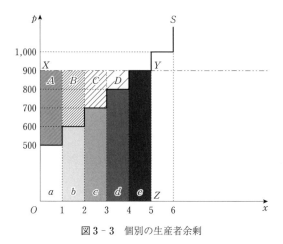

図3-3 個別の生産者余剰

考えていこう。今，ジュースの価格が900円ならば，1杯目の生産者余剰は，企業が1杯目のジュースを売ってもよいと考える最低価格が500円であることから，400円（900円－500円）であり，これは長方形 A の面積となる。この企業は1杯目のジュースを売る時に，500円は最低価格として必要であると考えているが，実際には900円で売ることができるので，その差額の400円は，市場に参加することで得られる便益である。同様に，2杯目の生産者余剰は300円（900円－600円）であり，これは長方形 B の面積に，そして，3杯目の生産者余剰は200円（900円－700円）であり，これは長方形 C の面積となる。

ジュースの価格が900円の時に，この企業は何杯目までジュースを供給するのであろうか。この例では，企業はジュースを5杯目まで供給し，6杯目のジュースは供給しないであろう。なぜならば，企業が6杯目を売ってもよいと考える最低価格は1,000円であり，これは価格である900円を上回るからである。つまり，この企業が，市場にジュースを供給することで得られる生産者余剰は，1杯目から5杯目の生産者余剰を合計した1,000円（400円＋300円＋200円＋100円＋0円）となる。これは長方形 A から長方形 D の面積を加えたものであり，価格線（900円の高さで引かれる水平線）と供給曲線で囲まれた面積となる。そして，図3-2ⓑⓒのような滑らかな形状の個別供給曲線の場合，個別の生産者

余剰は価格線と個別供給曲線で囲まれた三角形の面積となる。

また，個別の生産者余剰は，次のように考えることもできる。ジュースの価格が900円の時に，企業のジュースの供給量は5杯である。そのため，ジュースを供給することで得られる総収入は，900円×5杯で4,500円である。他方，企業が5杯目まで売ってもよいと考える最低価格は，3,500円（500円＋600円＋700円＋800円＋900円）となる。したがって，この企業はジュースを市場に供給することによって，1,000円（4,500円－3,500円）の差額が発生しており，この差額は個別の生産者余剰となる。

市場における生産者余剰

これまでの生産者余剰は，ある特定の個別企業に着目した，個別の生産者余剰であったが，次に，市場全体の生産者余剰を考えていこう。市場全体の生産者余剰は，個別の生産者余剰と同じ概念であるが，ここでの企業は，市場供給曲線と同様に，多数の個別企業を集計して，あたかも1つの企業のように考えたものである。

それでは，図3－4の市場供給曲線を用いて，市場全体の生産者余剰について考えていこう。図3－4から，企業が4杯目のジュースを売ってもよいと考える最低価格は600円である。今，ジュースの価格が1杯900円だったとすると，企業が4杯目のジュースを売ってもよいと考える最低価格600円と実際の価格900円の間には，差額300円（900円－600円）が発生する。この差額が4杯目の生産者余剰であり，これは図3－4の矢印 A の長さである。同様に，8杯目の生産者余剰は100円（900円－800円）であり，これは矢印 B の長さとなる。

ここでは，4杯目と8杯目の生産者余剰について求めたが，同様のことを1杯目から10杯目まで行い，この生産者余剰分をすべて加えると，企業が，市場にジュースを供給することで得られる生産者余剰となる。つまり，生産者余剰は，価格線（900円の高さで引かれる水平線）と供給曲線で囲まれた三角形の面積である。

それでは，個別の生産者余剰と市場全体の生産者余剰の間にはどのような関

係があるのだろうか。これは，市場供給曲線と個別供給曲線の間の関係を思い出してほしい。市場供給曲線が個別供給曲線を水平に加えることで得られたように，市場全体の生産者余剰は，個別の生産者余剰を加えることで得られる。先ほどのジュース市場の例を用いて図示すると，図3-2の通り，ジュースの価格が

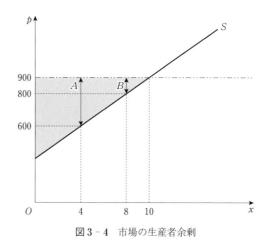

図3-4　市場の生産者余剰

900円の時に，企業①の個別の生産者余剰は三角形 b の面積，企業②の個別の生産者余剰は三角形 c の面積となる。そして，市場全体の生産者余剰は，これら個別の生産者余剰を水平方向に加えた，三角形 a の面積である。

3　供給曲線のシフトと形状

　前節では，供給曲線について，基本的なことを学んだ。本節では，その応用として，価格以外の要因が変化した時，供給量及び供給曲線はどのようになるのか，また，価格と供給量の関係が供給曲線の形状によって，どのように変化するのかを学習する。

供給曲線のシフト
　これまでの供給曲線の話では，価格以外の要因は，すべて一定であると考え，価格と供給量の関係のみを見てきたが，価格以外にも供給量に関係する要因は数多く存在する。価格以外の供給量に関係する要因が変化した時，供給曲線（S）は図3-5の S' や S'' のように左右へ移動する。このように供給曲線が左右に移動することを「供給曲線がシフトする」と言う。例えば，供給量に関係

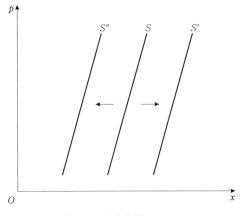

図3-5 供給曲線のシフト

する要因としては、人件費やジュースの原材料などの価格が挙げられる。人件費やジュースの原材料などの価格が上昇すると生産コストは高くなり、企業の利益は減少する。そのため、どのような価格のもとでも、企業は供給量を減らし、このような変化は、供給曲線を S から S'' へ左方にシフトさせる。また、技術水準の変化も供給量に関係する要因の1つである。技術水準の上昇によって、ジュースを生産するための機械の生産性が向上すると、生産コストは低下するので、企業の利益は増加する。そのため、どのような価格のもとでも、企業は供給量を増加させ、このような変化は、供給曲線を S から S' へ右方にシフトさせる。

すなわち、どのような価格のもとでも、企業が供給量を減らすような価格以外の要因の変化を「供給の減少」と言い、これは供給曲線を S から S'' へ左方にシフトさせる。一方、どのような価格のもとでも、企業が供給量を増やすような価格以外の要因の変化を「供給の増加」と言い、これは供給曲線を S から S' へ右方にシフトさせる。つまり、たとえ価格が変化しなくても、価格以外の要因が変化すると供給量は増減する。**供給曲線のシフトによるこのような供給量の増減と、価格の上下による供給量の増減を区別して理解することは重要である。**

供給曲線の形状

価格が変化すると供給量は変化するが、その度合いは異なり、大きく変化することもあれば小さいこともある。この変化の度合いは供給曲線の形状によっ

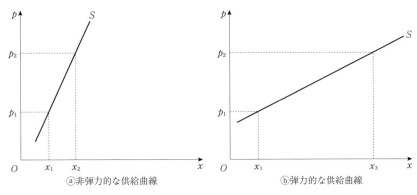

図3-6　供給曲線の形状

て表すことができる．例えば，図3-6ⓐのように供給曲線の傾きが急であれば，価格が p_1 から p_2 へ上昇すると，供給量は x_1 から x_2 へわずかに増加するだけである．このように供給量が，価格の変化に対してわずかにしか反応しない時，供給は非弾力的であると言う．一方，図3-6ⓑのように供給曲線の傾きがゆるやかであれば，価格が p_1 から p_2 へ上昇すると，供給量は x_1 から x_3 へ大幅に増加する．このように供給量が，価格の変化に対して大きく反応する時，供給は弾力的であると言う．

供給が価格に対して弾力的であるのか，それとも非弾力的であるのかは，企業が価格の変化に対応して，供給量をどの程度柔軟に変更できるのかに依存する．例えば，パソコンやテレビのような電化製品の供給は弾力的である．なぜなら，企業は工場の操業時間を変更することによって，供給量を比較的容易に変えることが可能だからである．一方，米やりんごのような農産物の供給は非弾力的である．農産物は，作付けから収穫までに時間がかかり，企業は供給量をすみやかに変更することが困難だからである．

第Ⅰ部　ミクロ経済学

Column ⑥　ロナルド・H. コース（Ronald Harry Coase: 1910-2013）

　コースは，1910年イングランドに生まれ，ロンドン・スクール・オブ・エコノミックスを卒業後，イギリスとアメリカで教育研究活動を行い，1964年シカゴ大学に移籍し，1991年ノーベル経済学賞を受賞した経済学者である。コースは，企業はなぜ存在するのか，というこれまで問われることのなかった根本的な問いに対して，市場を利用するためには取引費用が伴い，これを節約するために企業が存在していると主張した。そして，企業は資源配分機能を持ち，市場メカニズムを補完するものであると考えた。また，コースは「社会的費用の問題」にも取り組んだ。コースは，公害のような外部不経済が生じている場合，取引費用がゼロであり，財産権などの権利を誰が持っているのか明らかになっているのであれば，誰がその権利を持っていようとも，当事者間の自由な交渉によって，最終的には社会的に最適な資源配分が実現すると主張した。これは後に，シカゴ大学のジョージ・スティグラーによって「コースの定理」と名づけられた。

4　企業行動と費用

　本節からは供給曲線の背後にある企業の行動について詳しく学習する。第1章の図1-1「市場経済の概観図」を思い出してみよう。企業は生産技術の所有者であり，(生産)要素市場から土地・労働・資本をレンタルして，生産を行う主体である。ここでは，このような企業の行動で重要となる費用の構造と，いくつかの費用概念について取り上げる。

固定費用と可変費用

　企業が生産を行うためには，機械，原材料，労働力などを入手する必要があり，これには費用が生じる。ここでは，表3-1の仮想的なジュース製造企業の数値例を用いて，企業の費用構造について見ていこう。

　生産に関するすべての費用を**総費用**と言う。総費用は0杯の時に350円，1杯の時に850円，2杯の時に1,450円のように，生産量が増えるに従い増加して

第3章 供給曲線と生産者余剰

表3-1 ジュース製造企業の費用構造の例

生産量	利潤	総収入	総費用	固定費用	可変費用	平均費用	平均固定費用	平均可変費用	限界費用	価格	価格−限界費用
0	−350	0	350	350	0	—	—	—			
									500	900	400
1	50	900	850	350	500	850.0	350.0	500.0			
									600	900	300
2	350	1,800	1,450	350	1,100	725.0	175.0	550.0			
									700	900	200
3	550	2,700	2,150	350	1,800	716.7	116.7	600.0			
									800	900	100
4	650	3,600	2,950	350	2,600	737.5	87.5	650.0			
									900	900	0
5	650	4,500	3,850	350	3,500	770.0	70.0	700.0			
									1,000	900	−100
6	550	5,400	4,850	350	4,500	808.3	58.3	750.0			
									1,100	900	−200
7	350	6,300	5,950	350	5,600	850.0	50.0	800.0			
									1,200	900	−300
8	50	7,200	7,150	350	6,800	893.8	43.8	850.0			
									1,300	900	−400
9	−350	8,100	8,450	350	8,100	938.9	38.9	900.0			
									1,400	900	−500
10	−850	9,000	9,850	350	9,500	985.0	35.0	950.0			

いく。なぜ，何も生産をしていないのに，350円もの費用が必要なのだろうか。疑問に思う読者も多いことだろう。この説明のためには，総費用をさらに分解して考えることが必要となる。総費用は**固定費用**と**可変費用**の2種類に分けることができる。すなわち，

$$総費用＝固定費用＋可変費用 \tag{3.1}$$

となる。固定費用とは，数量が決まっており調整できないものに対する費用を言い，生産量にかかわらず一定である。固定費用は，生産が行われない場合でも必要であり，数値例では350円である。固定費用はジュース製造企業であれば，業務用ミキサーやキッチンなどの機器・設備の購入費用やそのローン，また，土地・店舗の家賃やローンなどに関する費用を言う。一方，可変費用とは，総費用の中で固定費用以外のすべての費用であり，0杯の時には0円，1杯の時には500円，2杯の時には1,100円のように，生産が行われない場合には0円であるが，生産量が増えるに従い増加していく。可変費用はジュース製造企業であれば，アルバイトの人件費，ジュースの原材料費や店舗の光熱費などである。

ところで，ここで生産量という言葉が出てきたが，供給量ではないのだろう

第Ⅰ部　ミクロ経済学

かと疑問に思う読者もいるかもしれない。この違いについては，後ほど学習するが，今のところ，この2つは同じようなものと考えてほしい。また，ここで，総費用を固定費用と可変費用の2つに分けたが，これは時間に大きく依存している。短期の状況では，店舗などを増減することは困難であるが，十分に時間のある長期では，比較的容易に増減することができる。つまり，長期の状況では，すべての数量が調整できるため，固定費用が存在せず，総費用はすべて可変費用となる。そのため，ここでの話は短期の状況を考えている。長期の状況については，本書の範囲を超えるため，章末の「今後の学習のための本」を参照してほしい。

限界費用と平均費用

　企業の行動を考える際には，固定費用や可変費用といった費用の構造とともに，**限界費用**と**平均費用**の概念を理解することが必要となる。そこで，ここでも表3-1のジュース製造企業の数値例を用いて，これらの概念について見ていこう。

　限界費用とは，企業が追加的に1単位だけ生産を増加した時の総費用の増加分である。つまり，

$$\text{限界費用} = \text{総費用の変化} / \text{生産量の変化} \quad (3.2)$$

となる。例えば，生産量が3杯から4杯へと1杯（1単位）だけ増加した場合，総費用は2,150円から2,950円へと増加し，この時の限界費用は800円（2,950円－2,150円）となる。ここでは，限界費用は生産量が増えるに従い増加していく前提で話を進めていく。これは，生産設備が一定のもとであれば，生産量が増加するにつれて，ある程度の生産量を超えると，生産活動は次第に困難となるためである。限界費用曲線は，図3-7のように縦軸に限界費用（MC）を，横軸に生産量（x）をとると，右上がりの曲線として描かれる。

　また，平均費用とは，総費用を生産量で割ったものであり，生産量1単位当たりの費用を表しており，これは**平均固定費用**と**平均可変費用**の2つに分ける

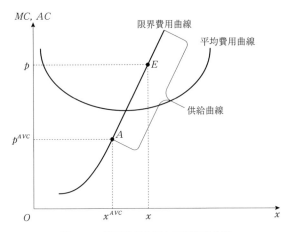

図3-7 限界費用曲線と平均費用曲線

ことができる。つまり，次のような関係が成り立っている。

平均費用＝総費用／生産量
　　　　＝（固定費用／生産量）＋（可変費用／生産量）
　　　　＝平均固定費用＋平均可変費用　　　　　　　　　　（3.3）

　平均費用は生産量が増えるに従い，当初は減少するが，その後増加に転ずる。このような推移は，平均固定費用と平均可変費用の動きを反映したものである。平均固定費用は，生産量が増えるに従い減少していくが，平均可変費用は増加していき，これら2つの費用の増減の程度によって，平均費用の推移が決まる。

　表3-1の数値例では，生産量が1杯から3杯の間，平均固定費用の減少の程度が，平均可変費用の増加の程度を上回り，平均費用は減少している。しかし，4杯以降は，平均可変費用の増加の程度が，平均固定費用の減少の程度を上回るため，平均費用は増加している。そのため，平均費用曲線は，図3-7のように縦軸に平均費用（AC）を，横軸に生産量（x）をとると，U字型の曲線として描かれる。

第Ⅰ部　ミクロ経済学

5　企業行動と利潤最大化

　本節では，第3章第4節で示された企業の費用構造や費用概念を用いて，企業の行動について具体的に見ていくが，ここでの企業は以下のような**完全競争企業**を考える。今，世の中には，自分たちと同じ経済活動を行っている企業が他にも無数に存在しているとしよう。そのため，個々の企業は，市場全体から見るときわめて小さな存在であり，市場で決まった価格を与えられたものとして，受け入れなければならない。つまり，企業は自社の生産物の価格を，自社で決めることができない。このような完全競争企業以外の企業の行動については，第6章で取り上げられる。

利潤最大化行動
　企業の目的は，市場占有率の拡大や社会貢献など，さまざまであるが，最も重要な目的は**利潤**の追求であろう。なぜなら，利潤があまりにも低いならば，企業の存続さえもおぼつかなくなるからである。そこで，企業の目的は，**利潤最大化**であるとしよう。利潤は次のようになる。

$$利潤 = 総収入 - 総費用 \quad (3.4)$$

　ここで総収入とは，企業が生産物を販売することによって得られる金額のことを言い，価格×生産量である。
　企業の目的は利潤最大化であるが，そのために企業は，どこまで生産を行えばよいのであろうか。(3.4)式より利潤は，総収入と総費用に依存している。そこで，企業が生産量を追加的に1単位増加した場合，それぞれどのように変化するのかを見ていこう。総収入は，価格の金額だけ増加し，この総収入の増加分は生産量にかかわらず一定である。一方，総費用は，限界費用の金額だけ増加し，この総費用の増加分は生産量によって異なる。ここで，価格が限界費用よりも大きいのであれば，総収入の増加分は総費用の増加分を上回り，利潤

は増加する。一方，価格が限界費用よりも小さいのであれば，総収入の増加分は総費用の増加分を下回り，利潤は減少する。そして，価格と限界費用が等しいのであれば，総収入の増加分と総費用の増加分は同じであり，利潤は変わらない。

　それでは，表3-1の数値例を用いて，これらの点について確認していこう。なお，ここで価格は900円とする。企業が生産を行う場合，価格が限界費用を上回る4杯までは，価格と限界費用の差は400円から100円の正の値をとっており，利潤は50円から650円へと増加している。そして，4杯から5杯に生産量を増やすと，価格と限界費用の差はゼロとなり，利潤は650円のままで変わらない。ところが，5杯から6杯に生産量を増やすと，価格と限界費用の差は負の値（−100円）であり，6杯の利潤は550円となる。つまり，5杯から6杯へ生産量を増やすと，利潤はむしろ減少している。同様に，6杯以降は，価格と限界費用の差がすべて負の値となり，利潤は生産量を増やすに従い減少していく。

　つまり，この数値例では，利潤が最大となる生産量は5杯である。これは，表3-1を見ながら考えれば，より分かりやすく理解できるだろう。企業が利潤最大化を行動目的としているのであれば，生産量を4杯から5杯へは増加させても良いが，5杯から6杯へは増加させたくないと判断するだろう。言い換えると，利潤最大化のために，企業は，利潤が減少に転じるギリギリの生産量まで，生産を行う。つまり，利潤が最大となる生産量は，価格と限界費用が一致した点であり，この点での生産量が企業の供給量となる。図3-7であれば，価格がpである時に，限界費用と一致する点Eでの生産量xが，企業の供給量となる。

　それでは，価格が変化した時，供給量はどのように変化するのだろうか。図3-7に表されるように，限界費用曲線は右上がりの曲線である。そのため，価格が上昇すれば，限界費用曲線に沿って，供給量は増加し，価格が下落すれば，限界費用曲線に沿って，供給量は減少することになる。つまり，限界費用曲線は，価格とそれに対応する企業の供給量の関係を示す曲線であり，供給曲

線と言える。

　ただし，限界費用曲線のすべてが供給曲線となるわけではない。企業は，利潤が負になれば，操業を停止するという選択肢を持つ。企業は，操業を継続した時の利潤と，操業を停止した時の利潤を比較して行動を決定する。操業を継続した時の利潤が，操業を停止した時の利潤を上回るのであれば，たとえ，利潤が負であっても操業を継続する。ここで，企業が操業を継続した時の利潤は(3.4)式で示され，操業を停止した時の利潤は「－固定費用」となる。すなわち，総収入が可変費用を上回れば，生産物1単位当たりで表すと，価格が平均可変費用を上回れば，企業は操業を継続する。図3－7において，価格と平均可変費用が一致する点を点Aとすると，この点Aが操業を停止するかどうかの分かれ目（操業停止点）であり，この時の価格を**操業停止価格**（p^{AVC}）と言う。したがって，企業の供給曲線とは，操業停止価格以上における限界費用曲線である。

生産者余剰と限界費用曲線

　今，限界費用曲線は，供給曲線であると言うことが示された。次に生産者余剰と限界費用の関係について，再度，図3－3を利用して検討しよう。第3章第2節で学んだように，ジュースの価格が900円であれば，この企業のジュースの供給量は5杯であり，生産者余剰は価格線と供給曲線で囲まれた部分の面積となる。供給曲線は限界費用曲線であることから，長方形aの面積は，0杯から1杯へと生産を増加した時の限界費用，長方形bの面積は，1杯から2杯へと生産を増加した時の限界費用であり，長方形cから長方形eも同様である。

　ここで，限界費用であるこれらの長方形の面積は，それぞれ可変費用の増加分に等しい。なぜならば，固定費用は生産量にかかわらず一定であるため，増加分で考えるのであれば，固定費用の部分はゼロとなるからである。つまり，長方形aの面積は1杯生産する時の可変費用を，長方形$a+b$の面積は2杯生産する時の可変費用を表し，長方形aから長方形eの面積の和は，5杯生産

Column ⑦　利潤最大化行動

　本章では，企業の利潤最大化行動について，主に数値例を利用して学んだが，限界費用曲線と平均費用曲線を利用することもできる。ここでは図3-8の限界費用曲線と平均費用曲線を利用して，企業の利潤最大化行動を見ていこう。

　利潤が最大となる企業の生産量は，価格と限界費用が一致した生産量である。したがって，企業は価格が p^* であれば，生産量 x^* を選択する。この時，企業の総収入は価格×生産量なので，四角形 $ABDO$ の面積となる。また，生産量 x^* の時の平均費用は AC^* である。平均費用は生産量1単位当たりの総費用を表しており，総費用を生産量で割ったものである。そのため，総費用は平均費用×生産量で求めることができ，価格が p^* のもとでの総費用は $AC^* \times x^*$ となり，これは四角形 $ECDO$ の面積に等しい。企業の利潤は，総収入と総費用の差である。したがって，企業の利潤は，総収入である四角形 $ABDO$ の面積から総費用である四角形 $ECDO$ の面積を引いた四角形 $ABCE$ の面積となる。

　また，図3-8で示されるように，限界費用曲線はU字型の平均費用曲線の底点，つまり，平均費用の最小値で交わっている。このような限界費用曲線と平均費用曲線の関係はつねに当てはまり，重要な関係の1つである。

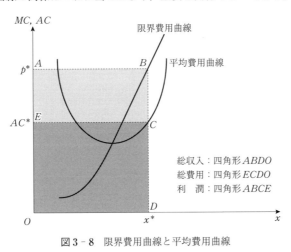

図3-8　限界費用曲線と平均費用曲線

する時の可変費用となる。

　また，四角形 $XYZO$ の面積は，価格が900円で生産量が5杯の時の個別企業の総収入である。これまでの話から，総収入は生産者余剰と可変費用の和で

あり，さらに(3.1)式と(3.4)式を利用すると，生産者余剰は利潤と固定費用の和に等しいことが分かる．

6 供給曲線と企業行動

　本章では供給主体としての企業の行動について学習した．供給主体としての企業の行動は供給曲線によって表すことができ，これを利用すると，企業が市場に参加することで得られる便益である生産者余剰を導出できる．この生産者余剰は，消費者余剰と対になる概念である．供給曲線は，企業の行動を表す重要な分析道具の1つであるが，価格と供給量の関係のみに着目した曲線であるということに注意する必要がある．価格以外の供給量に関係する要因の変化は，供給曲線がシフトすることによって表される．このような供給曲線のシフトによる供給量の変化と，価格の変化による供給量の変化を区別して理解することが重要である．

　さらに，本章では，企業の利潤最大化行動を学習した．企業が完全競争企業であれば，企業の利潤が最大となる生産量は，価格と限界費用が等しい点での生産量であり，これが企業の供給量となる．また，限界費用曲線の一部分が供給曲線であり，この関係を用いると，生産者余剰は企業の利潤と固定費用の和となることが分かる．

参考文献
井上義朗『コア・テキスト経済学史』新世社，2004年．
　＊わかりやすい経済学説史の入門書の1つ．
ロナルド・H. コース，宮沢健一・後藤晃・藤垣芳文訳『市場・企業・法』東洋経済新報社，1992年．
　＊「コースの定理」で有名なロナルド・H. コースの主著の邦訳．
N. グレゴリー・マンキュー，足立英之・石川城太・小川英治・地主敏樹・中馬宏之・柳川隆訳『マンキュー経済学Ⅰ　ミクロ編』第3版，東洋経済新報社，2013年．
　＊世界各国の大学でテキストとして採用されている大ベストセラー『マンキュー経済

学』の邦訳。

今後の学習のための本
ポール・クルーグマン／ロビン・ウェルス，大山道広・石橋孝次・塩澤修平・白井義昌・大東一郎・玉田康成・蓬田守弘訳『クルーグマン　ミクロ経済学』東洋経済新報社，2007年。
　＊ノーベル賞を受賞した経済学者によるミクロ経済学の入門書。
神戸伸輔・寳多康弘・濱田弘潤『ミクロ経済学をつかむ』有斐閣，2006年。
　＊あまり数式を利用せずに，市場の働きについて，丁寧に説明されているミクロ経済学の入門書。
八田達夫『ミクロ経済学Ⅰ』東洋経済新報社，2008年。
　＊現実の経済問題の事例が豊富なミクロ経済学の入門書の1つ。

練習問題
問題1
供給曲線がシフトする例を1つ挙げ，それは供給曲線を左右どちらにシフトさせるのか，理由もあわせて説明しなさい。

問題2
今，価格が上昇したとしよう。生産者余剰はどのように変化するのか図示しなさい。また，この生産者余剰の変化から，どのようなことが市場に生じているのか，簡単に説明しなさい。

問題3
限界費用曲線は，図3-7に示されるように，U字型の平均費用曲線の底の点でつねに交わる。限界費用と平均費用はなぜこのような関係があるのか説明しなさい。

（小野　宏）

第4章

市場の効率性

本章のねらい

本章では主に3つのことを学習する。第1に，経済学には市場がうまく機能しているかどうかを評価する基準として効率性と公平性の2つがあるので，その違いについて議論する。そこから，効率性は客観的概念，公平性は主観的概念であることを学ぶ。第2に，第2章と第3章で学習した需要曲線，供給曲線を合わせて考えることにより，市場において効率性が達成されることを見る。第3に，余剰という分析道具を用いて，政策の効果を評価する。いくつかの例を通して効率性と公平性の両立が難しいことを学ぶ。

1　経済学における2つの評価基準

効率性と公平性

私たちは普段何気なしに，ある事柄について「良い」とか「悪い」という話を行うし，またマスコミ等でもそのような議論がなされる。しかし，よく考えてみた場合，「良い」とか「悪い」という判断は何をもってなされているのか。実はその点を突かれると曖昧に答えざるを得ないのではないであろうか。

経済学においては，市場がうまく機能しているかどうかの評価を行う場合，その基準として2つがある。それが**効率性**と**公平性**である。効率性と公平性について考える場合，認識しておかなければならない点が3点ある。第1に，効率性が配分についての評価指標，公平性が分配についての評価指標であること，第2に前者が客観的概念，後者が主観的概念であること，第3に両者は多くの

場合においてトレードオフの関係にあるという点である。それぞれを見ていくことにする。

まず，第1の点についてであるが，注意しなければならないのは**配分**（allocation）と**分配**（distribution）という用語の区別である。日常使用する場合は，語順が入れ替わっているだけであるので，ほぼ同じ意味として使用されている。しかし，経済学においては明確に区別しなければならない。配分とは資源の利用の仕方であり，分配とは経済活動（生産・消費・交換）によって生み出されたもの（富，所得）をどのように人々に分けるか，ということである。ここで**資源**という言葉に注意してほしい。一般には資源というと天然資源を想像しがちであるが，経済学ではより広い意味で用いている。経済活動にかかわる全てのものといってよいであろう。したがって，効率性とは資源の利用の仕方にムダがあるかどうかを測るものであり，（資源）配分についての評価指標である。そして公平性とは（所得）分配についての評価指標である。

次に，客観的概念か主観的概念であるかという点である。今，お菓子（例えば，カステラ）を花さんと大和君の2人で分けることを考えてみる。この場合は，お菓子自体が資源であり，また，対象となっているお菓子が企業の生産活動によって生み出された成果物であるので富とも言える。したがって配分と分配は同じ意味として使っても構わない。1つの方法として，一部を廃棄し，残りを2人で分ける状況を考える。具体的には，図4−1の①のように両端を廃棄し，残りを花さんと大和君で分ける状況である。この状況は，明らかにお菓子（＝資源）をムダにしている。この「ムダかどうか」を評価しているのが効率性の概念である。そして重要なのは，ほぼ全員がムダであるという意見に同意するということである。つまり，効率性とは客観的指標なのである。廃棄する部分をなくし，お菓子全部を2人で食べるべきだという意見に反対する人はいないと言っても過言ではない。

これに対して，上記とは別の状況を考えてみる。今，「廃棄はせず，花さんと大和君にお菓子（＝富）を公平に分けてほしい」と言われた場合，どのように分ける（分配）だろうか。ある人は「簡単である。半分に分ければよい。な

第4章 市場の効率性

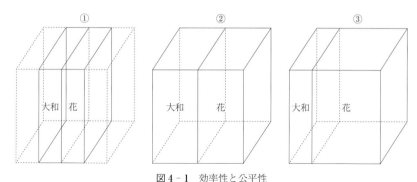

図4-1 効率性と公平性

ぜなら，2人に同じ量が与えられるからである」と答えるかもしれない（図4‐1の②）。しかし，本当にそれが唯一の答えなのであろうか。もし，花さんがそのお菓子を大好きな子どもであり，大和君が大人であればどうであろうか。むしろ「花さんに多くお菓子をあげる方が公平だ」と言う人もいるであろう（図4‐1の③）。もしくは，「大人の方が，より体が大きいのだから，大和君に多くお菓子をあげる方が公平だ」という意見の人もいるはずである。つまり，公平性という評価基準は簡単そうではあるが，実は何をもって公平とみなすかという点については人それぞれ考え方が違うため，意見の一致が見にくい概念である。換言すれば主観的と言うことである。

　ここでの議論を強引に主観性と結びつけていると感じるかもしれない。しかし，それは上記の例がお菓子だからである。公平＝同じ量という考え方は明らかに主観であり，意見の一致を見にくい。実際，上記のお菓子の例を，税金に置き換えてみてほしい。必要な税金を花さんと大和君に割り振る場合に，同じ額にするべきと考える人はほとんどいなくなるはずである。花さんと大和君の経済状況等を考慮せずに同じ額にするのは不公平と考える人が多くなるであろう。

　最後に第3の**トレードオフ**について確認しておく。ある政策の是非を考える場合，この効率性と公平性という2つの評価基準が両立するのであれば，政策の評価というものは，大体において容易なものとなるはずである。しかし，現

実には，これらは一方を追求すれば他方が満たされないというトレードオフの関係になることが多い。よって政策判断というのは難しくなる。実際，『効率と公平を問う』（小塩，2012）というタイトル等の本も出版されており，常に議論される論点である。それでは，トレードオフの関係にあるのであればどちらを優先させればよいのであろうか。この点については両評価基準で優劣をつけることはできない。ただし，どちらを先に考えなければならないのかはほぼ明らかである。それは効率性である。この点を疑問に思われる人がいるかもしれない。公平性の方が先なのではないのかと。しかし，お菓子の例を考えてみてほしい。分け方（公平性）はもちろん重要なのであるが，その前に分けるお菓子の量が多い方が結果的に分け前も多くなるため，より良い状況である。なるべく分けるためのお菓子の量を多くするためには廃棄をしてはいけないし，それ以前にお菓子の製造段階から考えると，労働や資本などの資源もムダにしてはいけない。したがって，先に効率性を考えて，できるだけ分ける前の全体が多くなるようにし，その後に分配面を考えるべきである。この点をまだ納得できない読者もいるはずである。その場合，公平性を先に考え，その後で効率性を考えた場合を想像してみてほしい。3つのことが，その不都合さを表している。まず，先に述べた通り，公平性というのは主観的概念である。よって，意見集約を試みようとしても意見の大体の一致を見ることすら容易ではない。結果として，効率性の議論にまで行きつかない状況に陥る。第2に，経済学のキーワードの1つである**インセンティブ**（誘因）の問題である。例えば，所得の格差はいけないことだと判断し，働いて得られる賃金が努力に関係なく同じである場合を考えてみる。そのような競争のない状況下では，頑張って働く人はきわめて少なくなり，結果として市場に流通する財・サービスの量・質は低下するであろう。すなわち，効率性は落ちてしまう。最後に，今のことと関係するが，現実を見た場合，公平性を先に考えた社会はどうなったであろうか。社会主義国家の現状を見れば明らかである。

　ただし，一般的には経済学という学問は，「競争をあおり，効率性ばかりを追求している」という印象が強い。それは効率性という評価指標を経済学以外

の社会科学があまり有していないことに起因するものである。この点で以前，トマ・ピケティ（Thomas Piketty）の『21世紀の資本』(2014) がベストセラーとなったことは意義深い。それはこの本が公平性について深く追求しているからである。

効率性について

先に「ムダかどうか」を評価しているのが効率性の概念だと述べた。ここでは効率性についてもう少し正確に述べる。他の誰の満足度（＝効用）も下げることなく，ある個人の満足度（＝効用）を高めることができない状況にある時，**パレート効率**的であると言う。ヴィルフレド・パレート（Vilfredo Pareto）はイタリアの経済学者である。経済学で効率性を議論する場合は，このパレート効率性を指す。以下では，余剰という分析手法を用いて効率性について議論するが，注意しておいてほしいことがある。それは，余剰とパレート効率性の概念は別物ではなく，どちらも効率性を測るものであるという点である。両指標の関係性については，本書の程度を超えるのでここでは議論しないが，詳しく知りたい人は中級のミクロ経済学のテキストを参照してほしい。

以上，効率性と公平性について議論してきた。再度，確認すると本章で議論するのは，主に効率性についてである。

2　効率的資源配分

均　衡

第 2 章，第 3 章ではジュースの市場を例にとり，市場全体での需要曲線と供給曲線を導出した。図 4 - 2 では，その市場需要曲線と市場供給曲線を描いている。需要曲線と供給曲線の交わっている点は均衡点であり，経済学では E（Equilibrium の頭文字）と表記されることが多い。そこでの取引量（x^*）と取引価格（p^*）を均衡取引量，均衡価格と呼ぶ。均衡と呼ぶ理由は，この点において，需要量と供給量がどちらも $p^*E(=Ox^*)$ となり一致しているためである。

第Ⅰ部　ミクロ経済学

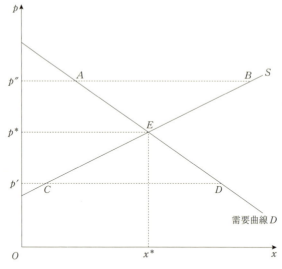

図4-2　均衡価格と均衡数量

ここで，均衡点でない場合にどのようなことが生じるかについて2つ考えてみる。まず，価格が均衡価格よりも低い場合，すなわち p' である場合である。ジュース市場全体で考えて，欲している量（＝需要量 $p'D$）が，売りたい量（＝供給量 $p'C$）を上回っている。このような状況を「超過需要 CD が発生している」と言う。この場合，価格に上昇圧力が生じ，結果として，均衡価格に行きつく。次に，価格が均衡価格よりも高い p'' であった場合を考える。この時，上記とは逆のことが生じる。欲している量（＝需要量 $p''A$）が，売りたい量（＝供給量 $p''B$）を下回っており，余っている状態にあると言える。この状態を「超過供給 AB が生じている」と言う。この場合，価格には均衡価格へと向かう下方圧力が生じる。このように，均衡点にない場合でも，均衡点に行きつく力が働いている状況を**均衡が安定的**であると言い，その調整が価格によってなされる過程を**ワルラス的調整過程**と呼ぶ。

均衡と効率的資源配分

　第2章，第3章で消費者余剰，生産者余剰について学んだ。**余剰**という道具

第 4 章 市場の効率性

を用いて経済現象を分析することを**余剰分析**と呼ぶ。余剰分析とは何かをここで定義しておく。余剰分析とは「部分均衡分析における効率性の評価分析手法」である。**部分均衡分析**が何であるかの詳細は次章で詳しく述べるが，ここでは分析したい市場（例えば，ジュースの市場）のみに着目していると理解しておいてほしい。その上で，余剰分析は総余剰（消費者余剰＋生産者余剰）の大きさを見ることによって効率性について評価する。そして，分配面については，消費者余剰及び生産者余剰等の大きさを比較し評価する。ただし，先にも述べた通り分配面の公平性の評価は主観的なものであるので，余剰分析からは公平性の「評価」は行えないことに留意しておく必要がある。本節で学ぶことは次のことに集約される。

　　市場均衡は総余剰を最大化する。（※）

これは，1つの市場のみを考えた場合（部分均衡分析）での**厚生経済学の第一基本定理**の表現である。（※）の説明の前に2つのことを述べておく。まず，「定理」というのは，ある前提条件（仮定）があって成立するものである。したがって，（※）についても無条件に成立するものではなく，そこには前提条件（仮定）がある。前提条件が何であるのかはここでは立ち入らないが，仮定があるということを覚えておいてほしい。次に「基本定理」があることである。「基本定理」と名がついていることから自明である通り，その定理はきわめて重要である。以下では，（※）の意味することを見ていくことにする。

図4-3の@を見てほしい。ここには先の章で学習したジュースの市場需要曲線と市場供給曲線が描かれていて，均衡点は E 点である。この場合の均衡価格は p^* で，均衡数量は x^* である。そして，**消費者余剰**（Consumer Surplus）は CS 部分，**生産者余剰**（Producer Surplus）は PS 部分となり，**総余剰**（Total Surplus）は両者を足した部分となる。実は均衡点での総余剰が最大になっており，先に述べた（※）はこのことを言葉で表現したものである。

総余剰が最大になっていることを確認してみる。その際，需要曲線の高さが「その財の追加的1単位に対する（金銭的）評価」を，供給曲線の高さが「その

第Ⅰ部　ミクロ経済学

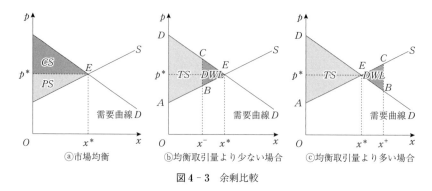

図4-3　余剰比較

財を追加的1単位生産するための費用」を表していたことに留意してほしい。2つの場合，すなわち，仮に①x^-までしか取引されなかった場合と，②x^+まで取引された場合を考えてみる。①の場合を示したのが図4-3ⓑである。x^-点では，需要曲線が供給曲線より上にある。つまり，評価が費用を上回っているということであり，x^-よりも多くの財を取引した場合に総余剰が多くなるということである。実際，x^-点では総余剰は四角形$ABCD$であり，x^*の時よりも濃い灰色部分（三角形BCE）だけ総余剰が減少していることを意味する。また，②の場合を示したのが図4-3ⓒである。この場合もやはり濃い灰色部分（三角形BCE）だけ余剰が減少している。なぜなら，x^*からx^+の部分では，供給曲線の方が需要曲線の方よりも上に位置しているため，生産する費用の方が消費者の評価よりも大きくなっており，取引量を減少させることにより余剰をより大きくすることができるからである。すなわち，取引量が均衡数量より少ない場合でも大きい場合でも余剰は少なくなってしまっており，結果として総余剰が最大化されているのは，図4-3のE点の場合ということになる。

　上記から分かるのは何であろうか。それは価格の重要性である。先に述べた通り，超過需要，超過供給が発生したとしても価格が調整することにより，均衡が達成された。そのことと本節で学んだことを合わせて考えると，価格の調整を通して，総余剰が最大化されるような均衡に行きつくことが分かる。この

> **Column ⑧　アルフレッド・マーシャル（Alfred Marshall: 1842-1924）**
>
> 　本章で用いている部分均衡分析は，「他の事情が等しければ」という条件のもとで，対象としている市場だけに焦点を当てた分析手法である。この手法は，偉大な経済学者マーシャルの著書『経済学原理』（1890年）で採用された。今日の経済学の英語表記である Economics という単語が使われるようになったのは，ここからである。
>
> 　マーシャルについて，以下3点述べる。第1に，研究，教育両面で優れていた。実際，ピグー，ケインズ等の優秀な後進を育て，後に「ケンブリッジ学派」と呼ばれる学派を創り上げた。第2に，価値決定についての「はさみの刃」のたとえである。「紙を切る場合にはさみの上刃で切るか，下刃で切るか」と問うことで，需要，供給両方が重要であることを説いた。第3に，「冷静な頭脳と温かい心」（cool head but warm heart）という彼の言葉である。ここからは，経済問題についての解決策を考える場合に，慈悲の心と理論分析がともに重要であることをうかがい知ることができる。

ことをアダム・スミス（Adam Smith）は『国富論』第4篇第2章の中で**見えざる手**と呼んだ。

　本節で述べたことの理解は重要である。なぜなら，後の章で議論する**市場の失敗**の議論はここから始まるからである。厚生経済学の第一基本定理というのは，先にも述べた通りある前提条件（仮定）があり，そのもとで導かれた定理である。したがって，市場の失敗というのは何かというと，「設定されていた仮定が満たされなくなったことにより厚生経済学の第一基本定理が成立しなくなった状態」のことである。市場の失敗についての詳細は第6章で学ぶ。

3　市場への介入の効果

　前節では，厚生経済学の第一基本定理という経済学の中でも最も重要といっても過言ではない定理を，1つの市場しか考慮しない場合（部分均衡分析）に限定して学んだ。そこでは，市場均衡において総余剰が最大化されることが示されている。このことは逆に言えば，市場に何らかの介入を行った場合，総余

第Ⅰ部　ミクロ経済学

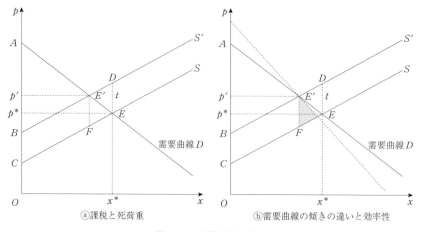

図4-4　課税政策の効果

剰が最大化されない可能性があることを意味する。そして，介入の結果，本来ならば達成されたであろう最大化された総余剰よりも減少してしまった余剰分を**死荷重**（厚生損失，超過負担）と呼ぶ。

　まず，具体的な政策の話に入る前に比較静学という用語について説明する。今，ある市場は需要と供給が均衡しており，その点を E とする。そこに何らかの政策介入が行われることによって，均衡点が別の場所 E' に移ったとする。このように，当初の均衡点での状況と政策が行われた後の均衡点の状況を比較することを比較静学と呼ぶ。以下では，3つの政策介入の例を考えてみる。

課税政策

　ある財に税を課す場合，課税の方法としては従量税と従価税の2種類がある。前者は財1単位当たりに対して課される税であり，後者は財1単位の価格に対して課される税である。ここでは，生産者に課される従量税を考えることにする。図4-4の@にある通り，課税前は需要曲線と供給曲線（課税前）の交点である E 点で財 X の需給が均衡している。この場合の消費者余剰は三角形 AEp^*，生産者余剰は三角形 CEp^* となり，総余剰は三角形 AEC となる。こ

第 4 章　市場の効率性

--- Column ⑨　税と効率性 ---

　税が効率性の観点から見て歪みを与えている有名な例が，日本やイギリスにある。豊臣秀吉の時代に，京都で間口の広さに応じて税を徴収する間口税が導入された（徳川家光の時代に全国的に行われた）。当然のことながら，このような税が課された場合，できるだけ建物の間口を狭め節税しようとする。結果として，京都には「うなぎの寝床」と呼ばれる細長い家が多く存在している。イギリスでは名誉革命により即位したウィリアム 3 世が1696年に窓税を導入した（約150年続き，1851年に廃止）。この税は，窓の数に応じて税を徴収するものであり，窓の数が多いほど，多くの税を払わなければならなかった。その結果，節税のために窓をレンガで塞ぐようなことが行われ，現在でもその名残がある。これらは明らかに効率性の観点からは望ましくない税である。それでは，効率性の観点から見て望ましい税はあるのであろうか。答えは「ある」。それは個々人に対して，その人の有している財産や所得に関係なく定額に課される一括税である。定額の税であるので，間口税や窓税と違って税を回避しようにもそのような行動をとりようがない。つまり，税が人々の行動に影響を与えないので効率的なのである。一括税の例としては，イギリス初の女性首相であるサッチャーが導入した人頭税（コミュニティー・チャージ）がある。この税は貧富の差に関係なく税額が同じであるという点で公平ではなく国民は反発し，導入の前日である1990年 3 月31日に大規模なデモが起こった。このことも原因となり，サッチャーは首相を辞任することになる。まさに効率性と公平性のトレードオフである。なお，アダム・スミスの『国富論』第 5 篇第 2 章において人頭税について述べられており，「このような税は，公平にしようとすれば，まったく恣意的で不確定なものになり，また確定的で恣意的でないものにしようとすれば，まったく不公平なものになってしまう」とある（アダム・スミス，IV，2010：200）。

こで従量税として財 1 単位当たり t 円が課されたとする。この場合，生産者にとっては財 1 単位生産するためのコストが t だけ高くなったことを意味するので，供給曲線は S から S' に t だけ上方にシフトする。この場合の消費者余剰は三角形 $AE'p'$，生産者余剰は三角形 $BE'p'$，税収は四角形 $CFE'B$ となり，総余剰は四角形 $AE'FC$ となる。総余剰を求める際に税収が足されていることに注意してほしい。課税前と課税後の総余剰を比較すると，課税後に三角形

$E'EF$ 分だけ余剰が小さくなっている。この部分が税による効率性の損失分，すなわち死荷重にあたる。なお，先にも記した通り，死荷重は超過負担とも呼ばれるが，なぜ超過と呼ばれるかは課税政策の場合によく分かる。すなわち，直接的には私たちは税額部分を負担と考えがちであるが，余剰分析を行った結果，それ以上（超過）に非効率性がある（負担）ことが分かる。

さて，ここで需要曲線の傾きと効率性の損失分である死荷重について考えてみる。図4-4のⓑには，上記と課税後の均衡が同じになるが，需要曲線が先ほどよりも弾力的ではない（点線の需要曲線）状況を描いている。この場合，得られる税収は同じであるものの，灰色の着色部分で示した超過負担部分は上記の三角形 $E'EF$ 分よりも小さくなっている。つまり，効率性の損失が少ないということになり，需要曲線が相対的に弾力的ではない財に課税した方が，効率性の観点からは望ましいことになる。このことは公平性の観点からは，奇異に映るかもしれない。なぜなら，相対的に見て弾力的でない需要曲線というのは，生活必需品のような価格が多少高くなったり，低くなったりしても需要量がそれほど変化しないものだからである。第1節で述べた通り，何をもって公平とするかは難しいところであるが，ここでの議論は効率性と公平性のトレードオフとなっている。より詳しく知りたい人は財政学のテキストを参照してほしい。

補助金政策

課税政策とは逆に，企業に対する補助金政策を考えてみる。現実を考えてみても，例えば中小企業等を支援する国や地方自治体の補助金制度が多く存在する。今，財1単位の生産に対して t 円の補助金を与えることを考える。図4-5の通り，補助金政策が行われる前は，均衡点は需要曲線と供給曲線（課税前）の交点である E 点である。消費者余剰は三角形 AEp^*，生産者余剰は三角形 BEp^* となり，総余剰は三角形 AEB となる。ここで，補助金政策が行われた場合，供給曲線は t だけ下方にシフトし，その結果，新たな均衡点は E' 点となる。この場合の余剰を考えてみる。消費者余剰は三角形 $AE'p'$，生産者余

第4章 市場の効率性

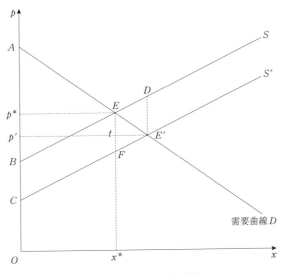

図4-5 補助金政策の効果

剰は三角形 $CE'p'$ となり、総余剰はこれらの合計から補助金部分である四角形 $BCE'D$ を差し引かなければならない。なぜなら、企業は補助金を受け取っているが、それを賄うためには財源が必要であり、税が投入されているからである。総余剰は三角形 ABE から三角形 DEE' を引いた部分となり、政策が行われる前より三角形 DEE' 分だけ余剰が小さくなっており、課税の時と同様、死荷重が発生している。課税の場合には、直感的にも何かしらの損失がありそうな印象を受けるが、補助金の場合にも効率性で見た損失が発生していることに注意する必要がある。例えば、中小企業支援というある意味で大企業との公平性を考慮した政策であったとしても、そこには効率性の損失が存在しており、やはり効率性と公平性のトレードオフの問題に直面する。

なお、『国富論』第4篇第5章には、当時行われていた補助金（生産奨励金）について国防との関係で論じられている箇所がある。興味のある人は一読してほしい。

第Ⅰ部　ミクロ経済学

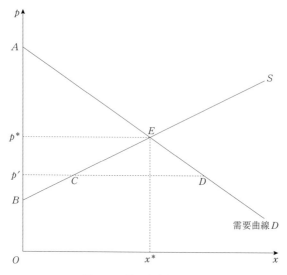

図4-6　輸入自由化の効果

輸入自由化

　ここでは，輸入自由化について考えてみることにする。そのためには，貿易をする前と後の状況を比較しなければならない。貿易をする前の経済を閉鎖経済と呼ぶ。また，貿易をした後の経済については，ここでは「小国開放経済」を仮定することにする。小国開放経済とは，分析対象国の経済規模が世界経済全体に比べてきわめて小さいため，その国の経済活動が世界経済の需給に影響を与えないことを言う。

　ある国が当初，閉鎖経済であったとする。図4-6に示されているのは財 x の市場であり，そこでの均衡は需要曲線と供給曲線が交わった E 点で表される。消費者余剰は三角形 AEp^*，生産者余剰は三角形 BEp^* であり，総余剰はそれらを足し合わせた三角形 AEB である。

　ここで，x 財について貿易の自由化が行われたとする。その結果，x 財は世界価格 p' で取引されることになる。この価格のもとでは，国内業者による供給量は $p'C$ となる。理由は，もともとの供給曲線の高さは費用（正確には限界費用）を表しているため，国内で x 財を生産していた業者は費用よりも低い価

格のもとでは生産を行わないためである。輸入される量は，世界価格 p' のもとでの需要量 $p'D$ と国内生産者による供給量 $p'C$ との差である CD となる。

余剰はどのようになったであろうか。消費者余剰は三角形 ADp'，生産者余剰は三角形 BCp' であり，総余剰はそれらを足し合わせた点 $ABCD$ に囲まれた部分になる。自由化前の閉鎖経済での総余剰に比べて三角形 CDE だけ増加していることが分かる。この部分が貿易の利益と言われるものである。

ここでの議論で興味深いのは，なぜ，効率性の観点から見て貿易の利益が明らかに出ているのにもかかわらず，現実世界では輸入自由化に対して全員賛成という状況にならないのかという点である。それは，総余剰ではなく，消費者余剰と生産者余剰それぞれについて輸入自由化前後の大きさを比べてみると分かる。消費者余剰は三角形 AEp^* から三角形 ADp' へと大きくなっているのに対し，生産者余剰は当初の三角形 BEp^* から BCp' へと小さくなっている。このことは総余剰については輸入自由化によって大きくなったものの，その分け前（分配面）が消費者に有利になり，生産者には不利になっていることを意味する。したがって，大多数の消費者は輸入自由化に賛成する一方，生産者の側に立てば反対する可能性が高くなる。先の2つの政策同様，効率性と公平性のトレードオフの問題がここでも表れてくる。

4 市場を評価する2つの視点

本章では，3つのことを学習した。具体的には，第1に，市場がうまく機能しているかどうかを経済学が評価する基準には効率性と公平性の2つがあるという点である。前者が客観的基準であるのに対し，後者は主観的基準である。したがって，公平性について議論する場合には経済学の範疇を超えた哲学的問題となる場合もある。

第2に，市場に委ねることにより効率性が達成されることである。ここからは「価格」の果たす役割がいかに重要かを認識させられる。アダム・スミスの述べた「見えざる手」という言葉は，まさにこの重要性を言い当てている。

第Ⅰ部　ミクロ経済学

　第3に，政府が課税政策等の市場介入を行った時，多くの場合において効率性と公平性のトレードオフに直面するということである。両評価基準が両立する場合，政策を行うかどうかの判断は何ら難しいものではない。しかし，トレードオフに直面する場合には，優先順位等を考えなければならず，政策に対して賛成，反対の両意見が出てくるのは必至である。

　本章を学ばれた読者は，今後，政策の善悪を判断する際に是非とも効率性，公平性の両視点を持ってほしい。

参考文献

アダム・スミス，大河内一男監訳『国富論』中公クラシックス，2010年。
　＊経済学の古典であり，経済学を勉強する人は一度は読むべきである。
J. M. ケインズ，熊谷尚夫・大野忠男訳『人物評伝』岩波現代叢書，1959年。
　＊訳者たちも述べている通り，『雇用，利子および貨幣の一般理論』同様，ケインズの重要な著書である。師マーシャルに対する記述はもちろん，ロイド・ジョージの記述など非常に興味深い。
トマ・ピケティ，山形浩生・守岡桜・森本正史訳『21世紀の資本』みすず書房，2014年。
　＊言わずと知れたベストセラーである。解説本も多く出版されているが，原著を読むことを勧める。

今後の学習のための本

入谷純・篠塚友一『ミクロ経済学講義』日本経済新聞出版社，2012年。
　＊余剰とパレート効率性の関係についての記述は秀逸である。
小塩隆士『効率と公平を問う』日本評論社，2012年。
　＊効率性と公平性について平易にかつ明確に議論されている。
神取道宏『ミクロ経済学の力』日本評論社，2014年。
　＊配分と分配の違いについて明確に記述されている。
西村幸浩・宮崎智視『財政のエッセンス』有斐閣，2015年。
　＊財政学全般についての基礎的知識を理解することができる。

第4章 市場の効率性

練習問題

問題1
市場需要曲線と市場供給曲線が①$x=-p+6$, $x=-0.5p+4.5$で与えられている場合と，②$x=-0.5p+4.5$, $x=-p+6$で与えられている場合を考える。ここでpは価格，xは数量である。均衡点から乖離している場合に，価格が調整されることによって均衡にたどり着くのはどちらか。

問題2
市場需要曲線が$p=-2x+5$，市場供給曲線が$p=x+1$で与えられたとする。ここでpは価格，xは数量である。この場合の消費者余剰，生産者余剰及び総余剰を求めなさい。

問題3
ある財の市場需要曲線が$x=-p+8$，市場供給曲線が$x=0.5p-1$で与えられているとする。ここでpは価格，xは数量である。政府がこの財に従量税を課すことによって3の税収を得たいとした場合，財1単位当たりいくらの税を設定すればよいか。

（藤井隆雄）

第5章
部分均衡と一般均衡

本章のねらい

　これまでの章ではある特定の市場だけに限定して話を進めてきた。しかし，実際の社会を見てみると，ある特定の市場で起きた出来事は他の市場にも波及する。例えば，暖冬でスキーに対する需要が減れば，スキーウェアなどの需要の減少だけでなく，スキー場周辺のホテルの需要も減少し，さまざまな市場に影響を与えることになるだろう。ある特定の市場のみに限定した分析を部分均衡分析，他の市場への影響を考慮した分析を一般均衡分析と言う。一般均衡分析を通じて実際の社会はどのように見えてくるのか。それを明らかにするのが本章である。

1　部分均衡分析

部分均衡分析とは何か

　部分均衡分析とはある特定の1つの市場だけを取り上げて分析をすることを指す。しかし，ある市場での変化が別の市場にも影響を与えることは想像することができる。例えば，ワインの人気が出て売れることによって，日本酒が売れなくなるといった場合である。

　この場合，ワインの市場ではどんなことが起きるのか，言い換えるとワインの価格と取引量はどうなるのかのみを考えるのが部分均衡分析である。しかし，現実の経済現象をより適切に把握するならば，日本酒の市場でも何が起きているのか，具体的には，日本酒の価格と取引量はどうなるのかも同時に考えるべき

第Ⅰ部 ミクロ経済学

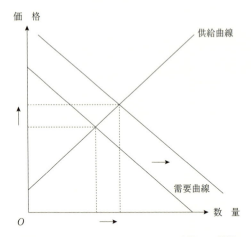

図5-1 ワインブームによるワイン市場への影響

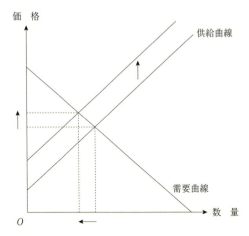

図5-2 ワインの原材料高騰によるワイン市場への影響

であろう。ある1つの事象が起きた時に，1つの市場だけを分析するのではなく，関連する他の市場についても同時に分析することが必要である。

しかし，同時にいくつかの市場を考えると複雑になり，考察することが難しくなってしまう。ある1つの市場だけを取り出して分析することは，本質的な効果を直感的に明示することに優れている。実際，部分均衡分析は多くの経済分析で用いられているのである。

価格変化の原因

ある市場における価格の変化はどのようにして起こるのだろうか。まずは部分均衡分析を用いて説明したい。

ここでは例としてワイン市場を取り上げよう。ワインブームが日本に到来したことにより，ワインに対する需要が増えた場合を考える。この時，ワインの価格に関係なく需要量は増えると考えるので，図5-1で示されるように需要曲線は右シフトする。この時，需要曲線の交点は右上に移動することから，ワインの価格は上昇し，取引量は増えることとなる。

価格が上昇するのは需要曲線の右シフトの場合だけではない。図5‐2はワインの原材料価格が上昇した場合である。ワインの原材料価格が上昇することによって生産者はより高い価格設定をすることから，供給曲線は上方にシフトする。この時，交点を見ると，左上に移動することから，ワインの価格は上昇し，取引量は減少することとなる。なお，ワインなどの酒税や消費税など生産者に納税義務を負わせる税も供給曲線を上方にシフトさせる要因となる。

このように部分均衡分析は結果を分かりやすく示し，大変便利なツールである。

2 一般均衡分析

一般均衡分析とは何か

例えば，雨が降らない，曇りの日が多いなどの天候不順でワインの原材料であるブドウの出来が悪く，原材料価格が上がった場合を考えよう。この時，ワインの市場では価格の上昇が起きることが考えられるが，このようにある特定の1つだけの市場を取り上げて分析することを部分均衡分析ということは既に説明した。

しかし，ワインの価格が高くなったことで他の市場に影響を与えることはないだろうか。例えば，ワインの市場に加えてビールの市場も同時に考えてみよう。ワインの価格が高くなったことでワインを買い控えて，ビールの消費を増やす行動を消費者がとった場合はどうなるだろうか。ワイン市場での原材料価格の上昇が，ワインの取引量と価格に影響を与えるだけではない。ビールに対する需要が変化することにより，ビール市場での取引量と価格にも影響を与えることとなる。このようにワイン市場だけでなく，ビールの市場も同時に何が起きているのかを分析するのが**一般均衡分析**である。

実際は，この世の中では市場はビールとワインが取引される市場だけではない。ワインと一緒に食べるチーズの市場もあれば，ワインを生産するための労働市場もあり，資本市場もある。そのため，一般均衡分析はすべての市場を同時に考察することが必要であるが，複雑となり分析が難しくなるので，ここで

第Ⅰ部 ミクロ経済学

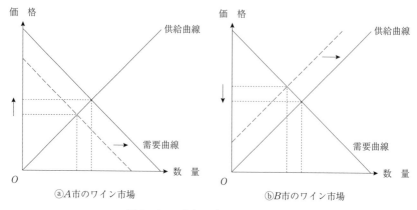

図5-3 A市とB市のワインの価格

は2つの市場だけを考えて相互の市場が相互の市場に対してどのような影響を与えるのかを見たい。

一物一価の法則とは？

一般均衡分析の話の前に**一物一価の法則**について説明したい。一物一価の法則とは同じ財は同じ価格で取引されるというものである。例えば、2つの地域（A市とB市）で全く同じものとしてワインが売られていたとする。もし、A市のワインの方がB市のワインよりも安い場合、どのようなことが起きるのだろうか。A市でワインを買ってB市で売る人が出てくるだろう。このように価格差を利用して稼ぐことを裁定取引と言う。

この価格差を利用した裁定取引が進むことでどのようなことが起きるだろうか。A市のワインの価格は上がり、B市のワインの価格は下がるのである。

A市でワインを買ってB市で売る人が出てくるため、A市ではワインの需要が増えて、図5-3ⓐで示されるようにA市のワインの需要曲線は右シフトする。一方でB市ではワインの供給が増えるので、図5-3ⓑで示されるようにB市のワインの供給曲線は右シフトする。この時、A市のワインの価格は上がり、B市のワインの価格は下がることになり、価格差で儲けられる利

> **Column ⑩　タウンゼント・ハリス（Townsend Harris: 1804-1878）**
>
> 　江戸時代の日本は長らく鎖国が行われてきたが，ペリーの黒船来航に続く日米和親条約による開国，そして，元々商人であった初代総領事のタウンゼント・ハリスとの交渉により日米修好通商条約が結ばれ，神奈川などを始めとした港を開港した。それによりオランダや清以外の海外との貿易が行われるようになったが，海外の人々は日本と外国の金銀交換比率に目をつけていた。日本では金銀交換比率は，金1に対して銀5なのに対し，海外では金1に対して銀15であった。すなわち，日本で銀を払い金に交換し海外でその金を銀に交換すれば，多くの銀が手に入るという裁定取引を通じて儲けることができた。当然，ハリスはこのことに目をつけていたであろう。結果として，日本から10万両以上の金貨が流出した。
>
> 　それに対し，徳川幕府は金貨の価値を下げることで対応した。金貨の価値＝貨幣の価値が下がるため，物価が上がり（開港により輸出が増え国内に流通する財が少なくなることによる品薄による物価高も手伝い），庶民の生活が圧迫された。そして，それが倒幕運動の高まりをもたらし，明治時代へと続いていくのである。このように市場経済が時代を動かし，その火つけ役がタウンゼント・ハリスであったと言えよう。

益は小さくなる。さらに裁定取引が進むことにより，A市とB市のワインの価格差はなくなり，裁定取引は行われなくなる。

　言うまでもなく，実際ではA市とB市が離れている場合は裁定取引を行う際に輸送コストなどがかかるために，A市とB市でワインの価格差は輸送コストの分だけ存在することとなる。しかし，そのような輸送コストなどがなければ，品質などが全く同じ財，すなわち完全に代替可能な財が違う地域で取引されていたとしても，価格は地域間で全く同じとなる。したがって，このような財の場合は2つの市場を考える必要はなく，1つの市場だけを取り上げて考えることが可能となるのである。

市場間の相互依存関係——代替財の例（ワインとビールの例）

　まずは2つの財の関係が**代替財**の関係，すなわち，一方の財の価格が上昇し

第Ⅰ部　ミクロ経済学

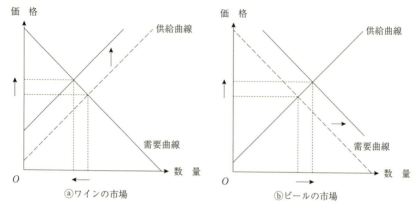

図5-4　代替財の関係にある2つの財の価格

た時に他方の財の需要が増加する場合を考えよう。

　ある年にワインの原材料となるブドウが異常気象で不作であったとする。この時，図5-4ⓐで示されるように，ワインの原材料価格が上昇することから，供給曲線は左シフトする。この時，需要曲線と供給曲線の交点を見ると，ワインの取引量は減り，価格は上昇することが分かる。

　一方で，アルコールを消費する消費者はワインを高いと感じ，ワインの代わりのアルコール飲料としてビールの消費を増やそうと考える。この時，図5-4ⓑで示されるように，ビールの需要曲線は右にシフトする。交点を見ると，ビールの市場では価格は上昇し，取引量も増加することが分かる。

　ワインの価格が上昇したことによるワイン市場とビール市場への影響はこれで終わりではない。ワインと代替的なビールは需要が増えることによって，ビールの価格は上昇した。この時，消費者はどう考えるのであろうか。ワインの価格が上昇したことによって，相対的に安くなったビールの需要が増加したが，ビールの価格が上昇してしまったために，ワインに比べての割安感は薄くなってしまった。したがって，高い価格のワインを買い控えて，安いビールを買うという行動は弱くなり，ビールの需要量を減らしてワインの需要量を増やそうと考えるだろう。この時，ビールを減らす代わりにワインを増やすという代替

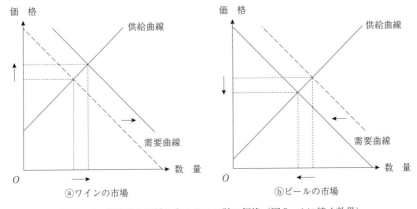

図5-5 代替財の関係にある2つの財の価格（図5-4に続く効果）

が起き，ワイン市場とビール市場では図5-5のようなことが起きていると考えることができる。

この時，ビールの市場ではビールからワインへの代替が起きることによって，ビール市場の需要曲線は左シフトし，ビールの価格と取引量はともに低下する。一方で，ワインの市場では，ビールからワインへの代替が起きることによって，ワイン市場の需要曲線は右シフトし，ワインの価格と取引量はともに上昇する。このように市場への影響はワインの原材料が高くなることによる直接的な市場への影響だけではなくて，直接的な市場への影響によって引き起こされる消費者の行動の変化がさらに市場に対して影響を与える間接的な影響もあると考えることができる。

市場間の相互依存関係──補完財の例（ワインとチーズの例）

次に2つの財の関係が**補完財**の関係，すなわち，一方の財の価格が上昇した時に他方の財の需要が減少する場合を考える。

ワインだけを飲む人はあまりいないだろう。おつまみを一緒に食べながら飲むというスタイルが一般的であろう。おつまみの候補としてチーズがある。ここではワインとチーズの例で考えよう。

第Ⅰ部　ミクロ経済学

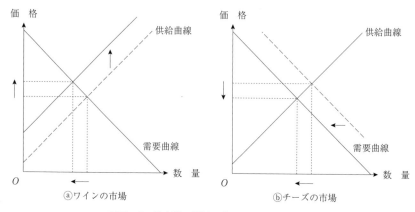

図5-6　補完財の関係にある2つの財の価格

　図5-6ⓐに示されるように，ワインの原材料となるブドウの不作により原材料価格が上がり供給曲線が左にシフトすることでワインの価格は上昇し，取引量は減少する。一般均衡分析では他の市場としてチーズの市場に何が起きるのかを考えるのである。

　ワインの価格が上昇してワインの消費量は減る。それに対し，ワインを飲む量が減れば，おつまみとしてのチーズの購入も減るだろう。チーズの価格に関係なく，チーズの消費量を減らそうと考えるので，図5-6ⓑで示されるようにチーズの需要曲線は左にシフトする。この時，チーズの価格は低下し，チーズの取引量も低下することとなる。

　また，この例でもワインの価格が上昇したことによるワインの市場とチーズの市場への影響はこれで終わりではないと考えられる。図5-6に続くこの後の影響としてはどのようなものが考えられるであろうか。それについては練習問題2としたので考えてみてほしい。

Column ⑪　高年齢者の雇用政策と労働市場

　少子高齢社会の日本においては労働力不足が懸念されており，女性の労働を促進するだけでなく，高年齢者の雇用も促進する政策を行っている。また，公的年金は原則として65歳から受給が開始される。60歳定年では5年間の生活費をどう工面すればよいのかという心配の声も上がってくる。それに対して政府は，定年の延長や60歳を過ぎても再雇用による就業を促進させる政策などを行っている。

　実際，日本では多くの高年齢者が働いている。OECD（経済協力開発機構）のデータによれば，55〜64歳の全人口に対する働いている人の割合は6割を超えており，これは先進諸国間で比較すると，高い水準である。また，日本で働いている就業者の1割は65歳以上である。これも他の先進諸国と比べると高い水準である。世界的にも長寿の国である日本では，今後も高年齢者に対する雇用政策は積極的に行われるであろう。

　この政策をもう少し経済学的に掘り下げて考えてみよう。労働市場としては，若年労働市場と高年齢者の労働市場の2つの市場があるとする。ここで高年齢者の労働供給の促進政策が行われた場合，高年齢者の労働市場における労働供給曲線は右シフトする。となると，高年齢者の労働市場における賃金は低下することとなる（本章で説明したように，供給が増えれば，価格が下がることと同じである）。しかし，日本の雇用保険制度では高年齢者の賃金が一定以下に下がった場合，雇用保険から給付を得ることができるのである。賃金の減少はある程度はカバーされることとなる。

　それでは，若年労働市場では何が起きるのだろうか。もし，若年労働者と高年齢の労働者が代替的な関係にあるとしよう。高年齢者の労働市場における賃金が低下すれば，割安な高年齢者をもっと雇い，若年労働者に対する需要を減らすであろう。この時，高年齢者の労働供給の増加は若年労働者の雇用の機会を奪っているものと言うことができる。しかし，もし，若年労働者と高年齢の労働者が補完的な関係にあれば，高年齢者の賃金低下により高年齢者の雇用が増えるだけでなく，若年労働者の雇用も増えるだろう。

　実際，一部の産業やパート，アルバイトといった業種では代替的な関係が見られるようである。このような雇用政策はさまざまな市場にどのような影響を与えるのかを考えた上で行っていくことがベストである。

第Ⅰ部　ミクロ経済学

3　純粋交換経済での分析

分析のための仮定

さて，ここでは一般均衡モデルを簡単な**純粋交換経済モデル**を使って説明したい。そして，市場均衡がどのように示されるのかを明らかにする。

まず，このモデル経済には2人だけが生活しており，それぞれりんごとみかんを生産する人とする。りんごを生産する人を花さんとし，みかんを生産する人を大和君としよう。2人はそれぞれりんごとみかんを食べることで効用を得ることができるとする。りんごまたはみかんの消費量と効用の関係は図5-7のような曲線で示されると仮定する。

この曲線は何を意味しているのであろうか。2つの性質を読み取ることができるだろう。

　①りんご（みかん）の消費量が増えれば増えるほど，効用は上がる。
　②りんご（みかん）の消費量が増えれば増えるほど，効用の上がり方は鈍くなる。

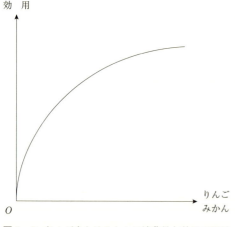

図5-7　りんごまたはみかんの消費量と効用の関係

おいしいりんご（みかん）を食べれば食べるほどうれしいだろう。ただ，食べれば食べるほどうれしいのだが，うれしさの増え方は減るだろう。言い換えれば，1個目のりんご（みかん）を食べた時のうれしさの増加よりも2個目のりんご（みかん）を食べた時のうれしさの増加の方が小さいだろう。読者でもこのような経験をした人は多いと

表 5-1　効用とりんご（みかん）の個数の関係

りんご（みかん）の個数	0	1	2	3	4	5	6	7	8	9	10
効用	0	10	19	27	34	40	45	49	52	54	55

思う。このような経験に基づいてここではモデルを仮定している。

　表5-1は図5-7で示されたりんご（みかん）と効用の関係を，例として具体的な数値を使って示したものである。

　りんご（みかん）の個数が増えれば増えるほど，効用が増加していることがこの表からも読み取ることができる。例えば，りんご（みかん）の個数が0個の時の効用は0，1個の時は10，2個の時は19である。そして，効用の増え方も0個から1個増やした場合は10増えているものの，1個から1個増やした場合は9増えており，増え方が低下していることも読み取れるであろう。

交換経済

　りんご農家の花さんがりんご10個，みかん農家の大和君がみかん10個生産する場合，花さんと大和君の効用はそれぞれ55となるだろう。ここでもし，花さんと大和君がともにりんごとみかんをそれぞれ1個ずつ差し出して交換した場合はどうなるであろうか。

　花さんはりんごが9個になるためにりんごから得られる効用は54となり，みかんが1個となるためにみかんから得られる効用は10となり，合計64となる。

　大和君はりんごが1個となるためにりんごから得られる効用は10となり，みかんが9個となるためにみかんから得られる効用は54となり，合計64となる。

　この交換から何が分かるだろうか。花さんも大和君も交換により効用が増加しているのである。このように相手の効用を下げることなく，自らの効用を上げることができる状態を**パレート改善**と言う。

　この交換でなぜ花さんと大和君の効用が増加するのか。花さんの立場となって考えてみよう。花さんは生産しているりんごを手放す代わりに同数のみかんを手に入れた場合，図5-8で示されているように，りんごの消費量の減少に

第Ⅰ部　ミクロ経済学

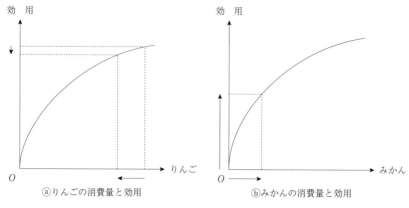

図5-8　りんごとみかんの交換による花さんの効用の変化

よってりんごから得られる効用は減少する。一方でみかんの消費量の増加によってみかんから得られる効用は増加する。しかし，りんごから得られる効用の減少とみかんから得られる効用の増加を図5-8を見て比べてほしい。みかんから得られる効用の増加の方が大きいために，交換によって花さんの効用は増加するのである。これは大和君についても同様である。

　交換によって花さんと大和君の効用はともに上昇することから，花さんと大和君は進んでりんごとみかんの交換に応じるだろう。ところで，この交換はずっと行われるのであろうか。例えば，花さんがりんごを2個手放す代わりにみかんを2個手に入れた場合の効用は，りんごからの効用が52でみかんからの効用が19となり，合計71となる。大和君も同様に71となる。よってさらに交換によってお互いの効用を高めることができており，相手の効用を下げることなく自らの効用を上げることができるパレート改善の状態であることが分かる。

　では，りんごとみかんを1個ずつ交換していった場合の効用を表で表すとどうなるであろうか。花さん（大和君）の効用水準は表5-2のように示される。

　この表を見ると，りんご5個，みかん5個の時が最も効用が高いことが分かる。すなわち，りんご農家の花さんはりんご5個を大和君にあげる代わりに，みかん5個を大和君からもらうことで効用を最も高めることができる。みかん

表 5-2　交換による効用の変化

りんごの個数	10	9	8	7	6	5	4	3	2	1	0
みかんの個数	0	1	2	3	4	5	6	7	8	9	10

りんごから得られる効用	55	54	52	49	45	40	34	27	19	10	0

＋

みかんから得られる効用	0	10	19	27	34	40	45	49	52	54	55

＝

効用の合計	55	64	71	76	79	80	79	76	71	64	55

　農家である大和君はみかん5個を花さんにあげる代わりに，りんご5個を花さんからもらうことで効用を最も高めることができる。

　この状態でさらに交換を行えば，効用は低下することが分かる。花さんを見てみると，りんご5個とみかん5個を持っている時からさらに大和君にりんご1個をあげてみかん1個をもらうと，効用は79に低下することが分かる。大和君もまた同様に，みかん1個を花さんにあげてりんご1個をもらうと，効用は79に低下する。

　このように，相手の効用を下げることなしに自らの効用を引き上げられない状態を，第4章で説明した通り**パレート効率的**と言う。パレート効率的である時はパレート改善の余地はない。この時に，りんごとみかんの交換を行いたいという気持ち（インセンティブ）はなくなり，花さんと大和君はそれぞれりんごとみかんを5個ずつ交換することになり，りんごとみかんの市場は均衡する。りんごで見れば，交換で差し出されるりんごの量（供給量）と，交換で欲しいりんごの量（需要量）が一致しているのである。

　では，この純粋交換経済モデルで価格はどう考えればよいのか。ここでは花さんはみかん5個を手に入れるためにりんご5個を差し出すという交換を行っている。みかん5個を手に入れられるのなら，りんご5個を放棄してよいと考えられるので，価格はみかん5個＝りんご5個という形で示すことができる。

　パレート効率的とは無駄がない状態と言い換えることができる。例えば，り

んご農家である花さんとみかん農家である大和君が，交換がなかった状態からそれぞれりんごとみかんを1個ずつ交換することによって，花さんも大和君も効用が増加する。すなわち，交換することによってお互いの効用の増加という，より良い状態が達成されるということは，交換前の状態は無駄があった状態，非効率の状態であると言える。

しかし，りんごとみかんがそれぞれ5個交換された時は，さらなる交換によって花さん，大和君の効用は低下することとなる。言い換えれば，りんごとみかんがそれぞれ5個交換された状態は無駄がない状態，効率的な状態であると言える。

一般均衡分析における望ましさの指標

一般均衡分析において望ましさの指標としてパレート効率的の概念を説明した。しかし，パレート効率的という状態は，必ずしも**公平的**であることを意味しているわけではないことに注意が必要である。

例えば，りんごだけを作っている世界を考えよう。その世界では，花さんも大和君もりんごだけを作っている。花さんのりんご農園は豊作で10個実ったのに対し，大和君のりんご農園は不作で2個しか実らなかったとしよう。この時，表5-1の数値例に当てはめると，花さんの効用は55，大和君の効用は19となる。

ここで花さんがりんご1個を大和君へ差し出すことによって花さんの効用は低下し，大和君の効用は上がることとなる。花さんはりんご9個となり効用は54，大和君はりんご3個となり効用は27となる。このようなりんごの移転によって，花さんと大和君の効用の格差は縮小するが，このような移転は行われない。なぜならば，花さんにとって，この移転は花さん自身の効用を低下させるものであり，移転する気持ちが起きない，すなわち移転するインセンティブを持たないからである。

言い換えると，花さんの効用を下げることなしに大和君の効用を引き上げることができない状態であり，パレート効率的な状態である。この例からも分か

表5-3 花さんの効用と大和君の効用の合計

花さんのりんごの個数	10	9	8	7	6	5	4	3	2
大和君のりんごの個数	2	3	4	5	6	7	8	9	10

花さんの効用	55	54	52	49	45	40	34	27	19
＋									
大和君の効用	19	27	34	40	45	49	52	54	55
＝									
効用の合計	74	81	86	89	90	89	86	81	74

るようにパレート効率的な状態は，公平的であるとは限らないのである。

では，ここで社会的な望ましさとしてある種の指標を考えてみよう。以下では**社会的な望ましさを測る指標**として，「花さんの効用＋大和君の効用の合計が最も大きくなる状態が社会的に望ましい状態」であると考えよう。このような社会的な望ましさを測る上で定式化されたものを**社会厚生関数**と言う。

表5-3の花さんと大和君のりんごの配分はどれを見てもパレート効率的である。なぜならば，移転によって花さんの効用を下げることなく大和君の効用を上げることができない状態だからである。

表5-3が示しているように，花さんと大和君の効用が最も大きくなるような状態とは，花さんのりんごが6個，大和君のりんごが6個という状態である。言い換えると，花さんからりんご4個が取り上げられ，大和君にりんご4個が与えられることによって，花さんと大和君の効用の合計は90となり，「花さんの効用＋大和君の効用の合計が最も大きくなる状態が社会的に望ましい状態」という基準の観点から，社会的に望ましい状態となる。

このようなりんごの移転は再分配と考えることができる。実際の世界では，再分配政策は政府によって税制，社会保障制度の形で行われている。このような再分配政策で所得格差は縮小する。ここではりんごの再分配政策によって，りんごの個数の格差がなくなり，効用水準の格差もなくなっている。

パレート効率的という指標は，効率性という観点から社会厚生という社会的

な望ましさを測る指標の1つであるが，この指標では公平性を達成するとは限らない。しかしながら，政府による再分配政策によって，公平性を達成することが可能となる。

ところが，このような再分配政策はどこまで是認されるのであろうか。花さんのりんご農園は豊作であったために再分配を通じてりんごが取り上げられることとなった。この時，花さんはどう考えるであろうか。一生懸命育てたりんごが再分配という名目で取り上げられてしまうことによって，花さんはりんごを育てようとするやる気を失ってしまうかもしれない。再分配政策があってりんごを取り上げられるのなら，りんごを育てるのではなく余暇に時間をつかおうと考えるかもしれない。行き過ぎた再分配政策によって，このような行動を人々がとる可能性がある。りんごの生産量が減ってしまえば，再分配のためのりんごも少なくなってしまう。明らかにこのような状態は非効率的である。

4 部分均衡分析と一般均衡分析の比較

本章では部分均衡分析と一般均衡分析について説明を行った。部分均衡分析は，特定の市場に着目した分析であるために，分析が容易であるものの，考察として不十分なものであると言える。なぜならば，それぞれの市場における取引量，価格は他の市場の影響を受けて決まるものであるにもかかわらず，特定の市場のみに着目した分析を行っているからである。一般均衡分析のようにすべての市場を同時に考慮して分析することが現在の経済事情を考察する上では必要である。

しかしながら，一般均衡分析は複数の市場を同時に考察しなければならず，分析が複雑になる。分析が複雑になることによって最も注目されるべき結果を直感的に示すことができなくなる可能性がある。したがって，必ずしも部分均衡分析は一般均衡分析に比べて分析の面で劣っているということはない。部分均衡分析を使うべきか一般均衡分析を使うべきか，考察する者が適切に使うことが必要であろう。

第5章　部分均衡と一般均衡

また，社会的な望ましさを測る指標として，部分均衡分析では総余剰で測るというものであったが，一般均衡分析ではパレート効率性で測る。ただ，総余剰やパレート効率性の概念は公平性の観点から望ましいというものではなく，無駄がないという状態である。これらの概念は注意が必要であろうが，それはより上級のミクロ経済学のテキストを参考にされたい。

参考文献
石井進・笠原一男・児玉幸多・笹山晴生『詳説日本史』山川出版社，2007年。
　＊日本史の教科書では経済活動の歴史的な経緯も説明しており，興味深く経済活動を学べる。
佐藤雅美『大君の通貨幕末「円ドル」戦争』文春文庫，2003年。
　＊経済活動を扱った歴史小説を読むことでより具体的に歴史と経済の関係について学べる。

今後の学習のための本
伊藤元重『ミクロ経済学』第2版，日本評論社，2003年。
　＊一般均衡分析における純粋交換経済モデルを本書より詳しく説明している。
小塩隆士『コア・テキスト財政学』第2版，新世社，2016年。
　＊社会的な望ましさとしての社会厚生関数について本書より詳しく説明している。
武隈慎一編，金子浩一・丹野忠晋・小川浩・原千秋・山重慎二『入門ミクロ経済学』ダイヤモンド社，2005年。
　＊ミクロ経済学に関するさまざまなトピックを扱っており，現実の問題をどのようにミクロ経済学の観点から扱えるかを知ることができる。
西村和雄『ミクロ経済学』第3版，岩波書店，2011年。
　＊数式を使い，コンパクトな説明となっている。数学をどのように経済学で使うのかについて十分知ることができる一冊である。

練習問題
問題1
次のケースを一般均衡分析で考えた場合，どのようなことが起きるか説明しなさい。
(1)　ビールに対する酒税の増税
(2)　個人に対する年金の負担の増加
(3)　貿易自由化による外国産の安い牛肉の国内への流入

第Ⅰ部　ミクロ経済学

問題2
補完財の例としてワインとチーズのケースを本文中では取り扱い，ワインの価格の上昇によるワインとチーズ市場における影響は説明した。その後に続く影響としてはどのようなものが考えられるか答えなさい。

問題3
現在の日本においては女性の労働参加を促進する政策を行っている。具体的には，育児と仕事の両立を可能とする保育所の整備などの政策が挙げられる。ここでは正社員を指す正規労働市場とパート，アルバイト，派遣などを指す非正規労働市場の2つを考えよう。
(1) 育児と仕事の両立支援策によって非正規労働市場における女性の労働供給が増えたとしよう。この時，非正規労働市場ではどのようなことが起こるか。労働需要曲線と労働供給曲線を用いて説明しなさい。
(2) (1)の変化が起きた時に正規労働市場ではどのようなことが起こるか。労働需要曲線と労働供給曲線を用いて説明しなさい。

（安岡匡也）

第6章
市場の失敗

―― 本章のねらい ――

市場経済は必ずしも万能ではない。市場が失敗する状況には2つのケースがある。1つは市場が存在しているものの，市場がうまく機能せずに非効率性が生じているケースである。もう1つが，市場が成立しないケースである。前者の例としては市場の独占化や寡占化，そして外部性が挙げられる。後者の例としては，政府による公共財の供給や経済主体の間に存在する情報の非対称性といったものがある。本章では，価格（市場）メカニズムがうまく機能しない状況について理解を深めつつ，市場の失敗への対応策などを考えていく。

1　独占市場と寡占市場

独占市場

市場が存在しているものの，その機能がうまくいかずに非効率性が生じているケースとして代表的な例が**独占市場**である。つまり，市場に1社しか存在しておらず，消費者はその1社からしか財を購入できないという特徴がある。第4章第2節で完全競争市場の均衡について学習したが，そこでの市場均衡は需要と供給のバランスによって決まるという性質があった。そのことにはある重要なことが前提となっている。実は，本章より前の章では，個々の企業と個々の消費者はともに財の価格に対して影響を与えることができないという性質が仮定されていた。それに対して，独占企業は自社の供給量に応じて市場価格が変化することを知っており，結果として価格に対して影響力を持つ。その影響

力は**価格支配力**（market power）と呼ばれている。

　それでは，市場が独占状態になる理由を考えていく。実は2つの理由があるが，まず特許が挙げられる。特許制度の目的は，発明者の権利を保護することによって，新しい研究成果や技術などへのインセンティブを与え，ひいては社会の発展に寄与することである（第12章の *Column* ㉕では，特許に関するマクロ経済学的視点からの興味深い説明がなされている）。そのため，特許を与えられた企業は他社が作れない財を独占的に生産することが可能になる。

　もう1つの理由が規模の経済と呼ばれる特徴である。例えばガスや鉄道を考えよう。そうした産業ではガス管や線路の設置や保守に莫大な費用がかかる。第3章第4節で固定費用のことを学んだが，ガス管や線路といったネットワークの設置は莫大な固定費用を伴うという特徴がある。こうした性質はライバル企業の新規参入にとって障壁にもなる。そして同時に，ガス管や線路といった供給設備が整備されると，生産量を増加させるにつれて追加的に発生する費用は安く済んでしまい平均費用が減少していくという特徴がある。そのため，生産すればするほど平均費用は逓減することから，新規に参入する企業にとっては不利となるので競争したとしても負けることになる。また，ここでガスや鉄道といった産業でいくつもの企業が同一地域で競合する状態を仮定しよう。すると，ガスであれば，街中のあちこちにガス管が敷設され，消費者がガス会社を選択できる状態が生じる。果たして社会的に望ましいだろうか。莫大な固定費用を重複して投じるのは社会的に無駄なことである。以上のことを背景にして独占状態になったものは，**自然独占**（natural monopoly）と呼ばれている。

独占企業の行動

　次に独占企業が市場でどのような行動をとるのかを考える。そのために価格と需要量が表6-1の左から1列目と2列目のように対応する独占市場を考える。財の価格が1,200万円を超える時の需要はゼロで，100万円ずつ価格が下がるごとに需要が1つずつ増えることを読み取ることができる。

　この時，表6-1の3列目は価格と需要量に対応した収入（＝価格×需要量）

第 **6** 章　市場の失敗

表 6 - 1　独占企業の例

財の価格 (万円)	需要量	収入 (万円)	限界収入 (万円)	総費用 (万円)	利潤 (万円)
1,200	0	0		0	0
1,100	1	1,100	> 1,100	400	700
1,000	2	2,000	> 900	800	1,200
900	3	2,700	> 700	1,200	1,500
800	4	3,200	> 500	1,600	1,600
700	5	3,500	> 300	2,000	1,500
600	6	3,600	> 100	2,400	1,200
500	7	3,500	> −100	2,800	500
400	8	3,200	> −300	3,200	0
300	9	2,700	> −500	3,600	−900
200	10	2,000	> −700	4,000	−2,000
100	11	1,100	> −900	4,400	−3,300
0	12	0	> −1,100	4,800	−4,800

を表している。4列目は，限界収入で需要量が追加的に1単位増えた時に変化する収入である。そのため，各需要量の間に位置するように数値が書かれている。完全競争市場では財の価格は需給バランスによって決まったが，独占市場では企業の決める生産量に応じて価格が変化する。つまり，独占企業が価格をコントロールできるのである。この点が完全競争市場との大きな相違点である。こうしたことから限界収入は需要量が増えるにつれて小さくなるという特徴を持つ。そして，独占企業が供給量を増やすにつれてその財が売れる時の価格は下落する。よって，表6-1の例では収入は6単位の需要量（数量）を境に減少する。

　ここで，この独占企業は生産に当たって固定費用を必要とせず，1単位当たり400万円の費用で生産するとしよう。この仮定のもとでは平均費用も400万円，追加的1単位の生産量の増加による費用の変化分（限界費用）も400万円となる（平均費用と限界費用は第3章で勉強した）。

　実際に表6-1の数値を，縦軸に価格，横軸に需要量（数量）をとったグラ

第Ⅰ部 ミクロ経済学

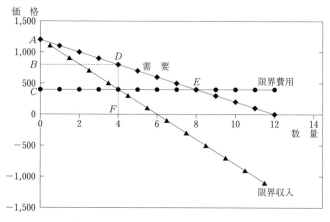

図6-1 需要，限界収入，及び限界費用

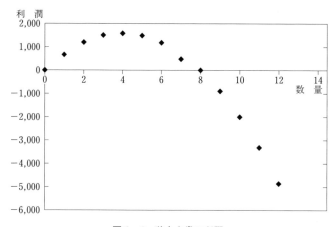

図6-2 独占企業の利潤

フに描くこととする。そのグラフは図6-1となる。

　それでは，この時，独占企業は財をどれくらい供給するだろうか。そのことを考える時には，限界収入と限界費用の比較が重要なポイントとなる。「限界収入＞限界費用」となる状況であれば，財を増やすと利潤は高まるので，独占企業は供給量を増やすことになる。逆に「限界収入＜限界費用」となる状況で

あれば，供給量を増やすことで赤字が増えることになる。それゆえ，「限界収入＝限界費用」となる状況で生産量を決定する。表6-1で示した例の場合，供給量を3から4に増やす際の限界収入は500万円で，供給量を4から5に増やす際の限界収入は300万円となっている。限界収入が限界費用の値である400万円になるのは生産量がちょうど4の時である。図6-2は利潤の水準を示しているが，生産量が4の時に利潤が最も高くなっている。

　ここで，第4章第2節で学習した完全競争市場での均衡と独占市場での均衡との違いを確認する。まず，完全競争市場における企業も限界収入と限界費用が一致する点で生産量を決定する。そして完全競争市場での限界収入は財の市場価格となる。そのため，第2章第5節で学習したように企業の利潤最大化行動の根底には，価格（＝限界収入）＝限界費用，という関係が成り立っている。もし，この市場が完全競争的であれば，市場価格は点Eの400万円，生産量は8となることに留意しよう。それに対して，この独占市場での均衡は点Dで，独占生産量は4，独占価格は800万円となる。よって，独占企業が利潤を最大化する時には，独占価格（＝800万円）＞限界収入＝限界費用（＝400万円），という関係が成り立っている。つまり，独占市場での消費者は完全競争の場合よりも高い価格，そして少ない生産量に直面することになる。

　それでは次に第2章と第3章で学習した余剰の概念を用いながら独占市場を考察しよう。完全競争時の消費者余剰は三角形ACEとなるが，生産者余剰はゼロとなる。なぜなら，完全競争市場を想定した場合の収入（400万円×8）と費用（400万円×8）は同じ値で，利潤がゼロとなるからである。そのため，完全競争時の社会的余剰は三角形ACEとなる。それでは，独占市場はどうなるであろうか。独占市場における消費者余剰は三角形ABDの領域となる。また，生産者余剰はどうなるであろうか。この場合，独占企業の利潤（四角形$BCFD$）が生産者余剰に一致する。したがって，独占での社会的余剰は消費者余剰と生産者余剰を足して台形$ACFD$になる。すると，独占市場の方が三角形DFEの領域の分だけ余剰が小さいのが確認できる。この部分は独占によってもたらされる社会的な余剰の減少分（厚生損失）である。第4章第3節でも学習した

が，経済学ではこの余剰の減少分のことを死荷重と呼んでいる。独占市場では死荷重が発生するために厚生経済学の第一基本定理は成り立っていない。

この死荷重はできるだけ少ない方が社会的に望ましい。では，どうしたら減少させることができるのだろうか。独占企業対策としていくつかの案が考えられるが，有力な案の1つが価格規制である。独占を容認する代わりに，価格を完全競争時と同じ点Cの水準に規制すると，生産量も点Eの8を達成できる。

独占による弊害にはもう1つX非効率性と呼ばれる厄介な問題がある。これは，1966年にアメリカの経済学者ライベンシュタイン（H. Leibenstein）が提唱したものである。競争にさらされている企業であれば無駄を省いたり，創意工夫をしたり，生産性を高める経営努力を行うが，独占企業の場合では経営者にも労働者にもその十分なインセンティブがない。結果として高コスト構造に陥る。X非効率性とは，競争がないことに起因する非効率性のことである。X非効率性は，公企業や参入規制のある産業で生じやすい特徴がある。この対策として企業分割がなされることがある。そうした事例として旧日本電信電話公社（現在のNTTおよびNTTグループ）・旧国鉄（現在のJRグループ各社）・旧日本道路公団（現在のNEXCO東日本・NEXCO中日本・NEXCO西日本など）・旧郵政三事業（現在の日本郵便・ゆうちょ銀行・かんぽ生命保険）が挙げられる。

寡占市場

人参やトマトなどの農産物は多くの農家によって生産されており，供給量の多寡によって市場価格が変動しがちである。例えば，天候不順である野菜が品薄になるとその野菜の価格は上昇する。生鮮野菜は比較的競争的な市場で，個々の農家が供給量を1単位変化させても市場価格に影響をもたらすことはないと言ってもよい。それに対して，工業製品の市場は少数の企業によって占有されていることが一般的である。具体的に軽自動車（軽四輪車）の国内市場を図6-3で確認しよう。少数の企業で市場が占有されている様子が分かる。

軽自動車市場のように少数の企業によって占有されている市場のことを**寡占市場**（oligopoly）と言う。中でも2社で占有されている場合は**複占市場**と言う。

第 6 章 市場の失敗

寡占市場にいる企業は寡占企業と呼ばれる。寡占企業の行動はライバルに影響を与え、そして同時にライバルの行動も自社の行動に影響を与えることになる。そうした関係は**戦略的相互依存関係**と呼ばれる。こうした特徴は完全競争市場や独占市場には存在しないが、寡占市場に数多く存在している。

第 3 章で学習した完全競争市場とは異なり、市場において寡占企業は生産量や価格を自分で決めることができる。寡占企業も独占企業ほどではないが価格支配力を持っている。

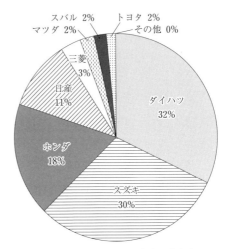

図 6 - 3　軽自動車の国内市場占有率
（2015年度）

（出所）　全国軽自動車協会連合会公表の軽四輪車総台数より。

本章の *Column* ⑫で紹介しているクールノーは寡占企業が生産量を用いて競争する理論を構築したことから、生産物（数量）競争のことはクールノー競争とも呼ばれている。一方、価格づけによって競争を行うモデルはベルトラン（J. Bertrand: 1822-1900）という学者によって構築されたことから、価格競争のことはベルトラン競争とも呼ばれている。

寡占市場では、数量で競争するか価格で競争するかの違いにかかわらず、ライバル同士が激しい競争を行うことはよくある。その一方で、価格カルテルや談合といった行為もよく観察される。さらに、企業は国内外の財市場での競争を行うと同時に広告や研究開発といった別の面でも競合している。そのため、競争に負けないように技術提携・業務提携など戦略的に協力関係を構築することも珍しくない。時には、ライバル企業同士が共同出資して合弁企業を設立することもある（例：東芝三菱電機産業システム株式会社）。寡占市場では、企業同士が互いにライバルであり、同時に協力する相手にもなる。

第Ⅰ部　ミクロ経済学

> **Column ⑫　A. A. クールノー（Antoine-Augustin Cournot: 1801-1877）**
>
> 　経済学の歴史を紐解いた時，クールノーは最も偉大な貢献をした学者の1人である。彼は1801年にフランスに生まれ，数学者として活躍した。そして，1838年に主著『富の理論の経済学的原理に関する研究』（中山伊知郎訳，岩波書店，1936年）を世に出し，経済学の歴史に「不完全競争の理論の創始者」として名を刻むこととなった。さらに，マーシャルとともに部分均衡分析の発展に大きく貢献した。彼は経済学に厳密な数理的解析を導入し，精緻な分析を行う潮流を作り上げた第一人者であり，数理経済学の祖とも言われている。
>
> 　彼の主書が世に出た1838年，日本では天保9年で，徳川家慶が12代将軍に就任して2年目であった。しかし，その業績は今でも色あせることはない。多くのミクロ経済学の教科書では，クールノー競争は基本事項の1つとして取り扱われている。また，クールノー競争に関する論文は今でも数多く書かれている。彼が残した功績は経済学の歴史の中で燦然と輝いている。

市場と政府の役割

　市場に財・労働力・貨幣の配分を任せる時，市場がうまく機能すると確かに効率性は高まる。しかし，競争に負けて市場から退出した企業からは失業者が発生するだろう。さらに，政府がさまざまな政策（規制導入や規制緩和など）を行う過程で，利益を得る人や既得権益を失う人もいると思われる。ここで注意が必要である。市場競争や政府の効率化政策の結果として，所得格差や失業が生じた場合にそれをすぐに市場の失敗と認識すべきであろうか。答えはノーである。第4章と第5章で効率性と公平性について学んだことを思い出してほしい。まずは市場の効率性を追求することを優先すべきである。そして，次に，職業訓練・所得税・相続税・公的扶助といった施策を講じて低所得者への所得再分配を行うことが不可欠である。市場の機能をうまく活用しながら，同時に市場だけではうまくいかない部分を補完する政策介入を行うことが重要となる。ただし，行き過ぎた再分配政策は「ヤル気」を減退させる結果になる。

2　外　部　性

外部性の分類

　私たちの実生活においては他者の経済活動から影響を受けることがある。その影響のことは**外部性**（externality）と呼ばれている。その影響が市場を経由してもたらされる場合には金銭的外部性と呼ばれ，市場を経由せずにもたらされる場合には技術的外部性と呼ばれる。ここで，外部性をより厳密に区別しよう。例えば，大企業の工場が移転してきたことで人口や消費が増え，その地域の経済が活性化する効果などは**金銭的外部経済**と呼ばれている。逆に，ある地域に大型商業施設が建設されて，その地域に以前からあった店で減収・減益となる影響は**金銭的外部不経済**と呼ばれている。いずれも市場を経由するものなので，金銭的な外部効果は市場で非効率をもたらすことはない。

　技術的外部性は，**技術的外部経済**と**技術的外部不経済**に大別される。技術的外部経済の例として，りんごやイチゴを作っている農園の近くに養蜂業者が立地している状況が挙げられる。蜜蜂の受粉作業によってフルーツの生産性が向上し，農園は正の外部効果を受け取ることになるからである。他方，外部性が個人の効用を減少させる場合や，企業の利潤を下げる場合は，技術的外部不経済と呼ばれる。環境汚染の被害は技術的外部不経済の典型的な例であるが，市場の効率性を歪ませて市場の失敗をもたらすことになる。

　もう1つ重要な外部性がある。電話やソフトウェアでは，利用者が増えるほど消費者1人当たりの便益が増える特徴がある。その効果は**ネットワーク外部性**と呼ばれている。ネットワーク外部性は直接効果と間接効果とに分けられる。電話やFAXの利用者が増えるほど消費者の便益が増える効果は直接的ネットワーク外部性である。また，コンピュータのオペレーティング・システム（OS）とその補完財であるソフトウェアの関係に注目しよう。例えば，Windowsのユーザーが増えるほどWindows向けのソフトウェアの種類が増えて，結果としてWindows型パソコンの利用者にとって利便性が高まり，Windows

第Ⅰ部　ミクロ経済学

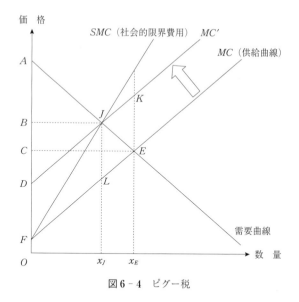

図6-4　ピグー税

のユーザーが増える効果をもたらす。こうした効果は間接的ネットワーク外部性と呼ばれる。

ピグー税

　環境汚染といった技術的外部不経済は放置してよいものであろうか。答えはノーである。社会的な非効率をもたらすので市場に介入して是正する必要がある。第2章の **Column** ④で紹介したアーサー・C. ピグーは，環境汚染などの技術的外部不経済の対処法として**ピグー税**と呼ばれる重要な対処法を考案した。ここではそのピグー税を学ぶこととする。

　まず，完全競争的な企業を考えて，その企業の限界費用を図6-4の MC で表す。そして，その企業は生産1単位当たりに汚染を1単位排出しているとしよう。もちろん汚染は外部費用（環境被害）をもたらす。それでは，この状況下で外部費用を誰が引き受けているのであろうか。これが重要な点である。実は外部費用は社会の中で放置されている。これを市場取引の中に組み込む必要がある。その対応策は，外部不経済の**内部化**（internalization）と呼ばれている。

ここで，第3章第4節において企業の費用構造について学習したことを思い起こしてほしい。(3.1)式で示された企業の生産に関する総費用のことを私的費用と呼ぶことにする。そして私的費用と環境被害の和を，社会的費用と呼ぶ。この社会的費用が本来の費用である。生産1単位の増加に伴う社会的費用の変化分を社会的限界費用と呼び，図6-4のように（私的）限界費用 MC の上方に SMC として描くことができる。これは，（私的）限界費用 MC に外部不経済の効果を上乗せしたものが社会的限界費用であるからである。

もし政府が介入することがなければ，市場均衡は図6-4の点 E となる。しかし，ここでは外部不経済があるので，社会的に望ましい点は需要曲線と社会的限界費用曲線が交わる点 J となる。図6-4より，生産量は $(x_E - x_J)$ だけ過剰になっているのが分かる。そのため，内部化を行って過剰な生産量 $(x_E - x_J)$ を抑制する必要がある。第3章第3節で供給曲線のシフト要因について学習したが，図6-4の矢印の方向に供給曲線がシフトするように税を課せば，企業の実質的な費用を上昇させてうまく生産量を調整することが可能である。

また，第4章第3節で課税政策を学んだ。そこで出てきた従量税の効果を思い出してほしい。生産量1単位当たりに線分 EK だけの税率で企業に税を課すと，MC は平行移動して課税後の限界費用曲線は MC' となる。実は，線分 EK に相当する税率は，企業は x_J で生産する時の外部限界費用である。そして，課税後の均衡は点 J となり，課税後の均衡生産量は x_J となる。その結果，外部不経済を考慮した上での効率性が達成されることになる。

このようにピグー税とは，汚染排出企業の生産に対して外部限界費用に等しい税率を課すことなのである。企業にとっては生産に当たって税率 EK を課せられると，環境被害の放出（外部不経済）を考慮するインセンティブが付与されることになる。また，課税後の消費者余剰は三角形 ABJ，生産者余剰は三角形 DBJ，税収は平行四辺形 $DFLJ$ の領域となる。

ここで，理解を深めるためにピグー税を課す際の3つの手順を整理しよう。まず，政府は生産や汚染排出からもたらされる便益・被害・費用といった金銭

第Ⅰ部 ミクロ経済学

的価値を評価する必要がある。次に行うべきことは，最適な課税額を算出することである。そのため，図6-4における線分 EK を正確に算出することが必須となる。最後は，各企業に自由に生産を行わせるだけである。企業にとっては生産1単位当たりに線分 EK に等しい税率を課されるだけで，他には規制を受けることはない。その時，点 J における生産量と価格が実現することになる。

それでは別の視点でピグー税を考えてみよう。ピグー税を課すと，税収は政府の収入となる。その税収は巡りめぐって国民のために支出される。その時，市場ではピグー税の効果で汚染が減少して社会的な効率性が上昇している。そして，外部不経済の軽減だけでなく，ピグー税からの税収を用いた財政措置によって別の部門の厚生状態が改善することになる。例えば，税収を社会保障費に充てたり，低所得者向け減税の財源にすることも可能となる。そうした追加的な厚生改善の効果は，税の二重配当（double dividend）と呼ばれている。ただし，ピグー税がうまく機能するためには条件がある。それは税収を社会に還流する際に，汚染排出主体の汚染行動に影響をもたらさないようにすることである。なぜなら，汚染削減の経済的インセンティブを的確に与えるためである。

3　公　共　財

公共財の性質

前章までで取り扱われていた財は市場で取引されるものであった。しかし，社会では必要であっても市場では供給されないものや供給されづらいものがある。例えば，行政組織，灯台，橋，道路などを考えてみよう。ないと困るということは容易に分かるが，市場で売買されているわけでもない。これらが税金で賄われていることは経験的に知られていることである。こうした財は**公共財**（public goods）と呼ばれている。ここでは，公共財の性質を学習する。

公共財には2つの性質がある。それは**非競合性**と**非排除性**である。非競合性とは，ある個人が利用しても他の人が利用した時の便益が減少することがない

第6章 市場の失敗

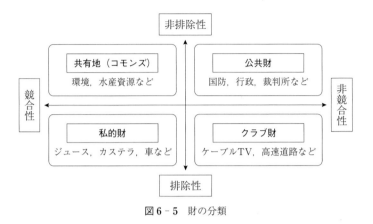

図6-5 財の分類

という性質である。それに対して非排除性は，消費する権利を持たない人を排除しないという性質である。一般に，世の中の財は，（非）競合性と（非）排除性の程度に差異がある。図6-5は（非）競合性と（非）排除性を軸にとり，財の分類を行っている。

市場で取引されている私的財は，多くの人が欲しいと思っており対価を支払わないと消費できないことから競合的で排除的な性質を持つ。逆に，非競合性と非排除性を有している財が公共財であるが，その中でも国防，行政組織，裁判所，外交などは，非排除性と非競合性の双方の程度が高く，純粋公共財と呼ばれている。ケーブルテレビ，会員制のテニスクラブ，有料道路（高速道路など）といった財は，料金を支払わない人を排除する性質があるものの，料金を払えば競合することはない。そうした財はクラブ財（club goods）と呼ばれている。共有地から産み出される資源の捕獲は，排除することが困難であり，同時に競合しがちである。魚貝類を皆が獲り合って資源が枯渇する可能性が生じる現象がこれに当たる。そうした現象は共有地の悲劇と呼ばれている。

義務教育，学校給食，公営住宅などは価値財（merit goods）と呼ばれている。これらは行政の介入によって個人の選好が制御されるものである。義務教育の中身は学習指導要領で，学校給食のメニューは管理栄養士などの専門職員によって，公営住宅の住環境も行政機関によって決定されている。いずれも個人の

価値観ではなく社会的な価値観によって財の中身が決められている。また、覚醒剤の消費は誰にとっても有害であるため、その所持及び使用は法的に禁止されている。社会的な価値基準で消費が禁止あるいは抑制されている財は、負の価値財（merit bads）と呼ばれている。

それでは、PM2.5のような粒子状物質（汚染物質）はどのような性質を持っているか考えてみよう。PM2.5からの悪影響を排除することは困難であるし、被害を受けるために誰かと競合することもない。非排除性と非競合性を有しながら同時に消費者の効用や企業の利潤を下げる効果を持つと言える。そのため、汚染物質やゴミは、負の公共財（public bads）と呼ばれている。

公共財供給の必要性

公共財は市場で供給される性質を持つのであろうか。そのことを考えるために、公共道路の舗装工事を例に取り上げる。ある道路を挟んで花さん宅と大和君宅が向かい合わせに立地しているとしよう。当然、花さんも大和君もその道路を日常的に使用している。両者とも舗装工事によってそれぞれ35万円に相当する便益を得るとしよう。そして、花さん宅と大和君宅が挟む道路の舗装費用が50万円としよう。そこで、花さんと大和君はともに道路の舗装を行うかどうか賛否の意思を示すことになる。両者が賛成の場合には、舗装費用50万円を折半し、各々10万円（35万円の便益から25万円の費用を差し引いた額）の利益を得ることになる。賛否が分かれた場合には、賛成した方が費用の50万円を全額負担して工事を行うことになる。そのため、賛成した方の利益は35万円の便益から50万円の費用を引いて−15万円となる。反対した方は、逆に費用負担をせずに35万円の便益を享受することになる。2人とも反対すれば工事は実施されずに両者とも利益はゼロとなる。その状況は表6−2にまとめられている。

一旦舗装工事が完了すると両者とも競合することなく便益を受けることができるし、他者を排除することはできない。両者の便益の和は35万円と35万円を足して70万円となる。これは工事費用の50万円を上回っているので、社会的には工事を行うメリットがある。それでは、花さんと大和君が表6−2の状況に

表6-2 公共工事からの利益

花さん／大和君	賛 成	反 対
賛 成	10, 10	−15, 35
反 対	35, −15	0, 0

直面した際に，どのように行動するだろうか。自分が賛成しても相手が費用負担を拒否し，最悪の場合には自分だけ損をする可能性がある。それを回避したいという動機も存在する。また，自分が戦略的に拒否を示して，舗装工事からの便益をフリーライドすることも可能となる。そうした攻撃的な動機も存在する。そのため，社会的には必要性のある工事であっても両者とも拒否してしまうことになる。このことは公共財の供給を民間に任せておくと過小にしか供給されない事態になるか，あるいは供給されないことの根源的な理由である。そのため，公共財の供給には政府の介入が必要になるのである。

公共財供給に伴う非効率性と改善策

公共財の供給には，難しい課題がいくつかある。その1つが，先ほどふれた**フリーライダー問題**である。所得を隠して課税を免れる一方で行政サービスはしっかりと受け取るといった行為などがこれに当たる。それに，どのような公共財は供給すべきで，どのような公共財は供給すべきでないのだろうか。その答えは費用便益分析を行った結果で判断すべきである。残念ながら，かつての日本では，費用便益分析を十分に行わずに公共事業を実施したり，需要を過大に見積もった費用便益分析が行われた事例がいくつもある。また，公共財の供給には政治のプロセスが必ず付随する。予算策定や議会審議において，議員や政党の意向，そして圧力団体の要求などが反映されることも否定できない。もちろん現実には，人命に関わる場合など緊急に政治決定を要する公共投資もある。しかし，日本ではこの数十年で財政赤字が深刻化し，無駄のない財政運営が求められている（公共投資についてはマクロ経済学の観点からの議論も不可欠である。その点は第8章で学習し，思考の幅を広げてほしい）。

近年，ビジネス，医療，交通など多くの分野でIT化とデータの収集基盤が拡充してきた。そのため，政策形成や政策評価は客観的なデータを活用したより厳格なものにシフトしつつある。2002年度から施行された「行政機関が行う政策の評価に関する法律」（いわゆる政策評価法）第3条では「行政機関は，その所掌に係る政策について，適時に，その政策効果（中略）を把握し，これを基礎として，必要性，効率性又は有効性の観点その他当該政策の特性に応じて必要な観点から，自ら評価するとともに，その評価の結果を当該政策に適切に反映させなければならない。」と定めている。さらに同条第2項では「政策効果は，政策の特性に応じた合理的な手法を用い，できる限り定量的に把握すること」「政策の特性に応じて学識経験を有する者の知見の活用を図ること」との定めもある。2017年現在，総務省が各府省の政策評価の点検を行っているが，改善措置の例も出ている。旭川市を事業主体とする水道水源開発施設整備事業では人口の過剰予測が下方修正され，浄水施設・配水施設などの規模が見直された結果，約42.5億円の費用が削減された。また，青森県の一般国道338号長後バイパスの工事では，交通需要が下方修正されて約4億円の事業費が削減された。

4　情報の非対称性

　これまでの章では，市場で取引される財の品質などの情報は市場を構成するすべての経済主体の間で等しく共有されていることを前提にして説明がなされてきた。その場合，取引や契約の後で「買いたかったものはこんな財ではなかった」「ひどい品物だった」という事態は生じない。しかし，現実には身近な所で起きそうなことである。なぜそうしたトラブルが起きるのであろうか。それは，取引関係において一部の経済主体が情報を保有し，そして同時に保有していない経済主体が存在しているからである。そうした一部の当事者のみが知っている情報のことは私的情報（private information）と呼ばれている。

第 6 章 市場の失敗

情報の非対称性とは何か

　中古車の広告には年式・走行距離などの情報が表示されている。こうした情報は買い手にとって重要なものであるが，事故歴の有無や部品の消耗度合いまですべて正確に分かるというわけではない。購入して初めて劣悪な車であったことが判明することもある。アメリカでは質の悪い中古車はレモンと呼ばれている。野菜や果物についても，生産者はどれくらいの農薬を使用したかを知っているが，消費者はすべてを知らない。レストランで使用される食材の産地についても，企業側は知っていても消費者は確かめられない場合も多々ある。このように，ある経済主体が何らかの情報を知っている一方で，経済取引や契約の関係にある他の経済主体がそれを知らない状況が市場には数多く存在している。そうした状況は**情報の非対称性**と呼ばれている。情報の非対称性は，企業と政府の間にも存在する。例えば，企業の技術情報や財務データといった内部情報をその企業自身は知っているが，政府は観察不可能（unobservable）である。

逆選択とモラルハザード

　情報の非対称性が存在するとどのような行為が生じ，そしてそれが市場にどのような影響をもたらすのであろうか。それは，契約や取引の前と後で出現する問題として区別される。まず定義を確認しよう。契約の前の情報の非対称性がもたらす問題は**逆選択**（adverse selection）と呼ばれる。一方，契約の後の情報の非対称性がもたらす問題は**モラルハザード**（moral hazard）と呼ばれる。モラルハザードは，道徳的危険や倫理の欠如とも呼ばれている。

　逆選択は，身近な所で生じる。例えば，中古車市場に質の良い中古車が供給されても質の悪い中古車（レモン）が存在していると，消費者は品質に関する情報が十分ないことから，質の高い中古車も質の悪い中古車と同じようにみなしてしまう。その結果，質の良い中古車は供給されなくなり，「悪貨が良貨を駆逐する」ように，質の悪い中古車だけが市場で取引されるようになる。こうした逆選択が生じると，良質の中古車を需要する消費者が存在するにもかかわ

123

第Ⅰ部 ミクロ経済学

Column ⑬　ゲーム理論とミクロ経済学の発展

　ゲーム（game）という文字からスポーツの試合やオンラインゲームを連想する人もいるかもしれない。しかし、ここで紹介するゲーム理論とは、人間の行動を、数学を用いて科学的に追求する学問のことである。ゲーム理論という学問領域はフォン・ノイマン（John von Neumann: 1903-1957）とモルゲンシュテルン（Oskar Morgenstern: 1902-1977）の著書 *Theory of Games and Economic Behavior*（Princeton University Press, 1944）を契機に発展した。今では経済学のみならず、経営学、政治学、社会学、生物学、工学など幅広い学問分野で応用され、分野横断的な共通言語のようにもなっている。

　完全競争市場の研究が1960年代に一定の完成水準に達して以降、ミクロ経済学研究の潮流は不完全競争の分野へと向かった。特に1980年代よりゲーム理論を応用した研究が数多く進められ、社会制度や契約、組織、情報、インセンティブなどの観点から市場メカニズムの効率性やその評価がさかんに行われるようになった。なぜなら、ゲーム理論が、複雑な相互依存関係のもとにある協調、対立、裏切り、報復などといったゲーム的状況と経済主体の戦略的行動を的確に記述することができたからである。その過程で新しい研究領域や新しい研究潮流が生まれたが、ゲーム理論の発展や応用に貢献のあった研究者にノーベル経済学賞が授与された例も近年では珍しくない。このようにミクロ経済学の進化にはゲーム理論の発展が深く関与しており、ミクロ経済学のテキストにゲーム理論を含んだ解説がよく登場するようになっている。

　本章の *Column* ⑫で紹介したクールノーは複占市場や寡占市場の理論を構築することに偉大な貢献をした。彼はクールノー均衡という均衡概念を提唱した。ここで、同一市場で競合する２社の場合で説明しよう。２企業は互いの行動が影響を及ぼし合う相互依存関係にある。この時、各企業がライバルの生産量を予想しつつ自社にとって最適な生産量を決める際に、その予想が的中する時がクールノー均衡である。その均衡では、ライバル企業が生産量を変えない限り、各企業とも自社の生産量の決定を変えるインセンティブを持たない。このクールノー均衡だが、1951年にナッシュ（J. Nash: 1928-2015）が *Annals of Mathematics* という学術誌で提唱したナッシュ均衡（Nash equilibrium）と相通じることが理解され、今ではクールノー・ナッシュ均衡と呼ばれている。

らず市場は成立せずに，資源配分上の非効率が生じることになる。この対策として，**シグナリング**（signaling）がある。中古車の例では，情報の点で優位にある売り手が買い手に対して中古車の品質を示す情報を積極的に提示すること（一定期間の無料修理保証，無事故証明，走行距離証明など）がシグナリングに該当する。一方，情報の点で劣位にある側が優位にある他者から情報を引き出すことで逆選択を防止しようとする行為が**スクリーニング**（screening）である。スクリーニングの身近な例として，携帯電話の契約が挙げられる。企業側は消費者が携帯電話をどのように使用するかというタイプ（通話時間や通話相手などの情報）を把握していないが，事前に多様な契約プランを用意して消費者に契約プランを選択させる。実は，これは消費者のタイプを把握するための工夫である。そうすることで，自分に合った契約プランがないことによる契約不成立を回避しつつ，利益を高めようとしているのである。

　次にモラルハザードを解説する。具体例として医療費負担の全額免除制度，保険金詐欺などが該当する。かつての日本では，1973年に老人福祉法を改正して老人医療費を無料にした時期があった。その時代，高齢者が朝早くから病院の待合室に出向き社交場の様相を呈していた。そして薬をお土産のようにして持ち帰っているとも感じられる光景がよく見られた。患者負担がゼロだと，医師も遠慮なく多くの薬を処方できるし，病院や製薬会社にとっては過剰診療・過剰投薬はおいしい話かもしれない。しかし，社会的には医療費の急増を招き，のちに制度は改正された。また，保険金の不正請求や支払いを意図した自殺，弁護士が報酬を受け取りつつ依頼事項に対して努力を怠ることもモラルハザードである。それでは，どうしたらモラルハザードを防げるだろうか。対策としてモニタリングやインセンティブ契約がある。保険金の支払いに関しては，企業も監視業務を行うことで不正を抑止しようと努めているし，医療保険の不正が発覚した病院には保険医療機関としての取消処分などの制裁がある。弁護士に対する成功報酬も手抜き防止策の一例である。金融に関する情報の非対称性やモラルハザード対策については第9章第2節で学んでほしい。

第 I 部　ミクロ経済学

5　市場が失敗する状況

　本章では，市場が失敗する状況，言い換えると厚生経済学の第一基本定理が成り立たない状況について学習した。第1節では独占市場が生じる背景，独占企業の行動，独占の弊害・対策について学び，そして寡占市場の特徴についても学習した。さらに独占市場において，死荷重が発生することを確認した。独占や寡占の別に関係なく市場に価格支配力が存在するということが不完全競争市場の特徴なのである。第2節では，外部性の分類とネットワーク外部性の解説を行い，ならびに技術的外部不経済への対処法としてのピグー税の在り方を学んだ。さらに第3節では競合性と排除性を軸に，公共財・クラブ財・共有地（コモンズ）・私的財の解説と分類を行い，同時に公共財の過小供給に関する諸問題を学習した。最後の第4節では経済主体の間に存在する情報の非対称性とはどのようなものかを学習し，さらに情報の非対称性のもとで生じる逆選択とモラルハザードと呼ばれる問題とそれらに対する対応策を学んだ。

参考文献

神取道宏『ミクロ経済学の力』日本評論社，2014年。
　＊ミクロ経済学の本質をつかむための優れたテキスト。
酒井泰弘『寡占と情報の理論』東洋経済新報社，1990年。
　＊情報の経済学と不完全競争市場の理論がたどった発展の歴史を理解させてくれる研究書。
酒井泰弘「A. クールノー」日本経済新聞社編『経済学41の巨人』日本経済新聞出版社，2014年。
　＊経済学の歴史に名を残す著名な学者をわかりやすく紹介した一般書。
根岸隆『経済学の歴史』第2版，東洋経済新報社，1997年。
　＊理論経済学者による経済学の歴史を俯瞰した解説のある本。
八田達夫『ミクロ経済学 I』東洋経済新報社，2008年。
　＊現実の経済とミクロ経済理論の本質的なかかわりを深く理解できる優れたテキスト。
前田章『環境経済学入門』日本経済新聞出版社，2010年。

＊ミクロ経済学の基礎に基づいたわかりやすい解説のある定評ある環境経済学のテキスト。

N. グレゴリー・マンキュー，足立英之他訳『マンキュー　ミクロ経済学Ⅰ』第3版，東洋経済新報社，2013年。
　＊現実経済の事例をもとにした初学者向けの定評あるテキスト。

山崎昭『ミクロ経済学』知泉書館，2006年。
　＊ミクロ経済学の厳密な論議を学習した人に薦めたいテキスト。

今後の学習のための本

矢野誠『ミクロ経済学の応用』岩波書店，2001年。
　＊競争政策などの事例を取り上げながら，ミクロ経済学理論の本質をより深く理解させてくれる優れたテキストである。

奥野正寛編著『ミクロ経済学』東京大学出版会，2008年。
　＊ゲーム理論，情報の経済学などの解説がある学部上級者向けのテキスト。

小田切宏之『競争政策論――独占禁止法事例とともに学ぶ産業組織論』日本評論社，2008年。
　＊独占禁止法事例をやさしく解説しているミクロ経済学の応用書である。

岡田章『ゲーム理論・入門――人間社会の理解のために』有斐閣，2008年。
　＊ゲーム理論の世界をわかりやすく解説している優れた入門テキスト。

練習問題

問題1
(1)　次の文章の空欄①②③に適切な語句を入れなさい。
市場が1社によって占有されている場合，その市場は（　①　）と呼ばれる。また，2社によって占有されている市場は，（　②　）と呼ばれる。そして，少数の企業によって占有されている市場は（　③　）と呼ばれる。
(2)　完全競争市場と独占市場との違いを，価格支配力というキーワードを用いて簡単に説明しなさい。

問題2
競争的な市場で環境汚染の被害が存在する場合の対処について考える。ここで，市場の需要曲線を $x=100-p$，供給曲線を $x=p-10$ とする。ただし，p は財の価格，x は生産量である。財の生産からの外部費用（汚染被害）は，生産量1単位当たり6だけ生じるとする。この時，次の小問に答えなさい。

第Ⅰ部　ミクロ経済学

(1) 市場に何も介入しない時の均衡価格と均衡生産量を求めなさい。
(2) 社会的限界費用を求めなさい。
(3) 社会的に望ましい生産量を求めなさい。
(4) ピグー税を課す時の税率を求めなさい。

問題3
次の(1)(2)(3)の文章は逆選択に関する文章か，それともモラルハザードに関する文章か，答えなさい。
(1) 火災保険に加入すると，防災設備の整備・点検を怠ったり，防災訓練をしっかりと行わなくなる。
(2) 優秀な大学生が就職活動をしている際に，興味を持った企業が，社内の労働環境や待遇が劣悪ないわゆる「ブラック企業」なのかどうかの判別がつかずに，採用試験を受けるのを断念した。
(3) 頑張って丁寧な仕事をしても固定給である上に上司の監視もないので，結果的に雑な仕事をするようになった。

（大内田康徳）

第Ⅱ部

マクロ経済学

第7章
GDPと国民所得会計

本章のねらい

　国や地域などの経済をマクロ的な視点から分析するためには，その状態を正確に把握することが必要である。ニュースでは，名目 GDP，実質 GDP，インフレ，デフレ，経済成長率などのマクロ経済学の用語がよく使われているが，ほとんどの人が何となく理解しているだけではないだろうか。経済の規模や活動の測定方法や捉え方について学び，マクロ経済学で用いる重要な専門用語の意味を正確に理解することがこの章のねらいである。これらは第8章以降での学習の基礎となるものである。

1　経済規模・経済活動の成果の測定

　「アメリカは経済大国だ」とか「ドイツは先進国だ」とか言われている。逆に，「あの国は貧しい国だ」あるいは「この国の経済はまだ発展途上だ」という発言を耳にすることも多い。それでは何を根拠にこのように言われているのであろうか。もちろん，その国の経済の規模や活動に基づいて判断しているのである。実際，アメリカの経済規模は大きく，ドイツの経済が発展していることは，何となく分かる。しかし，経済を正確に見るには，何となくではなくて，きちんと定義された尺度が必要である。そこでまず，どのようにして経済規模や経済活動を測るかについて考えよう。

第Ⅱ部　マクロ経済学

ストック（stock）とフロー（flow）

　最も身近な経済主体である家計から始めよう。財産をたくさん持っている家計をお金持ち（資産家）だと言う人もいれば，毎年多くの所得を稼いでいる家計をお金持ち（高所得者）と言う人もいるだろう。資産家であり高所得者でもあれば，ほとんどの人がお金持ちと言うだろう。資産家と高所得者とでは，同じお金持ちでも違った印象がある。経済学でもこの違いに着目する。

　財産のように現在存在しているものを**ストック（stock）**あるいは蓄積（量・額）と言う。これまでに多くの英単語を記憶してきた人には英単語のストック（蓄積）がある。同じように，これまでにたくさんの貯蓄をしてきた家計には現在多くの貯金（資産）が存在している。

　これに対して，今どれだけあるかではなくて，日々，月々あるいは年々実現するものを**フロー（flow）**あるいは流量と呼ぶ。毎日英単語を5個ずつ覚えるということは，毎日5個の英単語がフロー（流量）として頭の中に流れ込んできているということである。家計の場合，毎月10万円のお金が入ってくるのであれば，所得と呼ばれるお金のフローが毎月10万円ということになる。

　フローを測る際にはその時に用いられている期間の長さに注意しなければならない。単に所得が250万円と言われてもそれが多いのか少ないのかはすぐには判断できない。年間の所得が250万円であれば多いと思う人は少ないかもしれない。毎月の所得が250万円であれば，ほとんどの人が多いと思うだろう。

ストックとフローの関係──家計の場合

　毎月10万円の所得がある家計を例に，ストックとフローの関係を少し詳しく見てみよう。この家計が10万円からその1割を貯蓄しているとしよう。1カ月の貯蓄額は1万円で，1年間の貯蓄額は12万円になる。貯蓄額もその時に用いられている期間の長さに依存するので，フローであることが分かる。簡単化のために，貯金には利子が付かないと考えよう。この家計が，貯金がゼロの状態から10年間貯蓄を続けたとすると，貯金額は120万円になる。これがこの家計の資産（ストック）である。

家計が所有するストックというと，土地や建物，現金などの金額で表せる資産だけを思い浮かべるかもしれないが，それと同じくらい重要なストックがある。例えば，所得の全部を消費しないで，残ったお金を貯蓄することもせず，自らの能力を高めるための活動，例えば勉強や職業訓練にすべて使ったとする。それによって，能力が高まる。この能力もその時点で所有しているモノという意味でストックであり，人的資本と呼ばれる。重要なことは，ストックである能力が高まるとフローである受け取る賃金も高くなるということである。先ほどは分かりやすくするために利子がないと仮定したが，実際にはストックである貯金には利子が付く。貯金の額が大きくなれば，フローである毎年の利子も大きくなる。家計が貯金などの資産や人的資本のようなストックを増やすことで，利子や賃金といった形で受け取るフローである所得が増える。そして，その所得を使ってストックを増やしていくことができる。このように，ストックとフローの間には密接な相互依存関係がある。

ストックとフローの関係──企業の場合

次にもう1つの代表的な経済主体である企業を考えてみよう。家計にとっての所得は，企業にとっての利潤に当たる。企業は利潤の一部を使って工場を拡大したり設備を充実させたりすることができる。このような活動を設備投資と呼ぶ。自動車会社の場合，フローである利潤の一部を使って設備投資を行い，ストックである工場や設備を大きくすることによって，フローである毎年の自動車の生産台数を増やすことができる。それゆえ，家計の場合と同様に，設備や工場といったストックの規模と自動車の生産台数やそれによって得られる利潤といったフローの間にはやはり密接な関係がある。

ところで，同じ規模の工場でも生産される自動車の台数に差がある場合がある。最先端の技術を持った工場では多くの自動車が生産されるであろう。これに対して古い技術しか持たない工場では少ない台数しか生産されない。これは，最先端の工場には多くの技術がストック（蓄積）されているのに対して，古い工場には技術のストックが少ないからである。ここでもストック（技術）とフ

ロー（生産台数）の間に強い結びつきが見られる。

国や地域の場合

最後に国や地域などの経済全体について見てみよう。国や地域は経済主体というよりも経済主体が集まってできているものである。各経済主体のレベルでストックとフローの間に密接な関係があるので，その集合体である経済においてもそれらの間には密接な関係がある。特に技術や知識は経済全体の中に蓄積され，それが個々の経済主体によって利用されていると考えられる。また，経済を全体として見た場合，蓄積された技術や知識，生産設備を効率的に使うための制度や社会の安定なども重要になってくる。これらは，社会や経済を運営するためのノウハウや知恵の蓄積によって実現する。

経済がさまざまな形のストックをバランスよく豊富に持っていれば，多くのモノを生産することができる。逆に言えば，ストックがどれだけの経済的価値を持っているかは，結局のところ，フローとしてどれだけの価値を生み出せるかにかかっている。そして，その国が生み出す財・サービスの大きさによって，その国に住む人々の物質的な豊かさが決定される。このような関係があるので，マクロ経済学では，経済規模をフローである生産物の価値で測定する。その際に，国や地域のような経済全体の経済活動を，家計や企業のような経済主体の会計と同じように考えて捉える。これを国民所得会計という。次節ではこの国民所得会計の中心となる GDP について見ていこう。

2　国内総生産（GDP）とは何か

国内総生産（GDP）

経済を1つの経済主体のように考えた時に，家計の所得，企業の利潤に対応するものが**国内総生産（GDP）**である。GDP は Gross Domestic Product の略で1つひとつの単語の意味を考えると全体の意味もよく分かる。

国内総生産の国内は Domestic の訳語である。Dome によって，物理的，社

会的，経済的あるいは政治的に外部から分離されることになる。東京ドーム（Dome）の中は物理的に外部から分離された空間である。それゆえ，Domestic は「分離されたものの中の」という意味で，家庭内の，地域内の，国内の，などを意味する。

　総は Gross の訳語で，「何も差し引かない」というような意味である。ただし，Gross は後で述べるように「粗」と訳される場合もある。Gross の反対語は Net で，「純」と訳されることが多く，「余分なものは差し引く」という意味である。例えば，ビンの重さ50グラムを含めた重さが250グラムのビン入りのジュースの場合，総（Gross）重量は250グラムで，ジュースの純（Net）量は200グラムになる。

　最後の生産は Product の訳語で，文字通り「（一定期間内の）生産物」という意味である。それゆえ，国内総生産（GDP）は，国内（域内）で一定期間内に生産された財・サービスの総価値額という意味になる。生産の価値を正しく測定するためには，**付加価値**という概念が重要である。

付加価値——生産の価値の測定

　あるサークルが大学祭の模擬店でうどんを販売し2日間で20万円を売り上げたとしよう。この時，このサークルは20万円の価値を生み出したと言えるだろうか。原材料代や光熱費に10万円かかっていたとすれば，その部分はこのサークルが生み出した価値とは言えない。ここでは，小麦粉を製造している製粉企業を例に企業が生産によって生み出す価値の測定方法を考えてみよう。

　この企業はある年，原材料の小麦を10億円で購入し，所有している機械設備と20人の労働者を用いて，小麦粉12億円分を生産した。労働者の給与は平均500万円で合計1億円であった。また，所有する機械設備は5億円の価値があり，10年間使用できる。これらの関係は図7-1のように図示できる。

　この時，この企業内でどれだけの価値が生産されたと考えられるだろうか。考え方は非常に単純で，10億円分の価値であった原材料（小麦）を12億円分の価値のある生産物（小麦粉）にしたのであるから，2億円分の価値を生産した

第Ⅱ部　マクロ経済学

図7‐1　付加価値の生産

と言ってよい。別の見方をすると，10億円分の価値であった原材料に2億円の価値を付け加えて販売したとも言える。そこで，この2億円の部分を，企業が生産によって付け加えた価値，付加価値と呼ぶ。

　ここで2つの素朴な疑問が生まれる。第1は，付加価値は本当に2億円でよいのかというものである。原材料である小麦は，正確に言うと製品（小麦粉）へと形を変えるのであるが，生産をするとすぐに（つまり1年で）なくなってしまう。機械設備は，1年ではなくならないが10年たつと使えなくなるので，その価値は平均すると1年で5,000万円分なくなっているはずである。そうであるならば，5,000万円を引いて付加価値を計算した方がよさそうである。先ほど述べたNet（純）で考えるとこの考えが正しい。しかし，ここでは「すぐになくならない部分は差し引かない」という意味でのGross（総）で考えているので，設備の価値が減った部分は差し引かずに付加価値を計算するのである。

　第2は，小麦粉の生産と販売の後，企業には1億円しか残らないので，この1億円が企業にとっての付加価値ではないかというものである。企業が実際に得をした額（1億円）は，企業の利潤（「儲け」）と呼ばれるもので，付加価値とは異なる。この企業内で生産によって生み出された付加価値は2億円であり，そのうちの1億円が企業に利潤として，1億円が労働者に賃金として分配されたのである。つまり，賃金は，企業にとっては費用であるが，付加価値の生産に労働が貢献した部分であるので，付加価値の一部である。

　この企業の利潤には機械設備の価値が毎年減っていく額5,000万円も含まれている。この5,000万円を含めた利潤はGrossの利潤であり，この場合Gross

第7章　GDPと国民所得会計

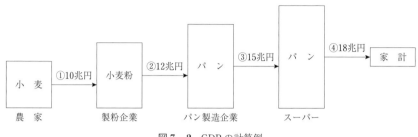

図7-2　GDPの計算例

を「粗」と訳して粗利潤と呼ぶ。これに対して，5,000万円を差し引いた利潤はNetの利潤で純利潤と呼ばれる。この企業は，2億円の付加価値を生み出し，労働者に1億円を賃金として支払うので，1億円が粗利潤となり，そのうちの5,000万円が純利潤となる。

付加価値の合計としてのGDP

家計や企業もDomeの一種と考えられるが，一般にDomesticという時は，都道府県のような地域や日本やアメリカのような国などのより大きなDomeを指す。ここではB国というパンだけを生産・消費している架空の国を例に，国内総生産の測定方法について考えてみよう。具体的には，図7-2のような生産と流通過程をへて2018年に18兆円分のパンが家計に届くと考えよう。ここでは簡単化のために，農家は自分たちの労働だけで小麦を生産すると仮定しよう。つまり，農家には原材料費は一切不要であるとする。

2018年にB国内では，何もないところから最終的に18兆円分のパンが生産されるのであるから，GDPは18兆円となる。つまり，**GDPは最終生産物の価値**と等しくなる。そしてそれは，農家，製粉企業，パン製造企業，スーパーのそれぞれが生み出した付加価値，10兆円，2兆円，3兆円，3兆円を合計したものに等しくなる。つまり，次のような関係が成り立っている。

　　GDP＝最終生産物の価値＝付加価値の総計

一般的には，GDPは，最終生産物の価値として測定されるのではなく，「一

137

定期間内に国内で生み出された付加価値の総額」として測定される。それが，フローであり Domestic なものであるためである。第 1 に，GDP はフローなので「一定期間内」ということが重要になる。例えば，①農家による小麦の生産，②製粉企業による小麦粉の生産，の 2 つが2017年に行われたとすれば，この部分は2018年に生産されたものではない。それゆえ，2018年の最終生産物の価値に含まれているとしても，2018年の GDP に含めることはできない。第 2 に，ここでは生産と流通のすべての過程が国内で行われていると考えているが，実際には海外との取引（国際貿易）があり，しかもそれがかなり大きな割合を占めているためである。小麦が海外からの輸入であれば，この部分は B 国の GDP ではない。GDP を一定期間内に国内で生み出された付加価値の合計として計算すれば，これらの問題は生じない。

3　経済循環と三面等価の原則

　図 7 - 2 が示しているように，付加価値は各生産主体によって生み出されるので，GDP はそれらの付加価値を合計したものになる。各企業が生み出す付加価値は，図 7 - 2 の矢印（→）の部分で測定することができる。つまり，売買すなわち市場での取引の際に明らかになる。逆に言うと，市場で評価がなされない限り，どれだけの付加価値があるかは分からないのである。

　家計と企業からなる簡単な経済を考えて，そこでの財・サービスとその背後にあるお金の流れを図示したのが図 7 - 3 である。家計は主として消費を行う経済主体で，そのために必要な所得を生産要素市場から得る。具体的には，土地を貸し出して地代を，労働サービスを提供して賃金を，資本をレンタルして利子（配当）を受け取り，それで財・サービスを購入する。企業は主として生産を行う経済主体で，**要素市場**で手に入れた生産要素を用いて生産を行い，その成果を財・サービス市場で販売する。

第 **7** 章　GDPと国民所得会計

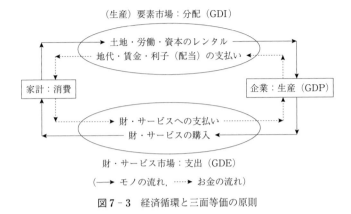

図 7-3　経済循環と三面等価の原則

生産面でのGDP

　GDPは本来，生産（product）に焦点を当てたものである。それゆえ，図7-3の企業における「生産（GDP）」が定義にピッタリあうものである。しかし，市場で取引が行われないと生産物の価格（価値）は決まらない。それゆえ，GDPは現実には財・サービス市場あるいは要素市場での取引の際に測定されることになる。そして，付加価値はすべて市場価格で評価されることになる。

　生産面で直接GDPを測定することはできないが，GDPの定義と一致させるための工夫もなされている。具体的には，市場で取引されなくても，生産されたものはできるだけGDPに含めるというもので，代表的なものを2つ紹介しよう。1つは，在庫の増加を在庫への投資と考えて，その財が生産された年（期間）のGDPに含めるというものである。例えば，2018年に生産した100万円の自動車のうち100台が売れ残った，あるいは来年の販売のためにとっておかれた，としよう。つまり，企業の車の在庫が100台増えたのである。この場合，この100台が生産されたのは2018年なのだから，定義から言うと2018年のGDPに含めるべきである。そこでこの1億円を**在庫投資**という形で2018年のGDPに組み入れる。この1億円分の車すべてが2019年に売れた場合，企業の収入は増加するが，この部分は2019年のGDPには何の影響も与えない。

　もう1つは，生産のうちで農家が自分で消費する部分，つまり自家消費の部

139

第Ⅱ部 マクロ経済学

図7-4 GDPとGDEの関係

分である。農家は自家消費分の農作物を市場では販売していないが,確かに生産はしているので,GDPに含めるのである。このように,実際には市場で取引されていないのに,市場での取引に属しているようにみなして計算することを**帰属計算**という。

支出面から見たGDP

生産されたもののほとんどは市場で販売される。それゆえ,図7-3における財・サービス市場における支出としてGDPを測定することができる。これは支出面から見たGDP,あるいは**国内総支出**(GDE=Gross Domestic Expenditure)と呼ばれる。GDEは測定しやすいので,実際に発表されているGDPのほとんどはGDEである。

財・サービス市場における需要と供給を海外との取引を含めて少しだけ詳しく示したのが図7-4である。財・サービス市場へは,国内で生産されたもの(GDP=Y)だけではなく**輸入**(IM)による供給もある。これらに対して,**民間消費**(C),**民間投資**(I),**政府支出**(G)及び**輸出**(EX)という需要が存在する。市場で取引が行われているということは,事後的には需要と供給が等しくなっていることを意味するので,

$$Y+IM=C+I+G+EX \Rightarrow Y=C+I+G+EX-IM$$
$$\Rightarrow GDP=Y=C+I+G+NX=GDE$$

となる。ただし,NXは$EX-IM$に等しく($NX=EX-IM$),**純輸出**と呼ばれる。この式は,GDPは消費+投資+政府支出+純輸出で定義されるGDEに等しくなることを示している。

主要な支出項目

　国内総支出（GDE）を構成する支出項目について説明しよう。最も大きなものは民間消費（C）で，短期間でなくなる食料品，衣料品などの財・サービスへの主として家計による支出を指す。民間投資（I）とは，企業による**設備投資**や在庫投資，家計による**住宅投資**などのように長期にわたって財やサービスを生み出す財・サービスへの支出である。政府支出（G）とは，政府による投資（公共投資）や公務員の給与などへの支出である。

　ここで2つのことに注意しよう。1つは，社会一般で用いられている投資とマクロ経済学で用いる投資という言葉の違いである。投資という言葉からは，株式や債券などの金融商品を購入することを考える人が多いが，マクロ経済学ではそのような意味では通常は用いない。将来にわたって財やサービスを生み出す財の購入を意味する。具体的には，企業による工場建設や機械設備の購入，家計による住宅建設，政府による社会インフラなどの整備のための公共投資などがこれに当たる。もう1つは，政府支出の中の公務員への給与である。公務員（例えば警察官）が生産したサービス（例えば治安の維持）の多くに対して，人々は市場で対価を支払っていない。そのため，市場価値を測定することができない。そこで，給与の額と同じだけの付加価値を生産したとみなすのである。これも前に述べた帰属計算の一種である。

分配面から見たGDP

　企業が生産した財・サービスを販売して得た収入は，最終的には，図7-3における（生産）要素市場を通じて，生産要素の所有者である家計に分配される。これが，分配面から見たGDP，あるいは**国内総所得**（GDI＝Gross Domestic Income）とも呼ばれるものである。先ほどの製粉企業の例で見たように，付加価値（＝GDP）は，基本的には，①労働者（雇用者）に賃金として，②企業に利潤として分配される。企業の粗利潤には，固定資本と呼ばれる生産設備の価値の減少分も含まれている。企業が受け取る純利潤は，粗利潤から**固定資本減耗**と呼ばれるこの減少分を引いた純利潤で，**営業余剰**と呼ばれている。それ

ゆえ，

　　GDP＝雇用者所得＋営業余剰＋固定資本減耗

となる。政府が消費税のような**間接税**を取るとすればその部分も付加価値から支払われる。逆に，企業が政府から**補助金**をもらうとすれば，その分が付加価値に加えられた上で雇用者や企業に分配されるので，上の関係は，

　　GDP＋補助金＝雇用者所得＋営業余剰＋固定資本減耗＋間接税

と書き直すことができる。この式を少しだけ変形すると，

　　GDP＝雇用者所得＋営業余剰＋間接税－補助金＋固定資本減耗
　　　　＝雇用者所得＋営業余剰＋純間接税＋固定資本減耗＝GDI

となる。ただし，純間接税とは「間接税－補助金」を指す。

　GDIの構成要素を整理すると，①雇用者所得と呼ばれる労働者が賃金その他の報酬として受け取る所得，②営業余剰と呼ばれる企業が財・サービスの生産から得る所得すなわち企業の純利潤，③消費税のように負担者（消費者）と納税者（企業）が異なるために間接税と呼ばれる税，すなわち負担者（消費者）が納税者（企業）を通じて間接的に納める税，④補助金と呼ばれる生産活動などのために企業や個人が政府から受ける助成金，である。製粉企業の例では，政府を考えていなかったので，間接税も補助金もない。それゆえ，

　　GDI＝雇用者所得＋営業余剰＋固定資本減耗＝GDP

という関係が成り立つ。雇用者所得すなわち賃金総額は1億円，営業余剰すなわち純利潤は5,000万円，固定資本減耗すなわち機械設備の1年当たりの費用は5,000万円で，これらの合計は2億円となり，企業が生み出した付加価値2億円に等しくなる。

　GDIによく似たものとして，**国民総所得**（GNI＝Gross National Income）がある。これまでのものはすべて，国あるいは地域を対象としていたが，国民ある

第 **7** 章　GDP と国民所得会計

図 7-5　三面等価の原則及び GDI と GNI の関係

いは国籍を対象として，海外に住む日本人も含めたすべての日本人が，そして日本人だけが生み出した所得を合計したものが GNI である。日本の GDI には，日本に住む外国人の所得すなわち**海外への所得支払い**は含まれているが，海外に住む日本人が受け取る所得すなわち**海外からの所得受取**は含まれていない。そこで，GDI に海外に住む日本人からの所得受取を加えて，日本に住む外国人による海外への所得の支払いを引くことで GNI を求めることができる。海外からの受取から海外へ支払いを引いたものは，海外からの純（Net）所得受取と言えるので，

　　GNI＝GDP＋海外からの純所得受取

という関係が成り立つ。

三面等価の原則

　これまで見てきたように，生産面から見た GDP，支出面から見た GDP（国内総支出＝GDE），分配面から見た GDP（国内総所得＝GDI）の 3 つは等しくなる。これを**三面等価の原則**と呼ぶ。内閣府のホームページ（http://www.esri.cao.go.jp/）にある図を参考にして，GNI を含めた関係を簡単に図示すると，図 7-5 のようになる。

第Ⅱ部　マクロ経済学

> **Column ⑭　石田三成（1560〜1600年）**
>
> 　江戸時代には多くの国（藩）があり，それぞれに国王（大名）がいた。日本という国家連合を統治するためには，各国の力，その土台である経済力を把握しておくことが不可欠であった。400年以上前に石田三成を中心に行われた太閤検地は，人口が1,000万人を超える経済で潜在GDPを測定する最初の試みであり，各藩の経済力をほぼ把握できたことは，徳川幕府の長期政権の一因となった。序章で述べたように，16世紀から18世紀の西ヨーロッパは「重商主義」の時代であった。当時の日本でも三成の主君であった豊臣秀吉は，重商主義の申し子のような人物である。その中でGDPに着目しただけでなく，実際にかなり正確に測定したのであるから驚くに値する。国力の基礎は金銀財宝などではなく人口や所得などであると考えられるようになり，イギリスで最初のセンサス（国勢調査）が行われるのは，太閤検地から200年以上後の1801年，GDPが経済統計の主役になるのは，それからさらに150年後である。

4　実質 vs. 名目，水準 vs. 成長率

名目GDPと実質GDP

　B国の例に戻って，パンの生産・流通・販売のすべてが国内で行われているとしよう。2018年のGDPは18兆円であったが，2020年には36兆円に増加したとしよう。この時，B国の経済の規模は2倍になったと言えるだろうか。パンの価格が同じであれば2倍になったと言えるが，パンの価格が4倍になっていたとすれば，パンの生産量は半分になっているはずなので，B国の経済規模は半分になったと考えるべきである。

　各年のGDPをそのまま表示したものを**名目GDP**と言う。B国の2018年の名目GDPは18兆円，2020年の名目GDPは36兆円となる。この例から明らかなように，経済規模を測るという点では名目GDPはあまり望ましくない尺度である。それは物価の変化を考慮していないためである。逆に言うと，物価の変化の影響を取り除いた各年のGDPを測定し，それらを比較すればB国の経済規模の変化が分かる。ある年（基準年）の価格を基準にして，各年のGDP

第 7 章　GDP と国民所得会計

表 7-1　F 国のうどんとそばの生産量，価格と名目 GDP

	うどん	そ　ば	名目 GDP
2018年	1 食＝150円 4 億食 ⇒600億円	1 食＝200円 合計 2 億食 ⇒400億円	1,000億円
2020年	1 食＝600円 2 億食 ⇒1,200億円	1 食＝800円 合計 1 億食 ⇒800億円	2,000億円

を計算したものを**実質 GDP** という。2018年を基準年として2018年と2020年の実質 GDP を計算してみよう。基準年である2018年の実質 GDP は2018年の名目 GDP と等しくなる。これに対して，2020年の物価が2018年と比べて 4 倍になっていたとすれば，2020年の実質 GDP は 9 兆円となる。つまり，パンの生産量が半分になったことをきちんと反映している。

　財・サービスが複数になっても，名目 GDP と実質 GDP の考え方は同じである。うどんとそばを生産し消費している F 国があり，2018年の（名目）GDP は1,000億円，2020年の名目 GDP は2,000億円であるとしよう。価格と生産量は表 7-1 の通りである。2018年を基準年とすると，2018年の実質 GDP は1,000億円，2020年の実質 GDP は500億円となる。つまり，実質 GDP は2018年から2020年にかけて半分になっており，それはうどんとそばの生産（消費）量が半分になったことに対応している。

　しかし，実際には，ここでの例のように，すべての価格が同じように変化するわけではない。ある財の価格は上昇し，ある財の価格は下がることもあるので，実質 GDP だけで経済規模や経済的な豊かさを測ることはできない。

物価指数と 1 財モデル

　経済的な豊かさは，自由に使えるお金（所得）と生活費によって決まると考えることができる。つまり，所得の増加が生活費の上昇よりも大きければ豊かになっているし，所得が仮に増加していても，それ以上に生活費が上昇していれば，豊かになったとは言えない。所得の変化は名目 GDP によって分かるの

第Ⅱ部　マクロ経済学

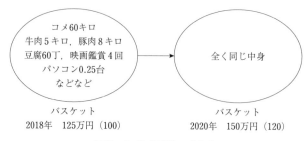

図7‐6　物価指数の考え方

で，生活費の変化が分かれば豊かさの変化が分かる。平均的な家計が購入している財・サービスの組み合わせが入ったバスケットを考えてみると，そのバスケットの価格を平均的な生活費とみなすことができる。つまり，そのバスケットを1つの財のように考え，人々はそれを購入していると考えるのである。そして，その年の所得（＝名目GDP）で買えるバスケットの数を比較すれば，物質的に豊かになったかどうかをある程度正確に比較できる。

図7‐6のように，全く同じ中身が入ったバスケットの価格が，2018年は125万円，2020年は150万円であるとしよう。このバスケットの価格を私たちは物価水準と考えることができる。そして，2018年のバスケットの価格を100に基準化すると，2020年のバスケットの価格は120になる。このようにある年（2018年）を基準年として，その年の物価水準を100とした場合，他の年の物価水準がどの値になるかを示したものを**物価指数**と言う。図7‐6の例の場合，基準年である2018年の物価指数は100，2020年の物価指数は120となる。

現実経済には多数の財・サービスがあるが，多くのマクロ経済のモデルでは，バスケットという1つの財しかないように考えて分析することが多い。1つの財しかないのであるから，パンだけを生産・消費するB国の場合と同じように，名目GDP，実質GDP，物価水準（バスケットの価格）の間の関係を単純化できる。名目GDPをZ，実質GDPをY，物価水準（バスケットの価格）をPとすると，$Z=PY$あるいは$Y=Z/P$となり，Yはバスケットの数を表すことになる。名目GDPだけでなく名目賃金のような名目変数は，金額つまり円で

測られる。これに対して，実質 GDP や実質賃金のような実質変数は，対応する名目変数を物価水準で割ったものになる。すなわち，

　　実質賃金＝名目賃金÷物価水準＝名目賃金／P

となり，実質変数はバスケットの数（財の量）を表すことになる。名目変数から実質変数を求める時には，物価水準（P）を用いる。このことからも分かるように，物価水準（P）は，すべての経済主体の行動や豊かさに影響を与える非常に重要な変数である。

経済成長率

　経済規模を定期的に測定することで，経済の規模がどのくらい拡大したかを知ることができる。現実のニュースでは GDP の増加量ではなくて，GDP の成長率が取り上げられることの方が多い。GDP が 1 年間に 1 兆円増加した場合，もともとの GDP が10兆円だった国にとってはすごいことであるが，もともとの GDP が1,000兆円だった国にとってはそれほどすごいことではなく，むしろ小さすぎると考えられるかもしれない。これに対して，成長率を用いると，10兆円に対しては10％，1,000兆円に対しては0.1％となり，その貢献度がよく分かる。実際，GDP の増加率で示される**経済成長率**は最も頻繁に目にする経済用語の 1 つである。

　Δ（デルタ）という記号を用いて増加分を表すことにしよう。例えば，X だったものが X' へ変化した場合，$\Delta X = X' - X$ となる。具体的に，$X = 100$，$X' = 102$ とすると，$\Delta X = X' - X = 2$ である。成長率は，増加した分を元の値で割ったものなので，

$$成長率 = \frac{\Delta X}{X} \times 100 = \frac{2}{100} \times 100 = 2 (\%)$$

となる。つまり，X が100から102に増えた場合，X は 2 ％成長したということになる。

名目経済成長率とは名目GDP（Z）の成長率で次のように計算できる。

$$\text{名目経済成長率}=\text{名目 GDP の成長率}=\frac{\Delta Z}{Z}\times 100(\%)$$

同様に，**実質経済成長率**とは実質GDP（Y）の成長率で次のように表せる。

$$\text{実質経済成長率}=\text{実質 GDP の成長率}=\frac{\Delta Y}{Y}\times 100(\%)$$

物価水準の上昇をインフレーションあるいはインフレ，物価水準の下落をデフレーションあるいはデフレと呼ぶ。つまり，物価の成長率が正の時をインフレ，負の時をデフレと言う。この物価の成長率は**インフレ率**と呼ばれ，物価指数（P）を用いて次のように計算することができる。

$$\text{インフレ率}=\text{バスケット価格の成長率}=\frac{\Delta P}{P}\times 100(\%)$$

これら3つの成長率の間には重要な関係がある。$Z=PY$であるので，*Column* ⑮を参考にすると，以下の関係が近似的に成り立つことが分かる。

$$\frac{\Delta Z}{Z}=\frac{\Delta P}{P}+\frac{\Delta Y}{Y} \Rightarrow \frac{\Delta Y}{Y}=\frac{\Delta Z}{Z}-\frac{\Delta P}{P}$$

つまり，実質成長率は名目成長率からインフレ率を引いたものに等しくなるのである。

　物価水準がすべての人に影響を与えるのと同じように，インフレ率もすべての人に影響を与える。インフレによって全体としてモノの価格が上がり，貨幣の価値が下がるので，名目GDPの価値だけではなく，当然ながら貯金（ストック）の価値も減少することになる。

── *Column* ⑮ 成長率に関する近似式 ─────────────

　マクロ経済学では，水準よりもその変化の方が注目される変数も多い。ニュースで GDP の値そのものが大きく取り上げられることは少ないが，その変化率である経済成長率は経済ニュースの主役の一つと言っても良いくらいである。そこで，さまざまな成長率を求める際に便利な近似式を紹介しておこう。
① 水準が変数の掛け算であれば，変化率は各変数の変化率の足し算になる。

$$Z = X \cdot Y \Rightarrow \frac{\Delta Z}{Z} = \frac{\Delta X}{X} + \frac{\Delta Y}{Y}$$

　縦の長さが X，横の長さが Y の長方形の面積 Z は，$Z = X \cdot Y$ である。縦が ΔX だけ，横が ΔY だけ長くなると，新しい長方形の面積 Z' は，$Z' = (X + \Delta X)(Y + \Delta Y)$ で，面積の増加分 $\Delta Z = Z' - Z$ は，$\Delta Z = \Delta X \cdot Y + X \cdot \Delta Y + \Delta X \cdot \Delta Y$ となる。よって，

$$\frac{\Delta Z}{Z} = \frac{\Delta X \cdot Y + X \cdot \Delta Y + \Delta X \cdot \Delta Y}{XY} = \frac{\Delta X}{X} + \frac{\Delta Y}{Y} + \frac{\Delta X}{X} \cdot \frac{\Delta Y}{Y}$$

となる。$\Delta X/X$ と $\Delta Y/Y$ について，3％，2％というような小さな変化率（成長率）を考えれば，$(\Delta X/X) \times (\Delta Y/Y)$ は無視できるほど小さくなるので（0.06％），上の式が近似的に成り立つと考えて良い。
② 水準が変数の分数であれば，変化率は「分子の変化率」－「分母の変化率」になる。

$$X = \frac{Z}{Y} \Rightarrow \frac{\Delta X}{X} = \frac{\Delta Z}{Z} - \frac{\Delta Y}{Y}$$

　$X = Z/Y$ を書き直すと $Z = X \cdot Y$ となる。つまり，X, Y, Z の関係は①の場合と同じである。よって，成長率についても同じ近似式が成り立つ。

$$\frac{\Delta Z}{Z} = \frac{\Delta X}{X} + \frac{\Delta Y}{Y} \Rightarrow \frac{\Delta X}{X} = \frac{\Delta Z}{Z} - \frac{\Delta Y}{Y}$$

　上の近似式は何にでも当てはまる。そこで，体脂肪率の変化について考えてみよう。Y を体重，Z を脂肪の重さとすると，$X = Z/Y$ は体脂肪率を表す。脂肪の量（重さ）が10％増えても，体重が12％増えていれば，体脂肪率は2％減ることになる。逆に，脂肪の量（重さ）が10％減っても（$\Delta Z/Z = -0.1$），体重が12％減れば（$\Delta Y/Y = -0.12$），体脂肪率は2％増える（$\Delta X/X = 0.02$）ことになる。

第Ⅱ部　マクロ経済学

5　現実の中のマクロ経済データ

　この章で学んだ，名目GDP，実質GDP，経済成長率，インフレ率などの言葉は，経済関係のニュースで頻繁に見かけるものである。皆さんはこれまで明確に認識してなかったかもしれないが，これらが多くの人々の生活にとってとても重要だからである。これからは，これらの言葉を見かけたら，是非その意味を思い出してほしい。そのうちにマクロ経済学に親しみを覚え，興味も深まると思う。

　この章で学んだ概念を用いてマクロ経済の姿をデータの上では知ることができる。しかし，それはマクロ経済の現実の動きを理解することとは異なる。GDPやインフレが人々の生活に影響を与えることは分かるが，どのようなメカニズムを通してどのような影響を及ぼすかについては，ここで学習したことからは分からない。第8章からは，これらの課題について考えていこう。

参考文献
内閣府ホームページ（http://www.esri.cao.go.jp/）。
　＊マクロ経済の現実のデータとデータに関する分かりやすい解説がある。
中村保・北野重人・地主敏樹『マクロ経済学』東洋経済新報社，2016年。
　＊第1章のマクロ経済のデータに関する解説は詳細で分かりやすい。

今後の学習のための本
N. グレゴリー・マンキュー，足立英之・地主敏樹・中谷武・柳川隆訳『マンキュー　マクロ経済学　入門篇』第3版，東洋経済新報社，2011年。
　＊定評のあるマクロ経済学の本で，本書で勉強した後に読むと分かりやすい。
矢野恒太記念会編『日本国勢図会（2016/17）73版』国勢社，2016年。
　＊このような統計書を通して日本の経済・社会に関する最新データにふれることは，マクロ経済学を身近に感じる上で重要である。
宮崎勇・本庄真・田谷禎三『日本経済図説』第四版，岩波書店，2013年。
　＊上の書籍よりお手頃で必要な経済統計はこれだけで十分であるが，改訂の頻度がやや少ない。

第 7 章　GDP と国民所得会計

練習問題

問題 1
付加価値とは何か，説明しなさい。GDP を「(一国内で一定期間内に生み出された) 最終生産物の価値額」としてではなく，「(一国内で一定期間内に生み出された) 付加価値の総計」として測定すべきである主な理由を 2 つ述べなさい。

問題 2
経済に関するデータが次のように与えられている。GDP と雇用者所得を求めなさい。

　[データ]　消費支出＝300兆円，民間投資＝100兆円，政府支出＝100兆円
　　　　　　輸出＝50兆円，輸入＝30兆円，補助金＝50兆円，間接税＝70兆円
　　　　　　営業余剰＝150兆円，固定資本減耗＝50兆円

問題 3
うどんとそばだけを消費している G 国における，平均的な家計の2015年と2020年のうどんとそばの (1日の) 消費量とそれぞれの価格が次のように与えられている。
　2015年：うどん 5 食，そば 5 食，うどん 1 食＝200円，そば 1 食＝300円
　2020年：うどん 3 食，そば 7 食，うどん 1 食＝300円，そば 1 食＝300円
(1)　2015年を基準年とした時の2015年と2020年の物価指数を求めなさい。
(2)　2020年を基準年とした時の2015年と2020年の物価指数を求めなさい。

(中村　保)

第8章
総所得の決定と財政政策

―― 本章のねらい ――

本章ではマクロ経済学の基礎理論を学ぶ。経済全体の所得はどのように決まるのか。不況に陥った経済を立て直すために公共事業や減税が実施されることがあるが，そのような拡張的財政政策は消費財産業にどれだけの波及効果をもたらし，どれだけ所得を増大させるのか。こうした総需要拡大政策は景気浮揚効果がある一方で，財政を悪化させてしまい，公債発行残高が巨額に膨らんでしまう恐れがある。これは日本が解決すべき重要な課題である。財政再建のための必要条件について考えよう。さらに，個人の最適行動が必ずしもマクロ経済全体にとって最良の結果をもたらさないという合成の誤謬について考えよう。

1 総需要とは何か

豊かな社会に潜む需要不足の罠

現在の私たちの生活は50年前に比べるとはるかに豊かになった。しかし，豊かな社会の中にも需要不足の罠が潜んでいる。企業の将来見通しが悲観的になれば，設備投資は低迷し，需要不足を生じさせる。貯蓄は所得のうち，ただちに需要されない部分である。つまり，貯蓄の増大は消費需要の減少を意味する。その場合，代わりに消費需要の減少分をカバーするだけの投資需要が十分にあれば，なんら問題はない。しかし，投資需要が不足すれば，財市場で超過供給（売れ残り）が発生し，生産を縮小せざるを得ない。雇用が減るから失業者が街に溢れ，工場などの生産設備は遊休化する。株や土地などの資産価値の下落や，

ボーナスカットなどによる賃金の減少によって所得が低下すれば，家計は財布の紐をきつく締めることになり，消費も低迷する。実際，2008年には世界金融危機が発生し，企業倒産，株価の大暴落，欧州の失業者急増，生産量の減少などを目の当たりにした。こうした危機を克服するためには，需要不足を解消するための財政・金融政策が必要不可欠である。適切な経済政策によって，需要不足の罠から脱出することができる。

支出面GDPと総需要の違い

マクロ経済の基礎理論を学ぶ前に，支出面から見たGDP（国内総支出GDE）と総需要の違いを把握することが重要である。その違いを生み出す鍵となるものは意図せざる在庫投資である。在庫投資は計画的な在庫投資と意図せざる在庫投資に分類される。

計画的な在庫投資

企業は商品を円滑に販売するために計画的に在庫を保有している。購入者からの急な多くの注文に対応できるように，企業は倉庫に商品を保管しているのである。将来の販売を見越した在庫を計画的な在庫投資と呼ぶ。しかし，以下では単純に考えるために，計画的な在庫投資は無視することにしよう。

意図せざる在庫投資

当初の予想と食い違って，商品が売れ残ってしまった場合を考えよう。企業の所有者（オーナー）が売れ残り品を購入して，後日の販売のために倉庫に保管することを**意図せざる在庫投資**と呼ぶ。生産したけれど，さほど購入意欲がないという場合，意図せざる在庫投資がプラスとなる。一方，予想以上に顧客からの注文が多くて品不足になり，倉庫に保管してある商品を取り崩して販売することを意図せざるマイナスの在庫投資と呼ぶ。

支出面から見た GDP

支出面から見た GDP を計算する際，意図せざる在庫投資を投資支出の項目に含める。そのため，生産面から見た GDP（国内総生産）と支出面から見た GDP（国内総支出，GDE）は常に等しくなる。GDP 統計は，経済活動の結果としての事後的な記録の数値である。しかし，GDP 統計は，なぜある国の経済活動の水準が GDP＝600兆円というような数値に決まるのかを明らかにしているわけではない。

総需要

経済全体による事前的な計画支出のことを**総需要**と呼ぶ。ここで注意すべき点は，支出面から見た GDP と総需要は異なる概念である点である。つまり，支出面 GDP＝消費＋投資（意図せざる在庫投資を含む）＋政府支出＋純輸出，総需要＝消費＋投資（意図せざる在庫投資を含まない）＋政府支出＋純輸出，となる。

2　総所得決定のメカニズム

生産面から見た GDP（国内総生産）を**総供給**と呼ぶことにする。経済主体の事前的な計画が，つねに意図した通りに実現されるわけではないから，総需要が総供給とつねに均等化する保証はどこにもない。各企業は，市場の需要を予測した上で生産計画を立てる。家計も企業も政府もまた支出計画を立てている。もし，無人島でロビンソン・クルーソーが1人で生活するならば，生産計画と支出計画を立てる経済主体が同一なので，総供給は総需要と一致するであろう。しかし，実際のマクロ経済では，計画を立てる経済主体は同一ではないので，企業が当初の生産計画を立てたほどには家計による購買意欲が少ないというケースがあり，財市場が超過供給になる可能性がある。一方，企業の当初の生産計画以上に家計による旺盛な購買意欲があって，財市場で超過需要が発生する可能性もある。一国の経済活動水準が，なぜ総需要＝総供給となる点で決定されるのかについて理論的に学んでいこう。

ケインズの『一般理論』

ケインズは『雇用，利子および貨幣の一般理論』(1936年)(以下，『一般理論』)の中で，失業の原因と望ましい失業対策は何か，と問いかけた。彼は総需要の不足こそが失業の原因であると考えた。総需要が不足するから，企業は生産を縮小させ，雇用を削減する。働きたいのに雇ってもらえないという**非自発的失業**が発生する。消費と投資を刺激して総需要を増大させることができれば，失業率は低下する。ケインズにとって総需要創出政策こそが失業対策なのである。

総所得決定の理論モデル

自動車やカメラなど工業品を生産している企業は，見込み生産を行っており，特定の価格を設定し，需要量を予測して生産量を決める。製造業では，一旦，価格を設定すると，大幅に価格を変更することは稀である。また，メーカーが，製品を50万円に設定して販売したものの，売れ行きが悪かったので大幅値下げをして20万円で販売したら，50万円で購入した顧客は腹を立てるだろうし，メーカーのブランド力が失墜してしまう。需要予測がはずれた場合には，価格調整するのではなく，需要不振ならば生産を縮減させ，旺盛な需要があれば生産を増加させる。つまり，需要に応じて生産するのである。

現実経済では，資本，労働，土地，天然資源などの生産要素がつねに完全利用されて生産されているわけではない。実際のところ失業者はやはり存在する。また，工場が100％稼働しておらず遊休設備が存在する。つまり，生産要素が不完全雇用の状態になっているのである。これは，生産物を実際に購入する力，つまり，市場に現れる購買力が不足しているのが問題なのである。貨幣的な購買力に裏づけられた実現可能な需要のことを**有効需要**と呼ぶ。有効需要が不足しているから，生産要素が不完全雇用となる。財需要が少ないから，企業は生産量を縮小させる。そのため，労働者の雇用量を減少させたり，工場稼働率を下げたりする。総需要(生産物の購買意欲)に応じて総供給(総生産)が決定されるのである。有効需要の水準が経済活動の水準(総生産)を決定するということを**有効需要の原理**と呼ぶ。本章では閉鎖経済を考えよう。さらに，当面，

第8章 総所得の決定と財政政策

政府による需要はゼロであると仮定しておく。

消費関数

マクロ経済の総需要は，事前的な消費支出と投資支出から構成される。経済全体の支出のうち約60％を占めているのが消費である。経済全体の消費の決定要因として，客観的な要因と主観的・社会的な要因があるが，最も重要な要因は経済全体の実質的な所得水準，つまり，実質国内総所得である。経済全体の消費が総所得に依存して決まる関係を**消費関数**と呼ぶ。

限界消費性向

所得が100万円増えた場合に，その100万円をすべて消費してしまうことは将来を考慮していない近視眼的な行動である。おそらく60万円ほど消費して，40万円ほど貯蓄するのではないだろうか。経済全体で，もし総所得が100兆円増えると，消費はどれだけ増えるのだろうか。経済全体の所得が追加的1単位増加した時の経済全体の消費の増分を**限界消費性向**と呼ぶ。総所得が追加的に100兆円増えた時に消費が60兆円増えるケースは，限界消費性向が0.6であると言う。C を経済全体の消費需要，Y を総所得であるとする。消費関数は，$C=a+bY$ で特定化されるとする。パラメーターの a と b は，消費慣習などの経済構造を表している。b は限界消費性向である。総所得が追加的に1増加すれば，経済全体の消費は b だけ増加する。限界消費性向 b は定数であり，$0<b<1$ である。一方，a は基礎消費であり，正の定数である。基礎消費 a は，所得がゼロであっても生活維持のために消費しなければならない量である。基礎消費 a は，実質所得以外の客観的要因と主観的・社会的要因を含む。

消費関数のグラフ

消費は $C=a+bY$ の式で表されるから，横軸に総所得 Y，縦軸に消費 C をとれば，縦軸切片が基礎消費 a，傾きが限界消費性向 b の右上がりの直線で表される（図8-1左図）。限界消費性向 b は，$0<b<1$ であるから，消費関数の

第Ⅱ部 マクロ経済学

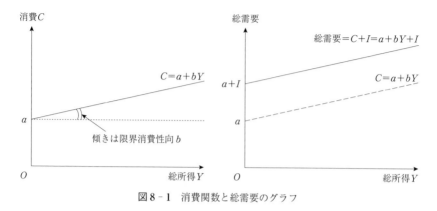

図8-1 消費関数と総需要のグラフ

直線の傾きは，斜め45度線（傾きが1）よりも傾きが緩やかである。

投資需要

経済全体の投資需要は，企業家の期待と利子率などから決定されるが，単純化のため，投資 I は総所得 Y や利子率から独立であり一定であると考える。

総 需 要

総需要は，消費需要と投資需要の合計であり，総需要$=C+I$ で表される。つまり，総需要は，消費関数 $C=a+bY$ に投資需要 I を加えたものであり，総需要$=C+I=a+bY+I$ である。横軸を総所得 Y，縦軸を総需要として，総需要をグラフで表すには，消費関数のグラフを投資需要 I の分だけ上方向にシフトさせてやればよい（図8-1右図）。

総供給と国内総所得

生産面から見た GDP は，分配面から見た GDP（国内総所得，GDI）とつねに等しいので，横軸に国内総所得を，縦軸に総供給をとってグラフを描くと，総供給＝国内総所得は45度線（傾きが1）で表される（図8-2）。

第8章　総所得の決定と財政政策

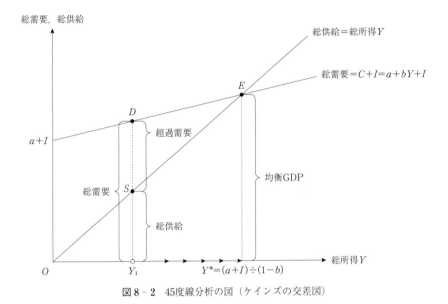

図8-2　45度線分析の図（ケインズの交差図）

国内総所得の決定

　総供給＝総所得 Y である一方，総需要＝$C+I=a+bY+I$ であることを見た。財市場の均衡は，経済全体で売りたい量と買いたい量がバランスしている状態であり，総供給＝総需要で表される。財市場が均衡するような国内総所得は，$Y=a+bY+I$ から決まる。この式を Y について解くと，**財市場均衡所得**は，$Y^{*}=(a+I)\div(1-b)$ で求まる。総需要が総供給と国内総所得を決定する45度線分析のグラフはケインズの交差図と呼ばれる（図8-2）。

　図8-2で，もし所得水準が点 Y_1 であれば，総需要は Y_1 から D までの長さで表され，総供給は Y_1 から S までの長さで表される。つまり総供給（Y）＜総需要（$C+I$）となっている。この場合，S から D までの長さで表される財の超過需要（品不足）が発生する。品不足の状態の時，企業は倉庫に保管している商品（在庫）を出してきて販売する。つまり意図せざるマイナスの在庫投資が起こる。旺盛な買い意欲があるのに対して，企業の生産水準は低いから，在庫が減少していってしまう。このままではいけないと企業は判断し，生産量を

増加させようとする。在庫変動がシグナルの役割を果たしている。需要に応じて企業は生産量を決めるので，財が超過需要であれば企業は増産する。需要が旺盛だから企業は生産拡大を行い，雇用を増やす。総需要が総供給に等しくなる均衡点 E において，企業の生産数量調整は停止して，均衡所得は Y^* となる。

一方，所得水準が Y^* よりも高いのであれば，総供給（Y）＞総需要（$C+I$）である。この場合，財の超過供給（売れ残り）が発生する。商品を生産して労働者に賃金を支払ったのに，商品の代金を回収できない。買い意欲が少ないのに，このままの高い生産水準を続けると，在庫がどんどん蓄積してしまう。つまり意図せざるプラスの在庫投資が発生する。在庫が過大に蓄積してしまうと，多大な在庫管理費用もかかるだろうから，企業は減産に踏み切る。財の超過供給が存在すると，企業は生産量を減少させる。需要が不足するから企業は生産縮小を行い，雇用を減らす。これは失業率を高める。

GDP統計と財市場均衡

経済理論の市場均衡という考え方と GDP 統計の関係を明らかにしておこう。仮に生産技術や生産資源が不足していたりして，図8-2の Y_1 の水準までしか生産できないとする。つまり Y_1 の水準が生産量の上限である。総需要は買いたいという願望であって，所得水準が Y_1 であれば，Y_1 から D までの量を購入しようと計画を立てている。総需要は**計画支出**である。所得水準が Y_1 であれば，Y_1 から S までの量しか生産されないから，Y_1 から D までの量を買いたいという願望（計画）が満たされない。需要者が抱く「もっと生産してほしい」という不満が残り続けるが，経済理論では，この不満が「超過需要」や「市場不均衡」という言葉で表現されている。

一方，生産されただけしか実際には購入することができない。GDP 統計は会計上の恒等式であり，総生産＝総支出＝「Y_1 から S までの長さ」である。たとえ財市場が均衡していなくても，会計上，必ず総生産＝総支出が成立する。よって，45度線で表される総供給は，**現実の支出**を表すのである。GDP 統計

には，買いたいのに買えないという不満は一切表れない。市場が均衡する・しないにかかわらず，生産されて支出された事後的な金額がGDP統計に記載されるだけである。それに対して，経済理論の財市場均衡は，買いたいという願望（計画支出）が現実の支出に一致していることを表している。

貯蓄と投資

総所得－消費は，貯蓄 $S=Y-C$ である。財市場均衡式 $Y=C+I$ を，$Y-C=I$ と書き換える。これは，貯蓄 $S=$ 投資 I である。財市場均衡の裏では貯蓄と投資が均衡している。もし総供給＜総需要ならば，$Y<C+I$ であり，その場合，$S=Y-C<I$ であり，貯蓄＜投資となっている。この旺盛な財需要は，総供給を増加させることになる。総供給の増加は同じだけ総所得を増加させることになり，貯蓄も増加する。投資 I は一定である一方，所得の増大に伴って貯蓄 S は増加していくから，貯蓄＜投資 の不均衡状態は次第に解消されていく。貯蓄と投資が等しくなるところで，総所得 Y が決まるのである。

3　乗数効果

鮎の友釣では，釣りの上手な人は，次々と活きの良い魚を囮にできるので，ますます成果が上がる。一方，釣りの下手な人は，囮の活きが悪くなっていき，ますます釣れなくなる。鮎を所得水準に置き換えれば，経済の好循環や悪循環に妥当する。好景気で所得水準が高まると，ますます消費や投資が活発になって，所得が増加していく。所得の増大（減少）が総需要を高め（下げて），それが所得をさらに増加（減少）させていく累積的過程は**乗数効果**と呼ばれている。

消費財産業への波及効果

限界消費性向が0.8であるとしよう。つまり，所得が1増えると，消費が0.8増加する。投資財産業で新たに10兆円の投資財（例えば鉄鋼）が購入されたとする。この時，経済全体で所得は何兆円増加するだろうか。新投資10兆円の増

第Ⅱ部　マクロ経済学

> **Column ⑯　高橋是清（1854〜1936年）**
>
> 　ヘボン塾（現在の明治学院大学）で学んで英語が堪能であった高橋是清は，イギリスに渡り日本公債を引き受けてもらうよう交渉し，日露戦争のための戦費調達を可能にした。第20代内閣総理大臣でもあった彼は，公債発行による財政政策と乗数効果を唱え，1932年からケインズ的政策に着手した。高橋是清は18歳の頃，大学予備校の教師となるが，芸者遊びを覚える。彼は芸者遊びに関して以下のように述べている。仮にある人が待合へ行って，芸者を招いたり，贅沢な料理を食べたりして2,000円を消費したとする。この使われた金はどのように散らばっていくか。料理代金は料理人等の給料の一部分となり，料理に使われた魚類，肉類，野菜類，調味品等の代価やそれらの運搬並びに商人の稼ぎ料として支払われる。この分は，農業者，漁業者その他の生産業者の懐を潤し，彼らは各自の衣食住などの費用に充てる。芸者代金は，その一部は芸者の手に渡って，食料，納税，衣服，化粧品などに支出される。つまり，今この人が待合へ行くことを止めれば，個人的に2,000円貯蓄するだけである。しかし，待合で2,000円を使ったとすれば，その金は転々として，農，工，商，漁業者等の手に移り，さまざまな産業へ波及し，20倍にも，30倍にもなって働く。

加は，総需要を10兆円増加させる。有効需要の原理より，10兆円の総需要の増大は，総供給を10兆円増加させる。企業は需要に応じて生産量を増加させるのである。生産面から見たGDPは分配面から見たGDP（総所得）につねに等しい。したがって，所得が10兆円増加する。限界消費性向が0.8であるから，所得が10兆円増加すると，消費が8兆円（＝0.8×10）増加する。例えば，鉄鋼業界の人の所得が10兆円増えたので，所得の増えた多くの人々が，旅行で国内の温泉旅館に宿泊したりして8兆円消費するかもしれない。これが，消費財産業への第1次波及効果である。消費財産業で8兆円購入されると，総需要が8兆円増加するので，有効需要の原理より，総供給が8兆円増加する。よって，所得が8兆円増加する。所得が8兆円増加すると，消費が6.4兆円（＝0.8×8）増加する。例えば，温泉や観光業に関わる人々の所得が8兆円増えたので，高級な腕時計や宝石を購入したりして6.4兆円を消費する。これが，消費財産業への第2次波及効果である。消費財産業で6.4兆円購入されると，総需要が6.4兆

第8章 総所得の決定と財政政策

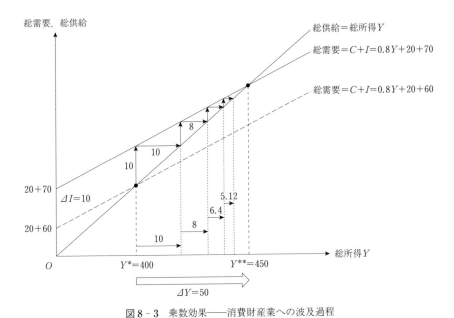

図8-3 乗数効果──消費財産業への波及過程

円増加するので，総供給が6.4兆円増加する。よって，所得が6.4兆円増加する。消費財産業への第3次波及効果によって，所得は$0.8 \times 6.4 = 5.12$兆円増加する。当初の投資財産業での需要増による所得の増分（直接的効果）と，消費財産業への波及効果による所得の増分を総計すると，経済全体で所得がどれだけ増加するかが分かる。以下では，変数の変化分をΔ（デルタ）で表すことにする。国内総所得の増分（ΔY）は，

$$10 + 0.8 + 6.4 + 5.12 + \cdots$$
$$= 10 + 0.8 \times 10 + (0.8)(0.8) \times 10 + (0.8)(0.8)(0.8) \times 10 + \cdots$$
$$= 10 \div (1 - 0.8) = 50$$

となる。ここで，等比級数の計算法を使用している。図8-3を見て，消費財産業への波及過程を把握してもらいたい。

第Ⅱ部　マクロ経済学

乗数効果——等比級数を使わずに求める方法

　乗数効果の議論を財市場均衡から再考しよう。消費関数は $C=0.8Y+20$ であるとする。当初の投資 I は60であるとする。財市場均衡では，$Y=C+I$ であるから，$Y=0.8Y+20+60$ が成立し，当初の財市場均衡所得は，$Y^{*}=(20+60)\div(1-0.8)=400$ である。さて新しく投資が10増加すると，投資需要の総額は，当初の投資60に新投資10を足して，70となる。新投資10増加後の財市場均衡では，$Y=0.8Y+20+70$ が成立する。新投資10増加後の財市場均衡所得は，$Y^{**}=(20+70)\div(1-0.8)=450$ である。新投資10増加後の財市場均衡所得から当初の財市場均衡所得を引いてみよう。

$$\begin{aligned}\Delta Y = Y^{**}-Y^{*} &= (20+70)\div(1-0.8)-(20+60)\div(1-0.8)\\ &= 10\div(1-0.8)=50\end{aligned}$$

　新投資10増加によって，財市場均衡所得が50増加することが分かる。投資の増分を $\Delta I=10$ で表すと，所得の増分は $\Delta Y=\Delta I\div(1-0.8)=50$ となる。$1\div(1-$ 限界消費性向$)$ を**投資乗数**と呼ぶ。投資の増大による所得の増加分は，投資乗数に投資の増分 ΔI を掛けることで求めることができる。限界消費性向が高いほど投資乗数も大きくなり，乗数効果が強く作用する。

4　財政政策

政府を経済モデルに導入

　ケインズは『一般理論』で，「大蔵省が，古い瓶に紙幣を一杯入れ，廃坑となった炭坑の底深く埋め，町のゴミ屑で地表まで埋めつくしておき，私企業に，紙幣を再び掘り起こさせることをすれば，失業問題は解消され，実質所得は増大し，富も蓄積するだろう。住宅投資をする方がもっと理にかなっている。穴掘りは何もしないよりましである」と述べている。政府支出増大や減税などによって総需要を増大させる政策を拡張的財政政策と呼ぶが，このような財政政策は所得をどれだけ増やすだろうか。租税を T で，政府支出を G で表す。家

計は所得 Y から，政府に税金 T を支払い，財・サービスを購入し（消費 C），残りの $Y-T-C$ だけの民間貯蓄を行う。政府は税金 T を徴収し，財・サービスを購入する（政府支出 G）。税収が政府支出よりも多い，つまり $T-G>0$ ならば，政府も貯蓄を行い，公共貯蓄はプラスである。一方，$T-G<0$ ならば，不足する財源は国債発行などで賄う。$T=G$ のケースは**均衡財政**と呼ばれる。

財市場均衡は，財の供給と需要が等しい，つまり $Y=C+I+G$ で表される。財市場均衡式を $Y-C-G=I$ と変形してみよう。左辺の $Y-C-G$ は，民間貯蓄 $Y-T-C$ と公共貯蓄 $T-G$ の合計であり，総貯蓄である。財市場均衡の裏では，総貯蓄と投資が均衡しているのである。

消費関数

所得から税を支払った後の家計が自由に使える所得は**可処分所得**と呼ばれ，$Y-T$ で表される。経済全体で，可処分所得の一定割合（限界消費性向 b）を消費すると考えよう。つまり，消費関数は，$C=a+b(Y-T)$ となる。

総需要

投資 I は一定であると仮定する。税金 T も政府支出 G も外生変数（所与の変数）であるとする。つまり，当初は一定としておき，政策効果を分析する際に，外生変数を変化させるのである。総需要は，消費需要 C と投資需要 I と政府支出 G の合計であるから，総需要 $=C+I+G=b(Y-T)+a+I+G$ となる。一方，総供給＝総所得（Y）がつねに成立する。財市場均衡条件は，$Y=C+I+G$ である。つまり，$Y=b(Y-T)+a+I+G$ が成立している時に，総供給と総需要が一致する。財市場均衡所得は $Y^*=(a+I+G-bT)\div(1-b)$ である。

政府支出増大の効果 1 ──政府支出乗数

財政政策が所得に及ぼす影響を考えよう。当初，政府支出が G であるとす

第Ⅱ部 マクロ経済学

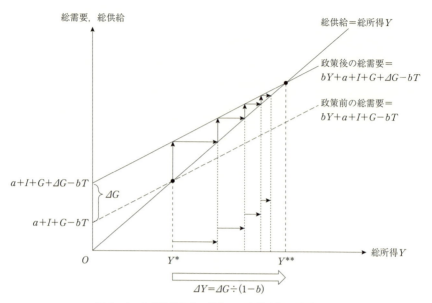

図8-4 政府が存在する場合の45度線分析と乗数効果

る。政府が，ΔG だけ政府支出を増加させて，財政政策後の政府支出を $G+\Delta G$ にしたとする。ここで，ΔG は，政府支出の増分を表す。当初，財市場均衡は $Y^*=(a+I+G-bT)\div(1-b)$ である。一方，財政政策後の財市場均衡は，$Y=C+I+G+\Delta G$ であるから，$Y=b(Y-T)+a+I+G+\Delta G$ を Y について解いて，政策後の財市場均衡所得は $Y^{**}=(a+I+G+\Delta G-bT)\div(1-b)$ である。政策後の財市場均衡所得 Y^{**} から政策前の財市場均衡所得 Y^* を引いてみよう。この差は，政府支出増大による所得の増加分であり，$\Delta Y=Y^{**}-Y^*=\Delta G\div(1-b)$ と分かる（図8-4を参照）。ここで，$1\div(1-b)$ は，**政府支出乗数**と呼ばれるが，これは先に見た投資乗数と同じである。つまり，投資需要を10兆円増やすのと，政府支出を10兆円増やすのは，所得に対して同じ効果を持つ。政府支出乗数に政府支出の増分 ΔG を掛けることで，総所得の増分 ΔY が求まる。

第8章 総所得の決定と財政政策

Column ⑰ 乗数を簡単に求める方法

政策後の均衡所得から政策前の均衡所得を引くことによって乗数効果による所得の増加分を求めることができた。ここでは乗数を求めるもっと簡便な方法を紹介する。財市場の均衡式 $Y=C+I+G$ は，消費関数を使って $Y=a+b(Y-T)+I+G$ と表すことができる。ここで，財市場均衡式において，政策等によって変化する変数には Δ（デルタ）をつけ，変化しない変数は無視するのである。

［例1］増税して，政府支出を増加させる場合を考えよう。この場合，変化する税 T と政府支出 G と政策によって結果的に変化する所得 Y には Δ をつけ，政策前から全く変化しない基礎消費 a と投資 I は無視するのである。この方法により，$\Delta Y=b(\Delta Y-\Delta T)+\Delta G$ という式を得る。そして，この式を ΔY について解いてみよう。$\Delta Y-b\Delta Y=\Delta G-b\Delta T$ となるから，左辺を ΔY でくくって $(1-b)\Delta Y=\Delta G-b\Delta T$ となり，この両辺を $(1-b)$ で割ってやれば，租税と政府支出が変更になる場合の乗数効果による所得の増加分 $\Delta Y=(\Delta G-b\Delta T)\div(1-b)$ が容易に求まるのである。政府支出を変化させないで，税だけ変更する場合は，$\Delta G=0$ とすればよいから，税変化による所得の変化分は $\Delta Y=-b\Delta T\div(1-b)$ となる。ここで，$-b\div(1-b)$ は**租税乗数**と呼ばれる。

［例2］一括税ではなく，所得が高まると税も増えるような**累進所得税**のケースにおいて，政府支出増大政策の効果を考えよう。税 T は所得 Y に比例するとし $T=\tau Y$ であるとする。パラメーター τ は税率であり一定と仮定する。消費関数は $C=a+b(Y-T)=a+b(Y-\tau Y)=a+b(1-\tau)Y$ となる。財市場の均衡式 $Y=C+I+G$ は，消費関数を使うと $Y=a+b(1-\tau)Y+I+G$ と表すことができる。変化する政府支出 G と所得 Y には Δ をつけ，それ以外の変数は政策前後で変化しないから無視する。この方法により，$\Delta Y=b(1-\tau)\Delta Y+\Delta G$ という式を得る。この式を ΔY について解こう。$\{1-b(1-\tau)\}\Delta Y=\Delta G$ となるから，両辺を $\{1-b(1-\tau)\}$ で割ってやれば，累進所得税のケースにおいて政府支出が変化する場合の乗数効果による所得の増加分 $\Delta Y=\Delta G\div\{1-b(1-\tau)\}$ が求まる。累進所得税率 τ の存在は，実効的な限界消費性向 $b(1-\tau)$ を低下させるように作用し，消費需要が減少するから，一括税のケースに比べて乗数効果は弱まるのである。

政府支出増大の効果 2 ──均衡予算乗数

次に,財政を均衡させながら,増税を行った分だけ,政府支出を増加させるケースを考えよう。当初は,税金が T であるが,ΔT だけの増税を行って,増税後の税支払いは,$T+\Delta T$ となる。増税後の消費は,$C'=b(Y-T-\Delta T)+a$ となることに注意しよう。一方,当初,政府支出が G であるが,ΔG だけ政府支出を増加させて,財政政策後の政府支出を $G+\Delta G$ にしたとする。当初の財市場均衡所得が,$Y'=(a+I+G-bT)\div(1-b)$ であるとする。一方,財政政策後の財市場均衡は,$Y=C'+I+G+\Delta G$ であるから,$Y=b(Y-T-\Delta T)+a+I+G+\Delta G$ を Y について解いて,政策後の財市場均衡所得は,$Y''=(a+I+G+\Delta G-bT-b\Delta T)\div(1-b)$ となる。さて,政策後の財市場均衡所得 Y'' から,政策前の財市場均衡所得 Y' を引いてみよう。この差 $Y''-Y'$ は,財政政策による所得の増加分を表しており,$\Delta Y=Y''-Y'=(a+I+G+\Delta G-bT-b\Delta T)\div(1-b)-(a+I+G-bT)\div(1-b)=(\Delta G-b\Delta T)\div(1-b)$ であると分かる。さらにここでは,増税を行った分だけ政府支出を増加させるという,均衡財政を維持する政策を考えているから,$\Delta T=\Delta G$ である。よって,増税分だけ政府支出を増やす政策による所得の増加分は $\Delta Y=Y''-Y'=(\Delta G-b\Delta G)\div(1-b)=(1-b)\Delta G\div(1-b)=\Delta G$ となる。したがって,**均衡予算乗数**($\Delta Y/\Delta G$)は 1 である。政府支出の増分がそのまま所得の増分となる。

積極財政 vs. 財政再建

増税をせずに政府支出を増やす財政政策の場合,政府支出乗数は $1\div(1-b)$ であった。乗数効果は強く作用するが,財政赤字になる可能性が高い。財源が不足するので,政府は国債を発行して借金することになる。社会的要因によって限界消費性向が低いならば,政府支出乗数も小さくなり,乗数効果は弱まる。一方,均衡財政を保つように増税分を支出する財政政策の場合,均衡予算乗数は 1 となって乗数効果は弱まるが,健全な財政を維持できる。均衡予算乗数は限界消費性向にも依存しない。経済が深刻な不況に陥っている時,そして,景

気回復が望まれる時,乗数効果が強く作用するような有効な財政政策は実施すべきである。一方,乗数効果が弱い無駄な公共事業は,財政を悪化させる。

財政再建と基礎的財政収支(プライマリーバランス)

2015年度末において日本政府の国及び地方の債務発行残高は1,000兆円超であり,債務残高の名目GDPに対する比率は,200%以上であり世界一である。このまま日本政府の借金が膨張していけば,将来世代に大きなツケを残す。国債発行残高(ストック)をB,名目利子率をiで表すと,政府の予算制約は,

新規国債発行増分(ΔB)=政府支出(G)+国債利払い(iB)-税収(T)

となる。支出を税収で賄えない分を,新たに国債発行(つまり借金)するのである。次章で詳しく学ぶが,名目利子率(i)は,利子を貨幣単位で表したものであり,インフレ(物価上昇)の影響を除去していない利子率のことである。さて,歳入-歳出(国債利払いを除く)は,**基礎的財政収支(プライマリーバランス)** と呼ばれ,ここでは,税収(T)-政府支出(G)で表される。日本は1993年から2016年現在まで基礎的財政収支は一貫して赤字($T<G$)である。もし仮に基礎的財政収支が均衡($G=T$)していても,国債利払い分だけ新たに国債を発行することになる。つまり,$G=T$ならば,新規国債発行増分(ΔB)=国債利払い(iB)となるから,国債残高が増殖するスピードは名目利子率($\Delta B/B=i$)である。一方,名目GDPが増加するスピードは,名目GDP成長率である。よって,基礎的財政収支が均衡($G=T$)しているもとでは,国債残高の名目GDPに対する比率は,名目利子率=名目GDP成長率である限り,不変に保たれる。つまり,国債残高÷名目GDPの分子と分母が同じスピードで増えていくので,国債残高の名目GDPに対する比率は変わらない。以上から推論すると,国債残高の名目GDPに対する比率を低下させていくためには,

[条件1]基礎的財政収支(プライマリーバランス)を黒字化($T>G$)
[条件2]名目利子率よりも名目GDP成長率が高い

第Ⅱ部　マクロ経済学

という2つの条件が必要となる。これらが財政再建のための必要条件である。

アベノミクス

さまざまな経済政策の組み合わせをポリシーミクスと呼ぶ。安倍晋三（第96～97代）内閣総理大臣が2013年から2017年現在まで実施しているポリシーミクスはアベノミクスと呼ばれる。アベノミクスの1本目の矢は大胆な金融緩和政策であるが、これは利子率を低位に安定させて、投資需要に刺激を与え（第10章で学ぶ）、また、為替レートを減価させて純輸出を増加させる（第11章で学ぶ）ことによって、総需要を押し上げる政策であり、景気浮揚効果が期待されている。それだけでなく、低金利政策は、財政再建のための［条件2］を満足させるためでもある。2本目の矢は機動的な財政出動であり、本章で学んだ財政政策による乗数効果を通じて総需要を押し上げる。即効性のある形で需要を創出して景気を刺激する効果を持つと期待されている。3本目の矢は民間投資を喚起する成長戦略であり、生産力を高める供給重視の政策である（第12章で学ぶ）。2015年の新アベノミクスでは、名目GDP成長率を高めて、名目GDP 600兆円達成を目標としているが、これは［条件2］を満足させるためでもある。所得が増えれば税収も増えるので［条件1］の達成をも目指している。

5　合成の誤謬

各個人の最適な行動が、必ずしもマクロ経済全体にとって最良の結果をもたらさないということは、合成の誤謬（ごびゅう）と呼ばれる。高橋是清は『随想録』で、「1年間で5万円の消費支出をする余力のある人が、2万円貯蓄して1年間3万円の消費を行えば、その人の蓄財は毎年増加していくので個人にとって望ましい。しかし、経済全体で見ると、2万円の節約によって、財の需要が減少し、生産された財が売れなくなる。よって、マクロ経済の観点では、5万円の消費生活をする余裕のある人には、それだけの生活をしてもらった方がよい」と述べている。つまり、個人にとって貯蓄は美徳であるかもしれないが、皆が貯蓄

すれば総消費が低迷して，総需要が減少し，総所得が少なくなってしまう。この**節約のパラドックス**は合成の誤謬の一例である。次に，合成の誤謬について説明するために，ベビーシッター共同組合の話を取り上げよう。

ベビーシッター券

　ベビーシッターとは，子どもの面倒を見る人のことである。自分の子どもは，信頼のおける人に面倒を見てもらいたい。専門的な職業（弁護士や官僚など）に就く子持ちの若い共働きの夫婦が，互いの子どもを世話し合うベビーシッター共同組合を設立した。この共同組合に加入すれば，自分が出張や大切な仕事やパーティーなどで自分の子どもの面倒を見ることができない場合，ベビーシッターを依頼できる。また，自分がベビーシッターとなって，他人の子どもの世話をできる。この組合は，ベビーシッター券を発行した。自分が他人の家を訪問して，他人の子どもの面倒を1時間見れば，ベビーシッター券を1枚受け取れる。一方，自分の子どもの面倒を1時間見てもらうならば，ベビーシッター券を1枚支払う。

ベビーシッターの需要不足

　急に出張命令が下されるかもしれず，自分たちがいつベビーシッターを必要とするか，また，いつ他人の子どもの世話をしてあげられるかは，正確に予想できない。そのため，どの夫婦も，早い段階で，他人のためにベビーシッターをして，ベビーシッター券を貯めておきたい。多くの組合員がベビーシッター券を貯めようとして他人の子どもの世話をしたがり，自分の子どもの面倒を見てくれるベビーシッターを依頼する人が少ないという問題が発生することになった。つまり，自分の子どもの世話をしてくれるベビーシッターを依頼する人が少ない一方で，他人のためにベビーシッターをしたいという人が多い。ベビーシッターの超過供給が発生したのである。他人のためにベビーシッターのサービスを提供したくても，依頼がなければ，ベビーシッターをしに行くことはできない。ベビーシッターの需要量が少ないため，ベビーシッターの供給量も

少なくなるのである。どの加入者もベビーシッター券を**予備的貯蓄**し、ベビーシッター券の流通量は少なくなった。

　ベビーシッター提供の機会は、他の夫妻が（子どもを家に残して）外出することによって初めて生じる。皆が外出を控え、ベビーシッター券を使わなくなると、全体としてベビーシッター券を得る機会が減少し、ますます外出しなくなる。ベビーシッター券を多めに確保するまでは、外出したくないのだが、他の誰もが外出しようとしないため、ベビーシッター券を貯めることができない状態に陥ってしまった。ベビーシッターの需要不足により、ベビーシッター共同組合は不況となったのである。皆が外出しないから自分も外出しないという「協調の失敗」と呼ばれる現象が起こった。個人（ミクロの単位）にとっては、ベビーシッター券の予備的貯蓄は望ましいのかもしれない。しかし、組合全体（マクロの単位）では、ベビーシッター券の流通量の減少、ベビーシッター依頼の減少（需要不足）が発生し、不況となる。合成の誤謬が発生している。

需要不足解消のための経済政策

　このベビーシッターの需要不足をどうやって解消すべきか。ベビーシッター共同組合が、ベビーシッター券の供給量を増加させた。ベビーシッター券を組合員に多めに配布したのである。結果的に、ベビーシッター券を使用して外出できるようになった。ベビーシッターを依頼する人が増加して、ベビーシッターの需要が高まった。需要が高まれば、それに応じて、供給も増える。ベビーシッターサービス提供の機会が増加して、いつでもベビーシッター券を獲得できるという安心感から、多くの夫妻はますます外出するようになったのである。ベビーシッター券の発行が、協調の失敗を解消させた。ベビーシッターを依頼する人が増加するような政策、つまり需要を創出する政策が、ベビーシッター共同組合を活性化させる。クルーグマンの『経済政策を売り歩く人々』で紹介された共同組合の話は、需要不足によって不況に陥った経済を、ベビーシッター券の発行などによる需要増大政策によって立ち直らせることができるという、ケインズの考えを描写したものである。

第8章 総所得の決定と財政政策

6 政策的処方箋としてのマクロ経済学

　本章では，財市場の均衡に着目して，総所得決定のメカニズム，経済理論における市場均衡の考え方とGDP統計の違い，乗数効果について学んだ。税を増やさずに拡張的財政政策をする場合と，均衡財政を維持したまま拡張的財政政策をする場合では，乗数効果は異なる。また，一括税のケースと累進所得税のケースとで拡張的財政政策の乗数効果は異なる。総需要を創出する景気対策は重要であるが，財政再建も視野に入れておかなければならない。債務発行残高の名目GDP比率を低下させるためには，基礎的財政収支（プライマリーバランス）の黒字化と，名目利子率よりも名目GDP成長率が高いことが必要条件である。本章では，さらに合成の誤謬について学んだ。ミクロの視点で最適であっても，マクロの視点で望ましくないことが起こる場合に，政府が重要な役割を果たす余地がある。本章では，投資は一定であると単純に仮定していたので，投資がモデルの内部で変化するメカニズムは組み込まれていない。景気の変動を引き起こす主要因は，消費よりも不安定な動きをする投資である。利子率や企業家の期待など，投資の決定要因について考えることが重要である。

参考文献
ジョン・メイナード・ケインズ，間宮陽介訳『雇用，利子および貨幣の一般理論』上下，岩波文庫，2008年。
　＊初版は1936年。当時の経済学に革命を引き起こした。
高橋是清・上塚司『随想録』本の森，1999年。
　＊日本のケインズと呼ばれる高橋是清による回顧。本章の乗数効果に関する *Column* で取り上げた。

今後の学習のための本
伊東光晴『ケインズ——"新しい経済学"の誕生』岩波新書，1962年。
　＊ケインズという人物とケインズ経済学について知ることができる名著。
ポール・クルーグマン，伊藤隆敏監訳，北村行伸・妹尾美起訳『経済政策を売り歩

く人々』日本経済新聞社，1995年。
  ＊クルーグマン教授は2008年にノーベル経済学賞を受賞したケインズ派の国際経済学者で有名なコラムニスト。

ヌリエル・ルービニ／スティーヴン・ミーム，山岡洋一・北川知子訳『大いなる不安定』ダイヤモンド社，2010年。
  ＊世界金融危機とその対処法に関してケインズ的立場から言及している。

グレゴリー・マンキュー，足立英之・地主敏樹・中谷武・柳川隆訳『マンキュー マクロ経済学1　入門編』『マンキュー マクロ経済学2　応用編』東洋経済新報社，2011年。
  ＊しっかりとマクロ経済学を学びたい人向けの，世界的にベストセラーのテキスト。

練習問題

問題1
消費関数が $C=0.8Y+20$ であるとする。C は消費，Y は国内総所得を表す。投資 I が100で一定である場合，財市場均衡所得はいくらか。

問題2
限界消費性向が0.75であるとする。20兆円増税し，政府支出を30兆円増加させたら，所得はどれだけ変化するだろうか。

問題3
10兆円増税して，その税収増を財源として政府支出を増加させるならば，財市場均衡所得はいくら増えるだろうか（問題文に限界消費性向が明記されていないが解答可能である）。

（室　和伸）

第9章
貨幣と物価

本章のねらい

金融は「経済の血液」と言われるように，金融システムがうまく機能しなければ，経済は停滞してしまう。金融とは貨幣を必要としている人に貨幣を渡す仕組みのことであるが，本章では初めに貨幣とは何かについて学習し，その後，金融の具体的な仕組みについて学んでいく。財・サービスの価格に相当するものが金融においては金利であり，名目金利と実質金利の違いを理解することが大切である。第7章で学んだように物価水準は私たちの生活にとって重要であるが，物価は貨幣と密接な関係にあることを学んでいこう。

---

1 貨幣の機能と定義

貨幣の機能

お金とは何かと聞いて思い浮かべるものは，おそらく財布の中に入っている紙幣（お札）や硬貨（コイン）ではないだろうか。しかし，経済学で言うところのお金とはそれだけではない。経済学ではお金のことを貨幣と呼び，貨幣には3つの機能があると考える。

① 支払い手段（**交換機能**）：貨幣と交換に欲しい財やサービスを手に入れることができる機能のことである。例えばレストランで食事をする時には，あなたの持っている貨幣をレストランに支払うことで，レストランはあなたに食事を提供してくれる。

② 価値の基準（**価値尺度機能**）：世の中にはさまざまな財・サービスが存

在するが，例えばりんごが1つ100円というのは，りんご1つは貨幣で測ると100単位分であるということである。アルバイトの時給が1,000円であれば，それは貨幣1,000単位分であり，1つ100円のりんご10個と同じ価値であるということになる。

③ 購買力の将来への移転(**価値貯蔵機能**)：貨幣は財・サービスとの交換機能を将来に持ち越すことができる。例えば，漁師はとった魚を売って生活しているが，魚は数日間で腐ってしまうので，このままでは漁師は財産を蓄積することができない。そこで漁師はとった魚を売ることで貨幣を手に入れる。貨幣であれば1カ月後に価値がゼロになってしまうことはないので，1カ月後に漁船の燃料を買うこともできるし，もっとたくさん貨幣を貯めて最新の漁船を買うこともできる。

以上の3つの機能を持つものが貨幣である。

貨幣の歴史

かつては金や銀といった貴金属が貨幣として用いられていた。金や銀は装飾品や食器として用いられるなど，それ自身が商品としての価値を持つので商品貨幣と呼ばれる。これら金や銀を取引に用いやすいように重量や品質を一定にして鋳造したものが鋳造貨幣である。しかしながら鋳造貨幣は金属であるので，重たくてかさばることもあり，特に高額の取引に際しては非常に不便である。この不便を解消したのが兌換紙幣と呼ばれる紙のお金である。兌換とは交換可能ということであり，金や銀(**本位貨幣**あるいは**正貨**と言い，金を本位貨幣として使用する貨幣制度を**金本位制度**と呼ぶ)との交換を保証した，いわば引換証のようなものを貨幣として用いたのである。しかしながら鋳造貨幣にしろ兌換紙幣にしろ，発行するには一定量の正貨が必要となるため，正貨の保有残高によって発行が制限されてしまうことになる。経済が成長するにつれて多くの財が取引されるようになるが，正貨の供給が経済成長に伴う取引の増大に追いつかなければ，取引に必要な貨幣が不足し，経済活動が停滞するという状態に陥ってし

第❾章　貨幣と物価

── Column ⑱　荻原重秀（1658〜1713年）───────

　元禄年間に勘定吟味役として活躍した荻原重秀は，政府の歳入確保のためにさまざまな政策を行ったが，特筆すべきは（金の含有量を減らした）貨幣改鋳である。日本史を学習した人であれば，度重なる貨幣改鋳により米価が高騰して経済の混乱を招いたと記憶しているかもしれない。しかしながら，近年の研究により，米価高騰の主原因は冷害や地震などの天災であるとされ，重秀の貨幣改鋳はそれほど大きな影響を与えなかったとされている。

　重秀は貨幣改鋳後に金の含有量が減ったことについて非難された際に，貨幣というのは信用さえあれば何でもいいので金の含有量は問題ではないと答えたという。江戸時代は金や銀などの金属貨幣を用いていた時代であり，実際に今のような不換紙幣が登場するのは明治になってからである。ヨーロッパに目を転じても初めて不換紙幣が発行されたのは19世紀後半のことなので，それよりも約200年も前の17世紀の日本で，貨幣にとって一番大切なものは信用であるとの信念を持って政策を行っていた人物がいたことは特筆に値する。詳しくは村井（2007）を参照のこと。

まう。言い換えれば貨幣量の不足により，経済成長が阻害されてしまうことになる。そこで登場したのが，現在の紙幣のように金や銀と兌換できない**不換紙幣**である。不換紙幣は発行元の信用をもとに流通するので，信用がある限り金や銀などの正貨の量と関係なく発行できるが，その発行に当たっては，貨幣の価値を維持するように発行量を管理する必要があることから，このような貨幣制度を**管理通貨制度**と呼ぶ。

貨幣の定義

　上で述べた3つの機能を果たすものが経済における貨幣であるが，現実の経済にはどれだけの貨幣が出回っているのだろうか。初めに思いつくのが紙幣であろう。紙幣は正しくは日本銀行券と言い，法律で無制限に通用することが保証されている。紙幣以外に硬貨も貨幣の3つの機能を満たしていることから貨幣である。しかしながら硬貨の場合，紙幣とは異なり法律によって「額面価格の二十倍まで」通用するとされている。これは，硬貨はもともと少額の取引に

用いることを念頭に，本位貨幣に対して補助的な役割を果たすための補助貨幣として発行されていた名残である。ただし21枚以上は支払いに使えないということではなく，売り手が受け取りを拒否できるということであり，売り手が受け取りを承認すれば支払い手段として機能することは言うまでもない。これら紙幣と硬貨を合わせたものは**現金通貨**と呼ばれる。

　しかしながら，現金通貨以外にも貨幣は存在する。それが**預金通貨**と呼ばれるものである。電気代，ガス代，水道代などの公共料金やスマートフォンの利用代金などを，銀行の普通預金口座を通じて支払っている人は多いのではないだろうか。これはサービスの利用代金を銀行の預金で支払っているということに他ならない。実際，企業同士の取引の場合，10億円や100億円といった高額取引も多く，それを現金でやり取りするのは，紙幣の最高額面が1万円である現状では非常に非効率的であり，銀行振り込みという形で代金を支払うのが一般的である。すなわち銀行の預金は貨幣の機能の1つである支払い手段としての機能を持っているということである。残りの2つの機能について考えてみると，預金も現金と同じように「円」という単位を用いており，価値の基準として機能していることが分かる。また価値の貯蔵についても銀行が経営破綻しない限り保証される。つまり銀行の預金も先ほど述べた貨幣の3つの機能を持っていることから，現金同様に貨幣であるということになる。

　また定期預金についても解約すれば簡単に現金通貨や普通預金に換えられるという意味で**準通貨**と呼ばれる。通常の定期預金は満期前に解約はできても他人に譲り渡すことはできない。一方で満期前に解約はできないが他人に譲渡することができる譲渡性預金というものが存在し，主に企業間の決済において使用されている。決済に使用されるということは，貨幣の機能を持っているため，これも貨幣なのである。

マネーストック

　では経済にはどのくらいの貨幣が流通しているのだろうか。それを測るのがマネタリーベースや**マネーストック**と呼ばれるデータであり，日本銀行によっ

表9-1 マネタリーベースとマネーストック残高（2015年12月）

種類	金額	比率(%)
現金通貨	90兆7,910億円	7.3
預金通貨	540兆6,499億円	43.6
準通貨	568兆9,392億円	45.9
譲渡性預金	39兆1,927億円	3.2
マネーストック合計	1,239兆5,728億円	100
マネタリーベース	346兆3,793億円	

（出所）日本銀行。

て毎月発表される。マネタリーベースは現金通貨と各銀行が日本銀行に預けている預金残高とを合計したものである。一方のマネーストックは現金通貨，預金通貨，準通貨，譲渡性預金の合計である。マネタリーベースは日本銀行が供給する通貨の量であるのに対し，マネーストックは経済全体に存在する通貨の量である。表9-1は2015年12月のマネタリーベースの残高とマネーストックの内訳である。この表から経済に流通している貨幣としては，現金通貨に比べて預金通貨や準通貨が圧倒的に多いことが分かる。

2　金融と金融仲介機関

金融の必要性

　貨幣は財・サービスの購入に必要なものであるが，必ずしも貨幣を必要とする人が必要なだけの貨幣を保有しているとは限らない。逆に当面使う必要のない貨幣を保有している人もいる。もし貨幣の貸し借りができれば両者にとって望ましい状態を達成することができる。すなわち，貨幣を余分に保有している人が貨幣を必要としている人に，その保有している貨幣を融通することが可能になれば，より望ましい世の中になるのである。これが金融と呼ばれる制度である。

　新しい薬を創るということを考えよう。新薬の開発にはさまざまな知識と莫

大な資金が必要である。もし金融という制度が存在しなければ，知識がありかつ資金を持っている人のみが新薬の開発を行うことができることになる。残念ながら現実にはそのような人はほとんど存在しないだろう。しかしながら知識はあるが資金を持っていない人はそれなりにいるであろうし，資金はあるが知識がないという人はかなりいるであろう。この時，後者の人々が持っている資金を用いて，前者の人々が新薬の開発を行えば，新たな薬が創出される可能性が高まる。言い換えれば金融という制度が存在することによって，よりよい社会が実現されることになる。

債券と株式

　上で述べたように，貨幣を余分に持っている人（資金余剰主体）が貨幣を必要としている人（資金不足主体）に，貨幣を融通することが金融である。具体的には資金不足主体は債券や株式などを発行し，それを資金余剰主体に渡すことで貨幣を調達する。

　債券とは借用証書のことであり，一般的にはいくら借りたか（額面），いつまで借りるのか（満期），そして借り入れの対価（金利あるいは利息）が記されている。債券を発行して資金調達をした場合は，一定期間ごとに債券を持っている人に対し金利を支払い，満期が到来すればその調達した資金を返済しなければならない。

　株式とは会社の所有権を細分化したものであり，株式を発行して資金調達を行う企業が株式会社である。株式を保有している人は株主と呼ばれる。株式で調達した資金は返す必要はないが，利益に応じてその一部を配当という形で株主に支払うのが一般的である。

　資金余剰主体としては，例えばトヨタ自動車が発行する債券を購入すれば，トヨタ自動車が倒産しない限り一定期間ごとに金利を受け取ることができるし，満期になれば貸した資金がきちんと返済される。一方で株式の場合は，債券とは異なり満期が存在しないので，他人にその株式を譲渡することで，資金を回収することになる。トヨタ自動車のように利益をきちんと上げている会社の場

第9章　貨幣と物価

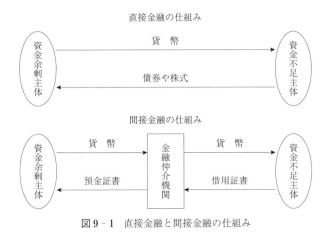

図9-1　直接金融と間接金融の仕組み

合，支払われる配当金もそれに応じて高くなるので，多くの人がトヨタ自動車の株式を欲しがるため，すなわち需要が増えるために株式の価格（株価）が高くなり，購入した価格よりも高い価格で売ることができる。つまり株式購入のために費やした資金よりも多くの資金を回収できることもある。逆に全く利益が上がらない会社の場合，配当金が支払われず，最悪の場合倒産してしまうかもしれず，資金が全く回収できないということもありうる。

直接金融と間接金融

　金融には大きく分けて2通りの方法が存在する。友人同士の貸し借りのように，資金不足主体（借り手）と資金余剰主体（貸し手）とが直接やり取りをするのが**直接金融**と呼ばれる仕組みである。直接金融においては資金不足主体が株式や借用証書を発行し，それを資金余剰主体に渡すことで貨幣を受け取る。それに対し資金不足主体と資金余剰主体との間に金融仲介機関が入り，資金のやり取りを行うのが**間接金融**である。間接金融においては，金融仲介機関が資金余剰主体から預金という形で貨幣を預かり，その預かった貨幣を資金不足主体に貸し出す（図9-1参照）。

　仮に間接金融において資金不足主体が資金を返せなくなった場合，金融仲介

181

機関が損をすることになり，金融仲介機関が倒産しない限り資金余剰主体が損をすることはない。そのため，借り手が資金をきちんと返してくれるかどうかを，直接金融においては資金余剰主体自身が，間接金融においては金融仲介機関がきちんと見極める必要がある。

情報の非対称性

実際問題として，直接金融で資金調達を行うのはなかなか難しい。日頃付き合いのある友人同士ならば，お互いがどのような人であるのかが分かっているので，貸す側は貸してもいいかどうか判断することができる。しかしながら，現実経済においては資金不足主体と資金余剰主体とがお互いをよく知っているということはそうあることではない。つまり第6章で説明した**情報の非対称性**が資金余剰主体と資金不足主体との間に存在する。

金融における情報の非対称性とは，分かりやすく言えば，貸し手は借り手のことがよく分からないということである。例えば，借り手は借りた資金を持ち逃げするかもしれないし，あるいは借りた資金でギャンブルをするかもしれない。そうなれば貸し手は資金を回収することが難しくなる。このような借り手の勝手な行動，すなわち貸し手にとって不利になる行動は，金融における**モラルハザード**と言う。モラルハザードという用語はもともと保険用語であり，倫理観や責任感が欠如した状態のことを指す。例えば保険に加入していなければ病気やけがにならないように細心の注意を払うが，保険に加入している場合は病気になったとしても保険金が支払われるので，病気やけがに対する注意力を怠りがちになるというような状態のことを指す。資金貸借においては借り手のモラルハザードを防止できないと，貸し手としては貸した資金をきちんと回収できるかどうかが分からないので，資金を貸すことが難しくなる。逆に資金不足主体としても，自分が実際に真面目であり，借りた資金はきちんと返済する意思がある，言い換えればモラルハザードを起こさないということを資金余剰主体に分からせることができなければ，残念ながら資金調達はできない。つまり，情報の非対称性があることで，資金調達がスムーズに行われないというこ

とになる。そのため、直接金融で資金調達ができるのは非常に信用力のある一部の資金不足主体（大企業など）に限られることになる。

情報の非対称性の緩和

金融がうまく機能するためには、情報の非対称性に伴う問題を解消することが必要であるが、例えば担保を用いることでこの問題を解消できる。担保というのは、借り手が借りた資金を返済できなくなった場合に備えて、貸し手に提供する財産のことである。資金貸借の担保としては土地などの不動産がよく用いられる。例えば土地を担保にして資金貸借を行い、借り手が借りた資金を返せなくなった場合、貸し手はその土地を売却して貸した資金を回収することができる。借り手としては資金が返せなくなった場合には土地をとられてしまうので、そうならないようにまじめに働いて借りた資金を返そうとするだろう。つまり担保をとることで借り手のモラルハザードを防ぐことが可能になる。

金融仲介機関の役割

しかしながら情報の非対称性が緩和されたとしても、資金余剰主体と資金不足主体との間で、資金に対するニーズが一致しない場合、直接金融で資金調達はできない。例えば資金余剰主体は1億円を1年間だけ貸し出したいと考えているが、資金不足主体は1億円を3年間借りたいと考えている場合、1億円という供給と1億円という需要があったとしても貸し借りは行われないことになる。

銀行や保険会社などの金融仲介機関が資金不足主体と資金余剰主体の間に入ることで、これらの問題を解決することが可能になる。金融仲介機関は資金不足主体の信用情報（過去の返済履歴）や資金の使途などをいろいろと調べることで、借り手の情報生産を行う。さらに借り手の行動を監視（モニタリング）することで借り手のモラルハザードを防ぐこともできる。金融仲介機関によるこれらの行動の結果、情報の非対称性を緩和することが可能になる。

それに加え金融仲介機関は**資産変換**機能を有している。ここで言う資産変換

とは，資金不足主体のニーズと資金余剰主体のニーズが異なる場合，間に入ってそれを調整する機能のことである。例えば100万円を100人から集めて，合計1億円にして貸し出すといったことである。この場合，資金余剰主体のニーズは小口の資金（100万円）を貸し出すことであり，資金不足主体のニーズは大口の資金（1億円）を借りることである。同様の状態で資金不足主体が直接金融で資金調達を行う場合，100人それぞれと資金貸借契約を結ぶ必要があるし，貸し手は100人それぞれが借り手の情報生産をしたりモニタリングをしたりすることが必要である。しかし金融仲介機関が間に入ることで両者の利害を調節することができ，スムーズな資金のやり取りが実現できるし，金融仲介機関が代表して情報生産やモニタリングをすることで情報生産費用やモニタリング費用を節約することができる。そのほか資金余剰主体としては一般的に短期間だけ貸し出したいと考えるのに対し，資金不足主体は比較的長期間資金を借り入れたいと考える。これも金融仲介機関が間に入ることで両者のニーズを調整できスムーズな資金のやり取りが可能になるのである。つまり直接金融では資金調達ができないような中小企業であっても，間接金融が存在すれば資金調達が可能になり，経済的により望ましい状態が実現されるのである。

3　銀行の役割

銀行の本来業務

　金融仲介機関の代表的な存在が銀行である。銀行の業務は法律によって規定されており，預金の受け入れ，資金の貸し付け，為替取引などと定められている。ここで言う為替取引とは遠隔地間の資金決済のことであり，大学の授業料を支払う際に，大学に現金を持参して支払うのではなく，銀行の窓口や全自動預払機（ATM）から大学の預金口座に授業料を振り込むというものである。つまり銀行は資金余剰主体から貨幣を預かり，資金不足主体に対し貨幣を貸し出すという金融仲介機能に加えて，財・サービスの買い手から貨幣を受け取り，その貨幣を財・サービスの売り手に渡すという決済業務も行っている。

第❾章　貨幣と物価

信用創造を通じた貨幣の供給

　以上の銀行の役割に加えて，もう1つの重要な役割が銀行による預金通貨の供給である。預金通貨がどのようなプロセスによって供給されるのかについて考えよう。初めに1億円の現金がA銀行に預金されたとする。これは本源的預金と呼ばれる。A銀行は受け入れた預金の全額を貸し出すことはできない。一部は払い戻しに備えて預金準備として手元においておく必要がある。受け入れた預金に対して一定比率を準備金とすることが法令で定められているため預金準備率あるいは法定準備率と呼ばれる。例えば預金準備率が10％の場合，1億円の預金を受け入れたA銀行は1億円の10％である1,000万円を預金準備としておいておかなければならず，貸し出せるのは最大でも1億円の90％である9,000万円ということになる。次にA銀行が9,000万円をアルファ社に貸し付け，アルファ社は借り入れた9,000万円で機械をベータ社から購入し，代金はアルファ社がB銀行にあるベータ社の預金口座に振り込むことで支払うとしよう。この取引はB銀行から見ればベータ社が9,000万円の預金をしたのと同じことになる。9,000万円の預金を受け入れたB銀行が貸し出しに回せるのは9,000万円の90％である8,100万円であるので，8,100万円をガンマ社に貸し出す。ガンマ社は8,100万円でデルタ社から材料を仕入れ，代金をデルタ社の取引銀行であるC銀行に振り込む。この段階でA〜Cまでの3つの銀行にある預金の合計は2億7,100万円である。つまりもともとの現金が1億円であったとして，それが現金のまま保管されればいつまでたっても貨幣は1億円のままであるが，いったん銀行に預金されると銀行の貸し出しを通じて経済には新たな預金，すなわち預金通貨という貨幣が生み出されることになる。このようなプロセスによって経済に貨幣が供給される仕組みを**信用創造**と呼ぶ（表9-2）。

　より一般的には，本源的預金をA円，預金準備率をrとすると最終的な貨幣量Sは，

$$S = A + (1-r)A + (1-r)^2 A + (1-r)^3 A + \cdots = A/r \qquad (9.1)$$

となる。つまり貨幣量は本源的預金額を預金準備率で割った値として計算でき

表9-2 信用創造の仕組み　(万円)

A銀行		B銀行		C銀行	
準備金　1,000	預　金　10,000	準備金　　900	預　金　9,000	準備金　　810	預　金　8,100
貸付金　9,000		貸付金　8,100		貸付金　7,290	

る。もし本源的預金が1億円で，預金準備率が10％の場合，1億円÷0.1＝10億円の貨幣が経済に供給されることになる。言い換えれば1億円の現金通貨から新たに9億円の預金通貨が生まれたことになる。最初に預けられた預金を本源的預金というのに対し，銀行の信用創造によって新たに生み出された預金は派生預金と呼ばれる。

4　貨幣貸借の対価としての金利

金利の決まり方

貨幣を借りた場合，通常は借り入れに対する対価を支払う必要があるが，これが金利と呼ばれるものである。金利は借り入れの金額（これを元本あるいは元金と言う）に対する対価（これを利子あるいは利息と言う）の割合で表現するのが一般的であるので，利子率とも呼ばれる。また金利は1年間を基準に計算されることから年利とも呼ばれる。例えば1万円を金利4％で半年間借りた場合，利息は10,000円×0.04×0.5（6カ月／12カ月）＝200円である。

金利の計算方法には単利と複利が存在する。単利は元金に対してのみ利息が発生するが，複利は元金だけではなくそれまでに発生した利息についても利息が発生する。例えば100万円を金利5％で2年間預金することを考えよう。単利の場合，1年目も2年目も5万円の利息が発生するので，2年後には110万円を受け取ることができる。それに対し複利で預けた場合，1年目の利息は5万円であるが，2年目の利息は元金100万円と1年目に発生した利息5万円の合計105万円に対して5％，すなわち5万2,500円の利息が付くので，合計で110万2,500円を受け取ることができる。複利の場合の年平均金利は利回りと呼

ばれ，先ほどの例では5.125％と計算できる。

　では金利はどのように決まるのだろうか。金利に影響を与える要因はさまざまであるが，一番大きいのは借り手の信用度，すなわちきちんと返済できるかどうかである。資金余剰主体は確実に返してくれる人とそうでない人のどちらかにしか貸せないとすると，前者に貸したいと考えるのではないだろうか。つまり信用力の高い人に対する供給は多いが，逆に信用力の低い人に対する供給は少ないということである。そのため信用度の高い資金不足主体はより低い金利で資金調達をすることができるが，信用度が低い資金不足主体は高い金利を支払わないと資金調達ができない。このほか額面金額や満期（借入期間）も金利に影響を及ぼす。一般的には額面が大きいほど（たくさん借りるほど）そして満期が長いほど金利が高くなる。

名目金利と実質金利

　貨幣の貸し借りは満期が1日というものから無限期間まで非常に多岐にわたるが，満期が長期の場合に特に気を付けなければならないのが，貨幣価値の変化が及ぼす影響である。本章の初めで学習したように貨幣はその機能として価値貯蔵機能を持っているが，貨幣の価値は上がることもあれば下がることもある。貨幣の価値が下がれば購買力は低下するし，貨幣の価値が上がれば購買力は増加する。もともと1,000円札1枚でりんごが5つ購入できたものが，貨幣の価値が下がってしまえば同じ1,000円札1枚でりんごが4つしか買えなくなってしまうこともある。金利について考える場合には貨幣の購買力の変化が及ぼす影響を考慮しなければならない。

　例えば，100万円を金利5％で1年間貸借することを考えよう。この時，借り手は1年後に105万円の貨幣を返済することになる。このように元金に対しいくらの貨幣を利息として返済する必要があるのかを測ったものが**名目金利**と呼ばれるものである。ここで貨幣の購買力が変化しなければ，貸し手は貨幣を1年間貸し出したことで5％だけ購買力が増加したことになる。しかしながら貸借期間中に貨幣の購買力が変化することはよくある。先ほどと同じように

100万円を名目金利5％で1年間貸借するが，満期までの間に購買力が低下してしまい，1,000円札1枚で買えるりんごの数が5つから4つになったとしよう。この時，貸借時の100万円はりんご5,000個に相当するが，返済時の105万円はりんご4,200個にしかならない。別な言い方をすれば，貸し手はりんご5,000個に相当する貨幣を貸して，りんご4,200個に相当する貨幣を返してもらったことになる。つまり貸し手は貨幣を1年間貸し出したことで実質的には損をしてしまったのである。このように，貨幣の購買力の変化を考慮し財を基準として金利を測ったものが**実質金利**である。特に長期間にわたって貨幣の貸借を行う際には，名目金利ではなく実質金利がいくらであるのかを考える必要がある。

フィッシャー方程式

現実経済においては，農産物やエネルギーの価格の変動は大きいが，経済全体の物価水準の変動はそれほど大きくない。このようにインフレ率が高くない場合には，実質金利を以下のように簡単に求めることができる。

$$\text{実質金利} = \text{名目金利} - \text{インフレ率} \tag{9.2}$$

この関係式は，フィッシャー方程式と呼ばれる。例えば，名目金利が5％でインフレ率が3％の時，実質金利は2％と計算できる。

債券価格と金利

債券の金利は満期まで変わらない固定金利のものと，その時々の状況に応じて変化する変動金利のものが存在する。固定金利の債券は，満期までの支払額が確定していることから確定利付債と呼ばれる。確定利付債は世の中の金利が変わったとしても満期まで支払われる利息は変わらない。それに対して変動金利の債券は，世の中の金利の動きに対応して一定期間ごとに支払われる金利の見直しが行われる。例えば額面に対し金利が5％と定められている確定利付債を額面で100万円分保有している場合，世の中の金利に関係なく，毎年5万円

の利息を受け取ることができる。

　もし世の中の金利が1％になった場合，100万円を銀行に預けたとしても1万円の利息しか受け取れないので，5万円もの利息を受け取れる確定利付債は非常に魅力的になり，100万円より高い価格を支払ってでも買いたいという人が多くなるため，すなわち債券の需要が増えるので債券の価格が上昇する。逆に金利が10％になれば，確定利付債を持っていても5万円の利息しか得られないが，銀行に預ければ10万円の利息が得られるので，多くの人が債券を売って銀行に預けようとするため，債券価格が下落することになる。つまり，確定利付債券を保有することによって得られる収益が，世の中の金利と等しくなるように債券価格が調整されるのである。実際には世の中の金利が上がれば，確定利付債の価格は下がり，逆に世の中の金利が下がれば，確定利付債の価格は上がることになる。つまり，債券価格と金利は逆向きに動くのである。

5　貨幣と物価の関係

欲求の二重の一致

　これまで，貨幣が経済において有益な役割を果たしていることを学習してきたが，もし貨幣がなければどうなるだろうか。貨幣がない経済は物々交換経済である。物々交換経済では，自分の持っている財と他人が持っている財とを交換して欲しい財を手に入れる必要がある。しかしここで問題となるのは，交換が成立するためには，自分が欲しい財を持っている相手を見つければそれでいいというわけではなく，その相手が自分の持っている財を欲しがっているということが必要となる。つまりお互いの欲求が一致しなければならない。これを**欲求の二重の一致**と言う。より多くの人が欲しがるような財を保有していればそれだけ取引相手を見つけやすくなるが，このような財が貨幣なのである。結局のところ人々がなぜ貨幣を欲するのかと言えば，貨幣を保有していればいつでも好きな財やサービスと交換できるから，すなわち貨幣には購買力があるからということである。

第Ⅱ部　マクロ経済学

Column ⑲　減価する貨幣

　貨幣はその機能として価値貯蔵機能が備わっているが，この機能があるために貨幣を保有している人は貨幣を退蔵するし，貸し手は金利を受け取ることで貸し出した貨幣以上のものを受け取ることができることから，貧富の差が生じる。これを問題視したのが，ドイツ人経済学者シルビオ・ゲゼル（Silvio Gesell, 1862-1930）である。彼は貨幣の価値貯蔵機能を廃止することが経済にとっては望ましいと考え，時間とともに価値が減っていく「自由貨幣」を流通させるべきだと考えた。

　自由貨幣とは一定期間ごとに紙幣の裏側に切手のようなスタンプを貼らなければ使えないような貨幣（英語では stamped money と言う）である。このような貨幣の場合，貨幣を長く持てばその分多くのスタンプを貼らないといけないことになるので，受け取った人は貨幣を退蔵させることなくすぐに使用するだろうと考えたのである。しかしながら，自由貨幣の場合，貯蓄できないことが最大の問題点である。貯蓄ができないということは，農家のように収穫期にほぼ1年分の所得を稼ぎ，後はその蓄えを取り崩して生活するような人々が困るのはもちろん，企業の設備投資などにも影響することになる。

　貨幣の機能において価値貯蔵機能が大切であることを理解するために，有効期限付きの貨幣について考えてみよう。有効期限があれば，有効期限後は無価値になるので価値貯蔵機能が満たされないことになる。そのため有効期限内に使ってしまおうと考えるかもしれないが，有効期限の最終日を考えた場合，翌日に無価値になるものを喜んで受け取ってくれる人はいるのだろうか。受け取ってくれないということは交換機能が満たされないということであり，有効期限内にもかかわらず使用できないということになる。有効期限の最終日に使えないということはその前日も同様の理由で使えないということであり，さらにその前日も使えないので，結局のところ，有効期限が設定された段階で支払い手段して用いることができなくなる。要するに，貨幣が支払い手段として機能するためにも，価値貯蔵機能がきちんと機能していることが大切である。

貨幣数量説と貨幣の中立性

　貨幣の購買力は貨幣量と大きく関係している。ここでは貨幣量の変化が経済にどのような影響を及ぼすのか見ていきたい。りんごを1,000個生産している経済に1,000円札が50枚だけ存在するとしよう。もしりんごが1つ100円であれ

ばこの経済の GDP は10万円ということになるが，この取引を50枚の1,000円札で行うためには，各1,000円札は平均して2回取引に用いられなければならない。貨幣が平均して何回取引に用いられるのかを貨幣の流通速度というが，この例では流通速度は2ということになる。上記の関係をより一般的に書けば，

$$\text{流通速度}(V) = \text{物価}(P) \times \text{生産量}(Y) \div \text{貨幣量}(M) \tag{9.3}$$

という式で表すことができる。これを次のように書き換えよう。

$$\text{貨幣量}(M) \times \text{流通速度}(V) = \text{物価}(P) \times \text{生産量}(Y) \tag{9.4}$$

この関係は貨幣数量方程式として知られている。ここで貨幣数量説に基づき貨幣の流通速度は時間を通じて変化しないと考えよう。また財やサービスは資本，労働，技術などから生産され，貨幣そのものとは無関係である。以上の前提のもとで先ほどと同じりんごのみを生産している経済において，新たに1,000円札が50枚印刷されて合計100枚になったとしよう。この時，貨幣量は10万円である。また流通速度は2のまま変わらないとする。(9.4)式の左辺は10万円×2＝20万円となる。一方でりんごの生産量が1,000個のままだとすると，等号を満たすためには10万円×2＝P円／個×1,000個より，りんごは1つ200円（$P=200$）にならなければならない。すなわち貨幣量が2倍になれば物価も2倍になるのである。このように貨幣量の変化は価格にのみ影響を与え，生産などの実物変数には影響を及ぼさないことを**貨幣の中立性**と言う。

貨幣が中立であれば，貨幣量の変化はそのまま貨幣の購買力を変化させ，物価を変化させることになる。しかしながら，人々がタンス預金をするなど貨幣を退蔵すれば，貨幣の流通速度が低下してしまうので，貨幣供給量の変化に比べて物価の変化は小さくなる。

物価の安定

物価と貨幣との間には一定の関係があることは既に学んだが，物価を安定させることが私たちの生活にとっては実は非常に重要なことである。もし，イン

第Ⅱ部　マクロ経済学

フレ率が高ければ，将来の貨幣の購買力が大幅に低下してしまうので，例えば老後のための貯蓄計画が難しくなる。またインフレになれば実質金利は下がるので，借り手が得をし，貸し手が損をすることになる。逆にデフレになれば，実質金利が上がり，貸し手が得をするように思うかもしれないが，借り手からすれば返済の負担が重たくなり，最悪の場合倒産してしまう。借り手が倒産してしまえば，貸し手は貸した資金が返ってこないので結局は損をすることになる。いずれにしても物価が安定していれば，このような問題は起こらない。上で学習したように物価は貨幣量と密接な関係を持つので，デフレや激しいインフレが起こらないように，すなわち物価を安定させるように貨幣量を適切に調節する必要がある。

6　貨幣量の調節と物価の安定

　本章では，貨幣が交換機能，価値尺度機能，価値貯蔵機能の3つの機能を持っていること，また直接金融と間接金融の特徴や金融仲介機関の存在意義，名目金利と実質金利の違い，債券価格と金利がマイナスの関係にあること，そして貨幣量と物価が比例的に変化することなどについて学習した。金融という制度が存在することで，資金を必要としている人々に資金が行き渡ることでこれまでよりも良い社会が実現できることが分かった。金融がきちんと機能するためには物価が安定していることが求められるが，物価は貨幣の量と非常に密接に関係していることは既に学習した通りである。物価を安定させるには貨幣の量を調節する必要があり，その貨幣量の調節は金融政策と呼ばれ，第8章で学習した財政政策と並んでマクロ経済における非常に重要な政策である。金融政策の具体的な方法については第10章で学習する。

参考文献
村井淳志『勘定奉行荻原重秀の生涯』集英社新書，2007年。
　＊*Column*で取り上げた荻原重秀の活躍に関する最新の研究をまとめている。

岩田規久男『インフレとデフレ』講談社学術文庫，2012年。
　＊物価の安定がなぜ大切なのかについて非常に分かりやすく書かれている。

今後の学習のための本
家森信善『ベーシック＋　金融論』中央経済社，2016年。
　＊多くの大学で「金融論」のテキストとして使用されている非常に分かりやすい入門書。
宮尾龍蔵『コア・テキスト　マクロ経済学』新世社，2005年。
　＊標準的なマクロ経済学のテキストと比べて金融のトピックスが多く扱われており，マクロ経済と金融の関係がよくわかる上級者向けの教科書。
酒井良清・前多康男『新しい金融理論』有斐閣，2003年。
　＊金融のミクロ理論がしっかりと勉強できる良書。

練習問題
問題1
銀行の預金が貨幣である理由を貨幣の3つの機能に触れて説明しなさい。

問題2
貨幣の貸し借りの際には名目金利ではなく実質金利が重要なのはなぜだろうか。また名目金利が3％で，インフレ率が−1％（つまり1％のデフレ）の時，実質金利はいくらになるかフィッシャー方程式を用いて計算しなさい。

問題3
生産量が1.5倍に増えたが，貨幣の流通速度がこれまでの半分に低下した場合，物価を一定に保つには貨幣供給量をどれだけ変化させる必要があるか計算しなさい。またどのような場合に貨幣の流通速度は低下すると考えられるだろうか。

（三宅敦史）

第10章
投資関数と金融政策

―― 本章のねらい ――
　本章では，まずマクロ経済学における投資とは何か，そしてその動向がなぜ，とりわけ重視されているのかについて理解した上で，投資がどのように決定されるかについての基礎理論を学習し，投資を一定と考えていた第8章で学習したケインズの交差図を再検討する。また，金融政策の目的，それを達成するための3つの手段及び景気への波及経路について学習し，実際の金融政策の動向なども踏まえながら，金融政策と投資及び景気との間の関係について理解する。

1　投資の定義と投資の決定理論

マクロ経済学における投資とは

　一般的に投資という言葉を聞くと，株式や債券の購入といった行為を思い浮かべる人が多いかもしれない。確かに，これらの行為は金融投資などと呼ばれることはあるが，マクロ経済学において単に投資という言葉を使う場合には，そこにはそのような株式や債券の購入は含まれない。

　なぜかと言うと，それは株式や債券の購入という行為はマクロの視点で見ればそれほど重要ではないからである。例えば，株式の流通市場（既に企業から発行された後の株式を売買する市場）を通じて，花さんが大和君から株式を100万円で購入するという行為を考えてみよう。これは，花さんが所有していた100万円が大和君に，そして大和君が所有していた株式（株券）が花さんに移るだけなので，それは単なる資産の所有権の移動（資産の再配分）にすぎず，一国

全体（マクロ）からの視点で考えれば，それらの行為はたいして意味のあるものではないというわけである。

　それでは，マクロ経済学でいう意味においての投資とは何を指すのか。それは大きく分けて3つあり，1つ目は**物的資本**と呼ばれる機械や建物といった設備や道具を新たに購入する行為を意味する**設備投資**，2つ目は居住用の新しい建築物の購入や増築・改築のための支払いを意味する**住宅投資**，そして3つ目は企業の在庫の積み増し（切り崩し）を意味する**在庫投資**がある。この3つの投資の中でも1つ目の設備投資がとりわけ重要と考えられている。

なぜ設備投資は重要なのか

　設備投資とは機械や建物といった物的資本と呼ばれる財を新たに購入する行為のことを指すが，財を購入するという意味では，例えばテレビや衣服，食料品などといった種類の財の購入を意味する消費（民間最終消費支出）と変わりはない。それでもなぜ設備投資が重要とされるのか，簡単な例を用いて考えてみよう。

　今，消費の例としてテレビの購入を，設備投資の例として機械の購入を考えよう。テレビの購入（需要）が増えたならば，テレビ本体やその部品を生産している企業の売上や利益も増えるだろう。この需要の増加が大きいならば，多くの企業が利益を増やし，その従業員の給料も増え，彼（女）らの購買意欲（つまり，他の財に対する需要）も高くなり，その結果として景気は良くなる。一方で，機械の購入（つまり，設備投資）の増加もまた同じように，その機械本体やその部品を生産している企業の売上や利益を増やすため，同じプロセスを通じて他の財に対する追加的な需要を生み出すだろう。そういう意味では，財がテレビだろうが機械だろうが，それらの財への需要の増加は他の財に対する追加的な（新しい）需要を生み出し，景気を良くする方向へ作用する。

　しかし，設備投資を意味する機械の購入はそれだけに留まらない。機械を購入するということは，その企業が保有する機械の台数が増えることを意味するため，将来にわたってその企業の潜在的な生産能力が高まることになる。つま

り，設備投資は単に追加的な需要の創出に貢献するだけではなく，企業の生産能力の拡大をももたらすわけである。これは**投資の二面（重）性**と呼ばれるもので，設備投資の重要性を表す言葉として知られている。

　もっとシンプルに設備投資の重要性について考えることもできる。物質的な豊かさが人々の本当の幸せに結びつくかどうかについては賛否両論あるだろうが，無視できないものであることは確かだろう。それらの（因果）関係を説明する方法はたくさんあるが，例えば，これまで以上にたくさんの量の財を消費できるようになることや，今までになかった，生活をより便利にする新しい財（例えば，昔では冷蔵庫，洗濯機，クルマなど）を利用できるようになることは，人々の幸せに大きく貢献するはずである。そのように物質的な豊かさの向上を将来に実現するためには，企業は今所有している（既存の）設備や機械を増やしたり，新しい財を生産するための今までになかったような設備や機械を購入したりする必要がある。これらの設備を購入するという行為が設備投資であり，そういう意味において，設備投資は将来の物質的な豊かさを左右する上で，きわめて重要な要素になることは簡単に理解できるだろう。

データで見る投資の特徴

　さて，設備投資が重要であることは理解できたが，投資にはこの他に住宅投資や在庫投資も含まれる。ここでは，これらの投資項目がどのくらいの規模なのかをデータから把握しておこう。図10-1は民間設備投資，民間住宅投資，そして民間在庫投資の実質値（物価変動を考慮した数値）をグラフにしたものである。

　単位が兆円なので，直近（2014年）では，民間設備投資はおおよそ70兆円，民間住宅投資は14兆円，そして民間在庫投資は－1兆円である。民間在庫投資がマイナスであるということは，その年には在庫の積み増しよりも切り崩しの方が大きかったことを意味する。グラフには出ていないが，民間消費（民間最終消費支出）の規模は同年で310兆円ほどであることを考えると，投資の規模は3つの投資項目すべてを合わせたとしても，せいぜいその3分の1以下である。

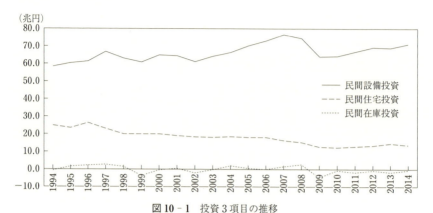

図10-1 投資3項目の推移

（出所） 国民経済計算書より作成。

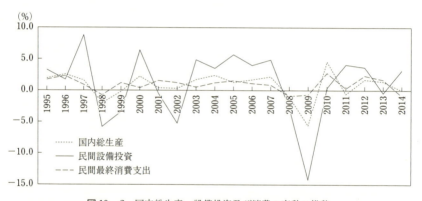

図10-2 国内総生産，設備投資及び消費の変動の推移

（出所） 国民経済計算書より作成。

それにもかかわらず，なぜ（民間）設備投資が重要視されるのか。その理由は先に説明した投資の二面（二重）性に加えて，その変動の大きさにある。

図10-2は国内総生産（GDP），民間設備投資，そして民間最終消費支出（民間消費）の対前年変化率である（数値はすべて実質値）。

国内総生産（GDP）の動きが景気の動きを表すものであるが，規模が大きい民間最終消費支出の変動は国内総生産のそれよりも小さい。これが意味するところは，国内総生産の変動は民間最終消費支出以外の何らかの需要構成項目か

ら相対的に大きく影響を受けているということであり，その中でも民間設備投資による影響がかなり大きいことが知られている。つまり，景気の動向をつかむためには，設備投資の動きを把握することが必要不可欠なのである。

設備投資はどのように決められるか

さて，このような現在だけでなく将来の経済に対しても重要な意味を持ち，さらに景気の動向に大きな影響をもたらす設備投資が一体どのように決まるのか，どんな要因から影響を受けるのかは大きな関心事であろう。もちろん，そのような要因（つまり，投資と因果関係を持つ要因）はその影響の強さを特に気にしなければ，数え切れないほど挙げることができるだろうが，ここではその中でもとりわけ大きな影響を持つと考えられているものを取り上げる。

ケインズの限界効率理論

機械の購入，工場の建設，テーマパークの建設など何でも構わない。シンプルに，今A～Dの4つの投資計画を検討している企業があるとしよう。当然，その企業はそれらの計画のうち，高い収益率が見込めるものから順に投資対象として優先順位をつけるだろう。それが企業にとって利益を最も大きくする選択だからである。今，そのA，B，C，Dの4つの投資計画から見込むことができる収益率（以下，予想収益率）が，それぞれ7％，5％，3％，2％であったとし，企業がそれらを図10-3ⓐのように収益率の高い順（A，B，C，Dの順）に並べたとする。この図10-3ⓐの縦軸はそれぞれの投資計画の予想収益率であり，横軸はその投資額である。例えば，計画Aは100万円（＝100－0万円），計画Bは200万円（＝300－100万円）といったもので，計画Aから計画Dのすべての投資が実行された場合，その投資総額は650万円になることを意味している。

さて，この企業はどの投資計画までを実行するだろうか。それを決めるには費用に関する情報が必要である。今，この企業が全く投資資金を持っておらず，銀行からの借入でそれを賄おうとしているとしよう。そして，その借入に伴う

第Ⅱ部　マクロ経済学

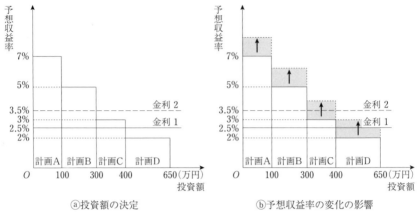

図10-3　投資の決定と予想収益率の変化の影響

金利（あるいは利子率）が2.5％であったとする（図10-3ⓐ内の金利1）。この企業はまず一番優先順位の高い計画Aについて考えるはずである。

　計画Aを実行するには100万円の借入が必要であり、それには2.5％の金利（2.5万円の利息）を支払わなければならないが、その計画Aからは7％の収益率（7万円の収益）を見込むことができる。つまり、その差の4.5％（4.5万円）分は企業の利益となるため、この企業は借入をしてでも計画Aを実行するだろう。同じように、他の投資計画についても、この企業は2.5％（金利1の線）よりも高い収益率を見込むことができる計画を実行するわけである。この場合、計画Cまでが実行され、その結果、投資総額は400万円になる。

　それでは、この金利が変化すれば投資総額はどのような影響を受けるのだろうか。これを考えるために、今、金利が2.5％（金利1）から3.5％（金利2）へ上昇した場合を考えよう（図10-3ⓐ）。この金利の上昇により、計画Cの予想収益率が金利を下回ることになり実行されなくなる。その結果、この企業の投資総額は300万円へと減少する。つまり、金利の上昇は投資を減少させるわけである。反対に金利が低下した場合は、投資は増加する（金利2から金利1へ低下した場合を考えればよい）。ちなみに、ここでは企業が借入により投資を検討する場合で説明したが、十分に自己資金を持っている場合でも同じことが言え

る。なぜなら，金利が高くなれば，自己資金を低い収益率しか見込めない投資に使うよりも，銀行などに預けてその高い（定期性などの）預金金利を得る方が企業にとって有利になるからである。よって，その場合も金利が高くなるほど，実行される投資（計画）は減少する。

ここで気をつけなければならないことは，縦軸にとっている各投資計画の予想収益率は，投資決定を行う時点ではあくまで予想であるということである。当然，国内外の経済状況が変化すれば，各投資計画の予想収益率も変わるはずである。この予想収益率の変化は投資額にどのように影響するだろうか。これを考えるために，図10-3ⓑのように，今，何らかの理由で将来の経済への見通しが明るくなり，各投資計画に対する予想収益率がすべて1％上昇したとしよう。これにより，金利が2.5％（金利1の線）の時には見送られていた計画Dが実行されることになり，投資総額は650万円に増加することが分かる。また金利が3.5％（金利2の線）の時には見送られていた計画Cが新たに投資対象に上がり，投資総額は400万円に増加する。そのように，将来の経済状況に対する予想を反映する予想収益率の変化は，投資額へ重要な影響を及ぼすことが理解できる。以上から，金利と将来に対する予想は，投資を決める上できわめて重要な材料になることが理解できただろう。

しかし，ここではあたかも企業の投資が1年で完結するような表現で説明したが，実際には投資は複数年かけて収益を生み出していくものである。その際には，企業は投資にかかる費用とその投資から将来にわたって得られる収益から予想収益率を計算するはずである。そのようにして導かれるものは**ケインズの限界効率**と呼ばれ，予想収益率と同じ意味として解釈される（詳細は *Column* ⑳を参照）。

投資決定の基本モデル──限界生産力と限界生産物逓減の法則

さて，以上の投資決定には，企業がどのように最適な物的資本の量（つまり投資額）を決めるかというミクロ的な動機づけがなされていなかった。ここではその基本的なモデルを考えて，上で説明した投資決定と整合的かどうかを考

第Ⅱ部 マクロ経済学

―― *Column* ⑳　ケインズの限界効率 ――

　今X企業が投資を実行すると10％の収益率を確保できると分かっているとしよう。つまり、このX企業は現在100万円投資すれば、1期後に $100 \times (1+0.1) = 110$ 万円を得る。反対に言えば、1期後に110万円を得るには、現在 $110 万円/(1+0.1) = 100$ 万円あればよいわけである。つまり、X企業にとっては1期後の110万円と現在の100万円は同じ価値であり、この現在の100万円は1期後の110万円の（割引）**現在価値**と呼ばれる。同様に、もし2期後に121万円を得たければ、$100 \times (1+0.1)^2 = 121$ 万円なので、$121 万円/(1+0.1)^2 = 100$ 万円が2期後の121万円の現在価値となる。つまり、現在、その2つの現在価値を足した200万円を投資すれば、1期後に110万円、2期後に121万円を得ることができるわけである。

　しかし、企業にとって収益率は既知ではなく、投資にかかる費用とその投資から得られる収益額の予想から予想収益率を計算するはずである。今、200万円の投資を行うと、1期後に110万円、2期後に121万円が得られると予想したとする。収益率を r ％と表記すれば、1期後に得られる110万円の現在の価値は $110 万円/(1+r)$ 万円、2期後に得られる121万円の現在価値は $121 万円/(1+r)^2$ 万円と表すことができ、それらの和がちょうど投資に必要な費用である200万円と等しくなるような r が次の式から求められる。

$$200 万円 = 110 万円/(1+r) + 121 万円/(1+r)^2 \qquad (10.1)$$

　ここから求められる r が予想収益率（割引率とも呼ばれる）となり、電卓で計算すると $r=0.1$（つまり10％）となる。この r は**ケインズの限界効率**とも呼ばれ、投資を1単位増やした場合、追加的に期待できる収益の増分を意味する。今回は投資からの収益が得られる期間が2期間の例で考えたが、これが n 期間になっても C が投資費用、R が予想収益と表記すると（右下の添え字は何期後に得られる予想収益かを示す）、同様の式から予想収益率を求めることができる。

$$C = R_1/(1+r) + R_2/(1+r)^2 + R_3/(1+r)^3 + \cdots + R_n/(1+r)^n \qquad (10.2)$$

　こうやって計算された r が先のケインズの限界効率理論の説明で利用した予想収益率と解釈される。この概念は名前の通りケインズにより提唱されたものである。

えてみよう。

　まず，生産には（少なくとも）物的資本（建物・機械・道具など）と労働（労働者）という2つの生産要素が必要であることには疑問の余地はないだろう。また生産量はそれらの生産要素の（投入）量に依存することもまた容易に想像できる。今，説明を簡単にするために労働量（労働者の数）は変化しないとして，機械の数（物的資本の量）だけを調整して，生産量を変化させる状況を考えよう。もちろん，労働者にとって使える機械の数が増えれば，その分生産効率が高くなり生産量は増えるはずである。この機械を1単位（1台）増やすことにより増える生産量の増加分は（**物的資本の**）**限界生産力**と呼ばれる。つまり，機械を1単位ずつ増やしていくと，生産量はこの限界生産力の分だけ増えていくわけである。

　さて，この限界生産力についてであるが，実は機械の数が増えていくにつれ，だんだんと小さくなっていくという性質を持つことが知られている。これは**限界生産力逓減の法則**と呼ばれている。なぜそうなるのか，その理由はたいして難しくはない。確かに，労働者1人が使える機械の数が増えれば，いろいろな作業が効率良くできるようになり，機械1台を追加的に投入することによる生産量の増加分もどんどん大きくなることもある。しかし，それは明らかにずっと続くわけではない。労働者1人でそう何台も機械や道具を扱えるわけではないので，そんな状態で機械や道具の数を増やしたところで，あまり生産の増加に貢献しなくなってくる。つまり，限界生産力はだんだんと小さくなるのである。図10-4ⓐは，物的資本量と生産量との関係を表しているものであり，図10-4ⓑは物的資本量と限界生産力との関係を表すものである。図10-4ⓐにおいて物的資本が増加すると，生産量が棒グラフの中の色のついた部分（限界生産力）だけ増えていくが，それは限界生産力逓減の法則を反映してだんだん小さくなっていくことを確認してほしい。そして図10-4ⓑは図10-4ⓐの色のついた部分（限界生産力）だけを抜き出したものである。

第Ⅱ部　マクロ経済学

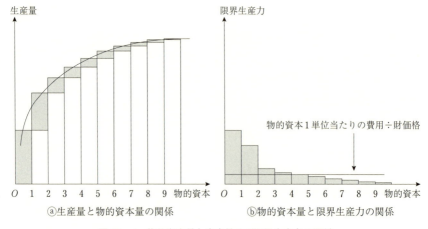

図10-4　物的資本量と生産量及び限界生産力の関係

投資決定の基本モデル——利潤最大化

さて，この図10-4ⓐⓑの意味を理解した上で，少し話をそらして企業の利潤について考えてみよう。企業の利潤は収入からその企業活動に費やした費用を差し引いたものである。収入は生産する財の価格に販売量を掛け合わせたものである。利潤最大化を実現する企業であるならば，売れ残りが出るような生産量などは選ばず，販売量に一致した生産量を選ぶはずだからである（つまり，生産量＝販売量となる）。一方で，今，生産に必要な要素として物的資本のみを考えたとすると，必要な費用は物的資本1単位当たりの費用に物的資本量を掛け合わせたものとして表すことができる。以上から，利潤を次のような式で書くことができる。

　　利潤＝財価格×生産量（物的資本量）
　　　　－物的資本1単位当たりの費用×物的資本量　　　　　　（10.3）

式中の「生産量（物的資本量）」という表現は，「物的資本の量が変化する（増える）と生産量も変化する（増える）関係がある」ことを意味している。この右辺の第1項の部分が収入で，第2項は費用である。

さて，この利潤は物的資本量を追加的に1単位増やすとどのように変化する

だろうか。まずは収入について考えよう。今，物的資本量を1単位増やすと生産量は限界生産力分だけ増加する。その増えた分だけ1単位につきその財の価格で売れるので，収入の増加分は「財の価格×限界生産力」である。

一方，費用についてはもっとシンプルである。物的資本量を1単位増やせば，費用は「物的資本1単位当たりの費用」の分だけ増加する。したがって，物的資本を1単位増やすことによる利潤の変化分は「財の価格×限界生産力－物的資本1単位当たりの費用」となる。物的資本量が少ないうちは，限界生産力は大きいので（図10-4ⓑを参照），右辺の第1項の収入の増加分が第2項の費用の増加分を上回り，利潤の変化分はプラスとなる。だが，物的資本量が増えるにつれて限界生産力が減少し，収入の増加分もだんだんと小さくなる。それでも収入の増加分が費用の増加分を上回る限りは，物的資本量を増やすことで利潤を増やすことができるが，やがては収入の増加分が費用の増加分と等しくなり，これ以上物的資本を増やすと，反対に費用の増加分が収入の増加分を上回り，利潤が小さくなってしまうところに達するはずである。つまり，収入の増加分と費用の増加分が等しくなるところで物的資本を増やすことをストップすると，企業の利潤が最も大きくなるわけである。具体的には，次の式が成立する状態である。

$$\text{財価格} \times \text{限界生産力} = \text{物的資本1単位当たりの費用} \tag{10.4}$$

この両辺を財価格で割ると，次の式が得られる。

$$\text{限界生産力} = \text{物的資本1単位当たりの費用} \div \text{財価格} \tag{10.5}$$

つまり，限界生産力が物的資本1単位当たりの費用÷財価格と等しくなるところで物的資本の増加をストップすることが，利潤を最大化することになる。今，図10-4ⓑに適当な物的資本1単位当たりの費用÷財価格の値を書き込んだとすると，この場合はちょうど物的資本が5単位目で限界生産力と等しくなり，企業の利潤は最大化されることになる。

もちろん物的資本の調達に必要な費用は金利と密接に関係し，金利が上昇

（下落）すれば，この物的資本1単位当たりの費用も増加（減少）することは容易に想像できるだろう。よって，金利が上昇すれば図10-4 ⓑ書き込んだ，物質的資本1単位当たりの費用÷財の価格を表す線が上方へ移動することになり物的資本量は減少する，つまり投資は抑制されることになる。この結論は，上で説明したケインズの限界効率理論と整合的であることが分かる。

2　金利，投資とGDPの関係

ここまでに，金利が上昇（下落）すると物的資本量，つまり投資額は減少（増加）するという関係があることを繰り返し説明してきた。これを第8章では一定と扱っていた投資に反映させると国内総所得の決定にどのような影響を及ぼすのであろうか。第8章で説明したケインズの交差図をもう一度考えてみよう。

まず生産面GDPと分配面GDPはつねに等しいから，総供給＝国内総所得（Y）である。一方，総需要＝消費需要（C）＋投資需要（I）＋政府支出（G）である。消費需要関数は簡単な線形のものを考え，$C=a+b(Y-T)$という式で表すことができるとしよう（Tは税金，aは基礎消費，bは限界消費性向）。そして投資需要関数については本章で金利から影響を受けることを学んだので，これも簡単な線形の式$I=d-ei$の関係を持つとしよう（dとeは適当なプラスの値であり，iは金利を意味する）。重要なポイントは金利が上がれば，投資需要が減少する関係を持っているということだけである。

さて，これらを使って総供給及び総需要を式で表すと次のようになる。

$$\text{総供給}=Y \tag{10.6}$$

$$\text{総需要}=a+b(Y-T)+(d-ei)+G=bY-bT+a+(d-ei)+G \tag{10.7}$$

$$\text{傾き}=b \qquad \text{切片}=-bT+a+(d-ei)+G$$

これらの式を図にしたのが図10-5である。切片と傾きを確認してほしい。

第10章 投資関数と金融政策

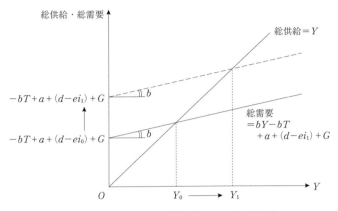

図10-5 金利の低下の影響（ケインズの交差図）

さて、今ある金利水準 i_0 から、何らかの理由により $i_1(<i_0)$ へ低下したとしよう。この金利の低下は前節で説明したように、投資需要（図10-5の切片のカッコの部分）を増加させることになり、その影響は図中の総需要線を上方へ押し上げる形となって現れる。これにより、国内総所得は増加し、以前に比べてより活発な生産活動を持つ均衡へと経済は動いていくことになる。そのように金利の変化は投資需要への影響を通じて国内総所得、よってGDPに影響することが理解できる。

しかし、ここで言う金利とは名目金利ではなく実質金利であることに注意しよう（詳細については第9章を参照）。資金の貸し借りの際には金利がきわめて重要な役割を果たすが、貸し手と借り手の双方にとって重要なのは何円分に相当する金利かということではなく、どのくらいの購買力分に相当する金利を得る（支払う）かということである。つまり、例えば貸し手の立場に立って考えると、仮に金利が5％であったとしても、金利を受け取るまでの間に物価も5％上昇していれば、実質的には以前と何ら購買力は変わらない。投資需要に影響を及ぼすのは物価の変化分を考慮した実質金利の方で、今後単に金利という言葉を用いる場合は、この実質金利の方を指すことに留意してもらいたい。

> **Column ㉑　ジョン・メイナード・ケインズ (John Maynard Keynes: 1883-1946)**
>
> 　1936年発刊の『雇用，利子および貨幣の一般理論』で，それまでの世界の経済学を一変させた，最も有名な経済学者の1人である。財務省勤務時代に第1次世界大戦後の講和会議の準備に当たるも，ドイツの支払い能力を遥かに上回る無謀な賠償金請求が避けられないと見るや，条約調印を待たずに財務省を辞任。1919年に発刊した『講和の経済的帰結』でドイツへの多額の賠償金を決めたベルサイユ条約を批判し，これが世界的に知識人として知られるきっかけとなった。第2次世界大戦勃発後，財務大臣経済顧問として戦費調達などの戦時経済の運営等でイギリス経済を支え，戦後には，心臓を病みながらも金本位制に代わる新しい国際通貨制度の創設に大きく貢献した。しかし度重なる出張と激務のため健康状態はさらに悪化し，その後まもなく1946年にその一生を終えた。天才経済学者として知られるケインズは母国を愛し，母国のために力の限り尽くした男でもあった。

3　金融政策とその波及経路

　金利が下がると，企業や家計は資金を調達しやすくなり，設備投資や住宅投資を行うインセンティブを持つようになる。これによりさらなる需要の創出及び将来の生産能力の拡大が期待でき，景気は拡大する。一方，金利が上昇する場合は，これと反対のメカニズムが作用する。ここでふと思うことは，もし金利をコントロールすることができれば，景気をある程度は思い通りに動かすことができるのではないかということである。これを行おうとするのが**金融政策**と呼ばれるものである。その金融政策を簡単に説明すれば，例えば貨幣（貨幣の定義については第9章を参照）を放出したり，吸い上げたりできるホースがあるとして，そのホースを使って社会に出回る貨幣量を調整して金利をコントロールしたり，物価を安定させようとする経済政策のことを言う。この政策を決定するのが日本の中央銀行である**日本銀行**である。

第10章　投資関数と金融政策

金融政策の手段

　それでは，どのような手段で貨幣量を調節して金利をコントロールするのか，その手段はいくつかある。以下，その手段について簡単に説明しよう。

①公定歩合（基準貸付利率）操作　日本銀行は銀行の銀行と呼ばれており，民間銀行が家計や企業に資金を貸し付けるのと同じように，日本銀行は民間銀行に対して資金を貸し付ける。その場合，当然金利を要求するが，この金利は**公定歩合**と呼ばれていた。民間銀行の預金金利や貸出金利を始めとする各種金利（以下，市中金利）はこの公定歩合と連動して決められていたため（つまり，金利は規制されていた），日本銀行は公定歩合を操作することで直接的にこれら市中金利を動かすことができた。これを**公定歩合操作**と言う。

　しかし，1994年の金利の自由化完了を境に公定歩合と市中金利との連動性が非常に弱くなったため，日本銀行が市中金利を直接的に動かすことができなくなった。それ以降，公定歩合は短期の市中金利の上限の目安となる役割にとどまっており，今ではその公定歩合という呼び方は使われず，**基準貸付利率**と呼ばれている。

②公開市場操作　公開市場操作とは，日本銀行が（短期）金融市場で金融機関（定義については第9章を参照）を相手に国債や手形を売買することで，社会（市中）に出回る貨幣量を調整し，その市中で決定される金利（市中金利）を望ましい水準に誘導することを言う。日本銀行が金融機関から国債や手形を買うことは**買いオペレーション（買いオペ）**と呼ばれるが，これにより日本銀行から市中へ貨幣が流出し，市中金利を引き下げることが期待される。一方，日本銀行が金融機関に対して国債や手形を売る行為を意味する**売りオペレーション（売りオペ）**が実行されると，貨幣が市中から日本銀行へ吸収されることになり，その結果，市中で供給される貨幣量が減り，市中金利を引き上げる効果が期待できる。

③法定準備率操作　民間銀行の主な商売は，預金者から預金を受け入れ，預金者に支払う金利よりも高い金利で家計や企業に貸し出し，その利ザヤを稼ぐことである。民間銀行にとって預金をそのまま手元に置いて

おくと，預金金利を支払うだけで損をすることになる。よって，できる限り預金は貸出に回したいところだが，あまり貸出に回しすぎると，予測不能な大量の預金引出し要求があった場合，それに対応できなくなる可能性がある。そのような状況に陥ることを回避するために，日本銀行は民間銀行に対して預金総額の一定割合を引出し準備に備えるよう，その準備分を日本銀行の当座預金口座に無利子で預け入れることを義務づけている。これを**法定準備制度**と言い，その適用される割合は**法定準備率**と呼ばれる。

日本銀行がこの法定準備率を引き上げると，民間銀行は今まで以上に日本銀行に貨幣を預けなくてはならなくなるために，家計や企業への貸出に回すことができる貨幣量が減少する。その結果，社会に出回る貨幣量が減少し，市中金利の上昇を見込むことができる。一方，法定準備率を引き下げた場合には，反対のメカニズムにより市中金利の下落を期待することができる。

以上のように，日本銀行はこれら3つの手段を通じて，市中金利を望ましい水準へ誘導することを目標にして金融政策を実施するのである。

金融政策の効果

それでは，日本銀行が社会に出回る貨幣量を調節して市中金利をコントロールできたとして，一体それがどのように景気に結びつくのか。その金融政策の効果についてもう一度理解しておこう。

まず金利はどのように決定されるかというと，貨幣の貸し借りの場（市場）で決められるはずである。ミクロ的な視野で見れば，金利は借り手の信用度や借入期間，担保の有無などでも決められるが，マクロ的な視野で見れば金利を決定するのは，貨幣に対する需要と供給のバランスである。当然，社会（市中）に大量の貨幣が出回っている場合には，供給される貨幣量が十分にあるため，低い金利でも貸出が行われる。市中に出回る貨幣量が少ない場合には反対の状況になり，金利は高くなる。

そこで今，日本銀行が何らかの手段を用いて市中に出回る貨幣量を増やしたとしよう。これにより，まず貨幣の貸し借り市場で貨幣の供給量が増えるため，

金利が低下することになる。この金利の低下により企業や家計は貨幣を調達しやすくなるため，企業は設備投資を，家計は住宅ローンを組んで住宅投資を増やすだろう。この金利の低下に起因する投資需要の増加はケインズの交差図において，総需要線の（切片の）上方へのシフトとして現れ，国内総所得の増加をもたらす。一方，日本銀行が市中に出回る貨幣量を減少させるような手段を講じたならば，反対のメカニズムが働いて国内総所得は減少する。このような金融政策の金利を通じての景気への波及経路は，金利（利子率）チャネルと呼ばれている。

しかし，このような波及経路が働くのは，金融政策により金利が十分に下がることが条件となる。もし金融政策を実施する時点で既に十分すぎるほど金利が低く，それ以上に引き下げる余地がほとんど残されていない状況ならば，その効果はほとんど現れてこない。また，そのような低金利のもとでは債券投資や株式投資から見込める収益がかなり低くなり，貨幣の需要は大きくなる。なぜなら，貨幣を保有するということは，それを債券や株式に投資した時に得られたであろう収益を犠牲にしなければならず，この犠牲にする収益を貨幣保有のコストと考えると，金利がきわめて低い状況では，この貨幣保有コストが非常に小さくなるからである。そのような状態で市中に出回る貨幣の供給量を増やしたとしても，その時の金利水準のままでも貨幣需要が十分に吸収してしまうので（貨幣供給の増加分を，その時の金利水準で貨幣需要が吸収しきれない場合に金利は低下する），金利はほとんど変化せず，よって金利の変化を通じた金融政策の効果は非常に弱くなる。このような状態は**流動性の罠**と呼ばれている。それでは，金利がかなり低い状態になったならば，金融政策そのものが全く意味を失くしてしまうかと言えば実はそうでもない。金融政策は金利を通じた波及経路だけでなく，他のさまざまな経路を通じて景気に影響を及ぼすと考えられている。以下ではそれらの経路のうちのいくつかを紹介しよう。

4　波及経路と近年の金融政策の動向

金融政策の波及経路

まず1つ目に**資産効果を通じた波及経路**があると考えられている。これは日本銀行の政策により社会（市場）に出回る貨幣が増えた結果，消費者の貨幣保有量が増加し，それを金融資産（富）の増加と認識した消費者が消費需要を増大させ，景気を刺激するというものである。これは金利が不変の場合でも起こりうる。

次に挙げるのは，**銀行貸出を通じた波及経路**である。これは金融政策により社会（市場）に出回る貨幣量が増加すると人々の預金額も増えるため，銀行の預金残高が膨らむことになる。銀行は預金に対して預金金利を支払わなければならないために，今まで以上に貸出に積極的になる。その結果，企業や家計の設備投資や住宅購入のための資金調達が容易になり，投資が増加して景気を刺激するというものである。ただし，これは企業や家計の投資需要（意欲）が十分にあることが前提となる。

他にも**資産価格を通じた波及経路**の存在も指摘されている。金融政策により社会（市場）に出回る貨幣量が増加した場合，人々は資産（不動産や株式など）の購入を増やすようになり，各種資産の価格が上昇することになる。例えば，株式の価格が上昇すれば，企業の価値が高まり，企業は今まで以上に有利に資金調達ができるようになるため，設備投資などが活発になる可能性がある。また不動産の価格が高くなれば，その担保としての価値が高くなるために，そのような不動産を所有する企業の資金調達がより有利になり，設備投資などを行いやすい環境になる。また消費者の観点からでは，上で説明した貨幣の資産効果と同様に，保有する資産の価格が上昇するので，それを富の増大と認識した消費者は消費需要を増やすだろう。これらの資産価格を通じた波及経路は1980年代後半のバブル発生に大きく関与したことがしばしば指摘されている。

さらには，人々が増えた手元の貨幣の使い道として外貨預金や外国債券への

投資に目を向けるならば，それらを実行するには自国の貨幣を外国為替市場で売却し，投資先の国の貨幣を購入しなければならないため，為替レートが変動する可能性がある。為替レートが変動すれば当然，輸出入が影響を受け，景気も影響を受けることになる。もちろん，金融政策が金利を大きく変えることができる状況下では，この**為替レートを通じた波及効果**はより大きなものになる（為替レートと景気との関係については第11章において解説される）。

　以上のように，少し考えただけでも金融政策の波及経路はかなり多岐にわたり，金利が十分に低い状態であったとしても，必ずしもその効果が消え失せるということはないことが分かる。しかし，それでもやはり，金利チャネルを通じた効果が弱くなる分，その有効性が小さくなるのは避けられない。

実際の金融政策

　これまで日本銀行は上で紹介した3つの手段（公定歩合操作，公開市場操作，法定準備率操作）を使って金融政策を実施してきたが，その目標は金利の調整であった。金利と言えばさまざまな金利があるが，その中でも金融政策の調整目標となる金利を**政策金利**と呼ぶ。金利の自由化が完了するまでは，日本銀行は公定歩合を政策金利として政策を運営していたが，自由化完了後は金融機関同士が1年以内の短期的な資金を貸し借りする**コール市場**で決められる金利である**無担保コールレート（翌日物）**が政策金利としての役割を担うようになった。そして，バブル崩壊後の長引く不況に対応する形として，1999年からこの**無担保コールレート（翌日物）**をできる限り低く抑える金融政策が採られるようになる。これがいわゆる**ゼロ金利政策**と呼ばれるものである。その翌年には一旦ゼロ金利政策は解除されたが，2001年から再び復活するも，デフレーション（物価下落）が持続していたこともあって，これ以上金利変更による金融緩和政策に限界を感じとった日本銀行は，政策の目標を金利から貨幣量の調整へと変更する。これが**量的緩和（政）策**と呼ばれるものである。

量的緩和策とは

具体的にこの量的緩和策とはどういった政策なのか。民間銀行は日本銀行に当座預金口座を持っている。日本銀行が公開市場操作（の買いオペ）により，民間銀行から国債や手形を買い取った場合，これに対する支払いはその民間銀行が日本銀行に持っている当座預金口座に振り込まれる。これにより民間銀行の当座預金残高が増えるが，この当座預金には金利が原則的にはつかないため（リーマンショック後は法定準備を超える分については0.1％の金利がついている），民間銀行は家計や企業に対する貸出や資金の運用をより増やすことが見込まれる。その結果として，市中に出回る貨幣量が増加すると期待される。日本銀行はこの日銀当座預金残高を増やすことを目標に金融政策を実施するようになる。これは金利の調整を政策目標としていたこれまでの（伝統的な）金融政策とは性質を異にする異例の政策として注目を浴びた。その後，この政策はデフレーションが解消したと判断された2006年にゼロ金利政策とともに解除され，政策目標は再び金利（無担保コールレート）の調整へと戻された。

しかし，2008年にアメリカでリーマンショックが発生し，その煽りを受けて日本経済も悪化し，再びゼロ金利政策が採用されるようになるが，やはり金融政策の手詰まり感が拭えず，2013年より再び政策目標を貨幣量とする量的緩和策を採用する。これに加えて，日本銀行が民間銀行などから買い取る資産を拡大（超長期国債や上場投資信託，不動産投資信託など）する**質的緩和策**を同時に実施し，デフレーションの脱却と景気回復を目指している。

5　投資の重要性と行き詰まる金融政策

本章では，マクロ経済学における投資とは何かを理解し，投資需要の増加は消費などの他の総需要構成項目とは異なり，新しい需要の創出だけでなく，将来の生産能力の拡大にも貢献するという投資の二面（重）性があることを学んだ。またグラフからGDPの変動を捉えるには，投資の動向を把握することが不可欠であることを見た。そして，基本的な投資決定理論から，投資が金利

第10章 投資関数と金融政策

（利子率）や将来の経済状態に対する予想（限界効率など）から大きく影響を受けることを学習し，さらに第8章のケインズの交差図の分析に金利から投資への影響を考慮した場合，国内総所得の決定にどのような影響が出てくるのかについて理解した。

続いて，物価の安定とともに，投資に大きく影響する金利を調整して景気をコントロールすることを目的とする金融政策について学習し，金融政策は公定歩合操作，公開市場操作，法定準備率操作の3つの手段により行われ，金利だけでなく，その他さまざまな経路を通じて景気に影響を及ぼすことを学んだ。そして，従来の金融政策が行き詰まっている中，ゼロ金利政策や量的・質的緩和政策といった今までにない金融政策が採用され，デフレーション脱却と景気回復を目指していることに触れた。

参考文献

宮尾龍蔵『コア・テキスト マクロ経済学』新世社，2005年。
  ＊第4章の投資の決定では，より深く幅の広い内容を取り上げていて分かりやすい。
白川方明『現代の金融政策』日本経済新聞出版社，2008年。
  ＊著者は元日本銀行総裁であり，現実的な金融政策についての詳細を学ぶことができる。

今後の学習のための本

中村保・北野重人・地主敏樹『マクロ経済学』東洋経済新報社，2016年。
  ＊マクロ経済学の統計・データの基礎知識から新しい成長理論までをカバーし，かつ内容も充実した本。近年，必須のシミュレーションの解説もある。
N. グレゴリー・マンキュー，足立英之他訳『マンキューマクロ経済学 入門編』第3版，東洋経済新報社，2011年。
  ＊中級レベルのマクロ経済学のテキストとして定番の本。
翁邦雄『金融政策のフロンティア――国際的潮流と非伝統的政策』日本評論社，2013年。
  ＊専門的な金融政策に関する内容を丁寧に解説している本。入門レベルの本を読み終え，とりわけ金融政策に関心を持った読者にお勧めしたい。

第Ⅱ部　マクロ経済学

練習問題

問題1
投資の二面（重）性とは何か説明しなさい。また，図10-1を参考にして，投資項目の中の（民間）設備投資や（民間）住宅投資の規模はおおよそ何兆円くらいか把握しなさい。

問題2
本章で説明した投資決定の基本モデルにおいて，今，何らかの理由で各物的資本水準における（物的資本の）限界生産力が大きくなったとする。これは最適な物的資本量の決定にどのように影響するだろうか（図10-4 ⓐⓑにおける色のついた棒グラフの高さが高くなったケースを考えればよい）。また（物的資本の）限界生産力を大きくする原因として，どのようなものが考えられるだろうか（ヒント：物的資本の量の変化以外で生産量に影響を及ぼすものの変化を考えればよい）。

問題3
金融政策の手段の1つに「公開市場操作」があるが，これはどのような政策か。今，金利の調整を目的として，買いオペレーション（買いオペ）が実施された場合，景気を刺激することが期待されるが，これはなぜか説明しなさい。

（秋山太郎）

第11章
国際マクロ経済学入門

本章のねらい

　経済のグローバル化という言葉が使われるようになって久しい。確かに国境を越えた経済取引はどんどん活発になっているように思えるが，この経済取引の実態を知るためにはどのような統計を見ればよいのだろうか。本章では，国境を越えて取引されるモノやサービス，資金，労働，情報，技術のうち，モノ，サービス，資金に焦点を当て，これらの取引を把握するための統計情報の読み方を説明する。また，為替レートや開放経済における経済政策の意義についても説明する。このような国際マクロ経済学の基本事項を理解することが本章のねらいである。

1　国際収支統計

　皆さんは，新聞や雑誌で，日本の経常収支が減少している，または，貿易収支が赤字である，といったニュースを見聞きしたことがあるかもしれない。貿易収支や経常収支はどのように算出されているのだろうか。あるいは，日本経済にとって貿易収支の赤字や経常収支の減少はどのような意味を持っているのだろうか。本節ではこのような問題を考えていこう。

国際収支表

　ある国（例えば日本）の居住者とその国以外の居住者（非居住者）との1年間の経済取引を休系的に計測したものが国際収支統計であり，新聞にも定期的に掲載される。皆さんも表11-1のような表が載った記事を見たことがあるだろ

第Ⅱ部 マクロ経済学

表11-1 2016年4月国際収支統計

(単位:億円)

①経常収支			18,785
	貿易・サービス収支		2,959
		貿易収支	6,971
		サービス収支	−4,012
	第一次所得収支		17,805
	第二次所得収支		−1,979
②資本移転等収支			204
③金融収支			14,793
④誤差脱漏			−4,197

(出所) 財務省。

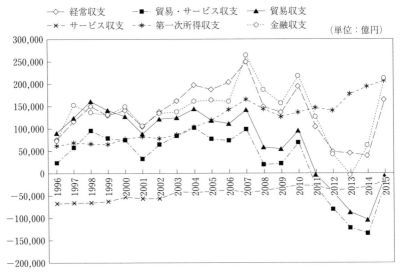

図11-1 国際収支の推移

(出所) 日本銀行。

う。また、図11-1は、国際収支のいくつかの項目を時系列のグラフにしたものである。

国際収支統計は大きく3つに分類される。モノやサービスなどの取引を計上した**経常収支**、金融資産負債の取引を計上した**金融収支**、資産の所有権の移転

や債務の免除などからなる**資本移転等収支**である。誤差脱漏は統計上の不突合である。国際収支表は複式簿記の原理に沿って作成されるが，本章では複式計上には言及せず，表11-1の読み方が分かるようになることを目標に説明しよう。

経常収支①──貿易・サービス収支

　経常収支は，貿易収支・サービス収支・第一次所得収支・第二次所得収支の4項目からなる。貿易収支とサービス収支は，合わせて貿易・サービス収支と呼ばれることもある。**貿易収支**は居住者と非居住者の財の取引が記載される。財の輸出代金の受取と輸入代金の支払いの差額であるとも言える。例えば，受取りが80，支払いが100であれば，受払いの差額は −20 である。受払いの差額が正の場合は黒字，負の場合は赤字と言う。1960年代半ば以降，日本の貿易収支は黒字であったが，図11-1にある通り2011年に赤字になった。

　次にサービス収支に移ろう。**サービス収支**は，サービスの取引に関わる受払いの差額を表している。サービス収支は「輸送」「旅行」「その他サービス」に分けられる。「その他サービス」には，各種金融サービス，知的財産権等使用料，研究開発サービスなど幅広いサービス取引が計上される。例えば海外旅行を考えてみよう。皆さんが大韓航空を利用して韓国に行くとする。この航空運賃は日本の居住者である皆さんから非居住者である大韓航空への支払いとして計上される。一方，日本へ旅行に来た海外の人が，日本のホテルへ宿泊しお土産屋で買い物をすればその宿泊費や購入代金は，日本の居住者の受取りとして計上される。これらの受払いの差額がサービス収支である。

経常収支②──第一次所得収支と第二次所得収支

　第一次所得収支には居住者と非居住者のあいだの所得の受払いが計上され，利子や配当の受払いが主要な構成項目である。例えば，皆さんが米国債を保有している場合，皆さんはアメリカ政府から定期的に利子を受取る。一方，アメリカの投資家がトヨタ自動車の株を保有していれば，トヨタ自動車はアメリカ

のその投資家に配当を支払うことになる。それぞれ逆のケースを考えることも容易であろう。このような利子や配当に関する受払いの差額が第一次所得収支の大部分を占める。

　第二次所得収支とは経常移転による受払いの差額を表す。移転とは，通常の取引と異なり，資金の一方的な動きのことを指す。通常の取引では，モノやサービスの動きと反対方向に代金が支払われる（資金が動く）。これに対し，資金の動きだけで，反対方向へのモノやサービスの移動がない取引を移転と言う。移転は，資本移転（資本移転等収支に計上される）と経常移転からなる。経常移転の例としては贈与や送金，政府による国際機関への分担金などがある。例えば，海外で働く人が日本に住む家族に送金をすれば第二次所得収支の受取りに計上され，日本政府が外国政府に無償資金協力を行えば支払いに計上される。これら受払いの差額が第二次所得収支である。

　これまでの説明から，経常収支の1つの解釈は，海外との取引に関する受払いの差額であることが分かるだろう。経常収支の黒字は受取り超過を意味し，赤字は支払い超過を意味するのである。

金融収支

　金融収支には，居住者と非居住者のあいだで行われた対外金融資産負債の取引が記録される。ここで資産とは，非居住者である海外の政府が発行する国債や，海外の企業が発行する株式などのことを指す。一方負債とは，海外の投資家など非居住者が購入する日本政府発行の国債や日本企業発行の株式などであり，居住者による非居住者からの資金調達を意味する。金融収支にはこのように株や国債などの金融商品の国境を越えた取引が計上されているのである。

　表11-1には示していないが，金融収支は，金融資産負債の取引の種類によって，「**直接投資**」「証券投資」「**外貨準備**」「その他投資」などに分けられる。「直接投資」とは経営関与を目的とした株式の取引のことである。国内企業による海外現地法人の設立，国内の工場の海外移設などが「直接投資」に反映される。「証券投資」は経営関与を目的としない株式の取引，例えば，資産運用

目的で海外の企業の株式を売買することなどが含まれる。「外貨準備」には日本銀行や政府の管理する対外資産の変動が計上される。「その他投資」には，取引の決済に伴う現預金などが含まれる。

金融収支の計算方法

　金融収支がどのように計算されるか見てみよう。金融資産の計上については，日本の居住者と非居住者間で行われる海外の金融資産の購入や売却が反映される。例えば，日本の投資家による米国債の売買を考えよう。例えば1年間の売買の結果，資産のネットの増減（資産増加分－資産減少分）がプラスであれば，資産の増加として計上され，マイナスであれば資産の減少として計上される。なお，資産の減少とは既に保有している資産を非居住者に売却することである。

　一方，金融負債の計上については，日本の居住者と非居住者間で行われる日本の金融資産の購入や売却が反映される。非居住者が日本国債や日本企業の株式を日本の居住者から購入することが，日本の立場からは負債の増加に対応するのである。反対に，非居住者が保有していた日本国債や日本企業の株式を日本の居住者に売却すれば，日本にとっては負債の減少となる。負債のネットの増減（負債増加分－負債減少分）がプラスであれば負債の増加，マイナスであれば負債の減少として計上される。

　金融収支の計算はこれらの差額「資産のネットの増減－負債のネットの増減」により計算される。例えば，資産のネットの増減が＋50，負債のネットの増減が＋20の場合，金融収支は30となる。すなわち金融収支は対外純資産の変化分である。なお，計上されるのは資産や負債の取引金額であり，売却していない保有資産の値上がり分や値下がり分は金融収支には計上されないことに注意しよう。

経常収支・金融収支・対外純資産

　これまで経常収支と金融収支について別々に説明したが，実は両者には密接な関係がある。本節の最後に，経常収支，金融収支そして対外純資産のあいだ

に成立する関係を見ておこう。国際収支表は，冒頭で触れた複式計上の原理で作成されているため，経常収支＋資本移転等収支＋誤差脱漏＝金融収支，の関係がつねに成立する。説明を分かりやすくするため，資本移転等収支と誤差脱漏を無視すると，経常収支＝金融収支と書ける。経常収支は海外との取引で生じる受払いの差額，金融収支は対外純資産の変化分であったから，この式は経常収支が黒字の場合，その受取超過が対外純資産の増加分に相当すること，同じことであるが，海外への貸出増・海外からの借入減になっていることを意味している。赤字の場合は支払い超過が対外純資産の減少分に相当し，海外への貸出減・海外からの借入増になっていることを意味する。このように，財やサービスなどの取引の結果生じる受払いの差額である経常収支は，対外純資産の増減や海外との資金の貸借を表しているのである。

最後に，財やサービスの取引を伴わない純粋な金融資産負債取引は，等価交換であるため，金融収支及び対外純資産を変化させないことに注意しよう。例えば，外貨預金口座にあるドルで，非居住者から米国債を購入したとしても，資産増（米国債）と資産減（ドル）が相殺されるのである。

2　外国為替レートと外国為替市場

外国為替レート

以下では米ドルのことを単にドルと書くことにする。1ドルを110円で購入できる時，ドル－円の為替レートを1ドル＝110円と書き「1ドルは110円である」と言う。このため**為替レート**は，異なる通貨間の交換比率であると言える。ある国の通貨1単位当たりの価格を他の国の通貨を単位として表したものであるとも言えよう。1ドル＝110円であれば，1円玉を110枚出せば1ドルが買えるのである。ただし，実際には手数料がかかるので注意しよう。

ある時点で1ドル＝110円であった為替レートが，その後1ドル＝130円になっていたとする。この場合，1ドルを購入するために130円支払わなければならない。私たちにとってドルは以前に比べて値段が高くなったことになる。こ

第 11 章　国際マクロ経済学入門

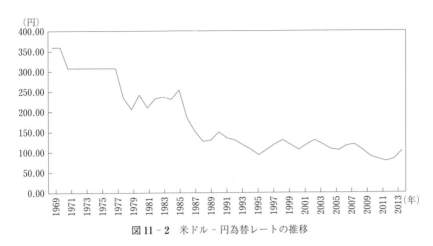

図11-2　米ドル-円為替レートの推移

のような時，1ドル＝110円と比較してドルが高く（円が安く）なったと言う。これがドル高（円安）である。反対に，例えば，1ドル＝110円から1ドル＝80円になる場合，同様に考えてドルが安く（円が高く）なったと言う。これがドル安（円高）である。図11-2は1969年以降の為替レートをグラフにしたものである。この間米ドルの価格は大きく変化したことがわかる。

なお，円高や円安というのは相対的な表現であり，円高円安を分ける特定の為替レート水準が存在するわけではないことに注意しよう。例えば，1ドル＝120円は，1ドル＝100円と比べれば円安であるが，1ドル＝140円と比べれば円高と言えるのである。

実質為替レート

これまで見てきた為替レートは名目為替レートと呼ばれる。すなわち，私たちが日頃ニュース等で目にしたり，実際に外貨を売買する時に見るのは**名目為替レート**である。他にも異なる為替レートの概念がある。ここではそれらのうち，実質為替レートについて説明しよう。

実質為替レート（ε）とは，ある国の財価格を，他の国の財を単位として測ったものである。経済学では，価格の比率，すなわち，価格比のことを相対価

格と呼ぶが，実質為替レートとは，財に関する2国間の相対価格であるとも言える。例を挙げよう。名目為替レートが1ドル＝120円，日本製のスニーカーが1足8,000円，米国製のスニーカーが1足100ドルとする。米国製スニーカーの価格を日本円で表すと，120円×100ドル＝12,000円である。この時，相対価格の考え方を利用して次のような計算をする。

$$\varepsilon = \frac{名目為替レート \times 米国製スニーカー価格(ドル)}{日本製スニーカー価格(円)}$$
$$= \frac{120(円) \times 100(ドル)}{8,000(円)} = 1.5$$

相対価格は，12,000円（分子の財，輸入財の価格）÷8,000円（分母の財，輸出財の価格）である。では，実質為替レート（相対価格）が1.5とは何を意味するのだろうか。相対価格は，日本製スニーカーを単位とした米国製スニーカーの価格である。すなわち，米国製スニーカー1足の価格は，日本製スニーカーを単位として1.5足分に相当するのである。このように考えると，実質為替レートは，米国製スニーカーと日本製スニーカーの交換比率とも言えよう。

ここまで財の種類は1種類だったが，財の種類を増やした時の実質為替レートを考えることもできる。2国間で消費される共通の財やサービスをまとめてあたかも1つの財のように考える。そして，そのまとめられた1つの財の価格を両国で考えるのである。第7章で学んだバスケットのことを思い出そう。すると，日米両国の物価水準を用いて実質為替レートを

$$\varepsilon = \frac{名目為替レート \times 米国の物価水準}{日本の物価水準}$$

と定義すればよいことが理解できるだろう。第3節および *Column* ㉓ ではこの実質為替レートと関連する話題を紹介する。

外国為替市場

外国為替市場（外為市場）とは，異なる外国通貨を交換する機能，言い換え

ると，交換比率（＝価格）を決める機能を持った抽象的な場の概念を指す。具体的な形態としては，電話や専用端末などで相互に接続されたシステムを指す。魚市場や花卉（かき）市場などのように取引参加者が一堂に集う物理的な場所や建物があるわけではない。名目為替レートはこの外国為替市場で成立するレートであり，刻一刻と変化している。

外国為替市場は世界中にあるが，取引参加者が集中している都市の名称で呼ばれることが多い。日本の場合は東京外国為替市場である。国際決済銀行（BIS）によれば，2016年の世界の外国為替市場における1日当たり平均取引高のシェアで見ると，ロンドン（37.1％），ニューヨーク（19.4％），シンガポール（7.9％），香港（6.7％），東京（6.1％）が上位を占める。また，これら以外にもチューリッヒ，シドニーなど世界中で取引が可能であるため，1日24時間ほぼいつでも外国為替の取引が可能である。

世界の為替取引総額は，2016年4月の1日平均で約5兆880億ドルであると言う。日本の名目GDPが500兆円前後であることと比較すれば，その規模の大きさが理解できよう。また，取引された通貨の組み合わせ別のシェアは，2016年4月の1日平均で，米ドル－ユーロ23.0％，米ドル－日本円17.7％，米ドル－英ポンド9.2％の順であった。また，ユーロ－日本円は1.6％で10位，ユーロ－英ポンドは2.0％で9位であった。

為替相場制度

現在，日本に住む私たちにとって外国為替レートが変動することは何の違和感もないだろう。報道で米ドル－円相場が変化したというニュースを日常的に見聞きするからだ。海外旅行に行く時は為替相場の動向が気になる人もいるだろう。しかしながら世界を見渡せば，日本と異なり為替相場が変化しない制度を採用している国も少なくないのである。以下では，為替取引の根幹をなす為替相場制度について概観する。最初に固定相場制，次に変動相場制について説明する。

固定為替相場制とは，中央銀行が為替介入することによって平価と呼ばれる

為替レートの水準を固定する制度である。為替介入とはどういうことだろうか。これは次のような例を考えると分かりやすい。図11-2から読み取れるように1970年代初頭まで日本は1ドル＝360円を平価とする固定為替相場制であった。この時投資家たちが何らかの理由で，例えば「1ドル＝360円というレートは，ドルの過大評価だ（本当は1ドルでは200円くらいしか買えないはずだ）。1ドルで360円も買えるならいくらでも円を買いたい」と考え，ドル売り円買いが生じたとする。この時日銀は，1ドル360円の平価を維持するため，外国為替市場において1ドル＝360円でドルを買わなければならない。この例と反対にドル買い円売りが生じる状況では，1ドル＝360円でドルを売らなければならない。これが為替介入の意味である。もちろん，後者の場合，日銀は取引に必要なドルを保有しておかなければこの制度は維持できない。なお，実際の固定為替相場制では多くの場合，平価の上下に一定の幅をもたせ，その幅の中での変動は認めている。

一方，**変動為替相場制**とは，上で述べたような為替介入は必要なく，為替レートの決定を需要と供給のバランス，すなわち，市場参加者の自由な取引に委ねる制度である。変動相場制のもとでは為替レートはつねに需給のバランスを反映し変動する。現在，先進国の多くは変動為替相場制を採用しているが，通貨ユーロを採用している国々の間では固定為替相場制の一形態である共通通貨制度を採用している。

変動為替相場制といっても，政府・中央銀行が全く介入しないということではない。急激で大幅な為替レートの変動は経済活動に大きな影響を与えるため，そのような場合には変動為替相場制であってもしばしば政府・中央銀行は裁量的に介入し，その程度もさまざまである。

3　為替レートの決定理論

この節では，名目為替レートがどのように決まるかについて基本的な考え方を紹介しよう。

通貨の需給バランス

　時々刻々と変化する名目為替レートの水準はどのように決まるのだろうか。為替レートは通貨の価格とみなせるため，第4章で見たように為替レートもまたその通貨に対する需給のバランスによって決まると考えられる。すなわち，円とドルのみが取引されている環境を想定すると，円の売り（ドルの買い）が多ければ，ドル価格の上昇，すなわち円安ドル高になり，反対の場合は円高ドル安になるだろう。例えば，皆さんが海外旅行に出かけるためどうしてもドルを購入したい，しかし1ドル＝100円ではだれもドルを売ってくれない状況を考えてみよう。この時，皆さんは1ドル＝105円の売り値を提示された場合その取引に応じるかもしれない。この例は，ドル需要の高まりが円安ドル高をもたらす調整過程を直観的に説明している。

　このような考え方をドルに対する需要と供給という概念を用いて整理しよう。図11-3には右下がりのドル需要曲線と，右上がりのドル供給曲線が描いてある。縦軸は為替レート（ドルの価格），横軸がドルの数量である。1ドル＝120円ではドル供給がドル需要を上回るため，ドルの価格は低下，すなわち為替レートは円高ドル安方向に動く。1ドル＝80円ではドル需要がドル供給を上回るため，為替レートは円安ドル高方向に動く。均衡では1ドル＝100円が実現している。では，均衡為替レートの水準を決めるドルや円の需給，つまり，ドルに対する需要曲線や供給曲線の位置はどのような要因によって決まるのだろうか。ここでは①財やサービスの貿易などの取引，②金融資産などの取引，③将来の為替レートに対する予想，それぞれによって生じる需給に分類して考えてみよう。

経常収支と為替レート

　①の考え方によると，財やサービスの輸出入などに伴う派生的な需要として通貨への需給が変化する。日本の輸入企業を考えてみよう。海外との取引はドルで行われているとすれば，海外からの輸入に先立って輸入企業はドルを調達（円を売ってドルを買う）しようとするだろう。これがドル需要に対応する。一

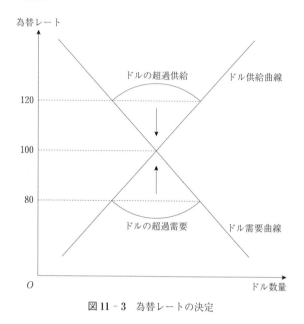

図11-3 為替レートの決定

方,輸出企業が輸出代金をドルで受け取ったとすれば,日本国内の社員に給料を支払うなどのために,ドルを日本円に交換する必要がある。これはドル売り円買い,すなわちドル供給に対応する。したがって,大胆に単純化すれば,貿易・サービス収支＝輸出－輸入＝ドル供給－ドル需要である。第一次所得収支なども同様に考えられるため,経常収支＝ドル供給－ドル需要が成立する。こうして,経常収支黒字はドルの超過供給につながり円高ドル安の方向に作用すると考えられるのである。

国際資本移動と為替レート

②について考えてみよう。皆さんがドルで外貨預金をしたいと思えば,それはドルへの需要である。アメリカ企業の株やアメリカ政府が発行する国債を購入したいと思えば,まずドルを入手しなければならないため同じくドルへの需要が発生する。反対にドルを保有する人が日本円で預金をしたい,あるいは,トヨタ株や日本国債を購入したいと思えば,まず,ドルを売って円を入手する

必要があるため、このような取引はドルの供給につながる。したがって、金融資産の取引に付随して生まれる通貨への需給が為替レートの決定に影響を及ぼすと考えることができる。

では、①による効果と②による効果ではどちらが大きいのだろう。現在では②の影響が大きいと考えられている。確かに1960年代のように、政府による国境を越えた資本移動の規制、技術的な理由による国境を越えた資本移動の難しさがあった時代には①が重要視された。日本の例で言えば経常収支の黒字は円高要因、経常収支赤字は円安要因と考えられた時期もあった。しかしながら、通貨の取引は膨大な額に上る一方で、貿易総額はこれに比較すると少ない。すなわち、資本移動に関する規制が緩和され、ITが発展した現在では、金融取引に派生する通貨への需要や次項で説明する投機による需要の方が為替レートの決定に大きな影響を及ぼすと考えることができるのである。

将来の予想と為替レート

③について考えてみよう。現在1ドル＝100円とし、もしも皆さんが将来1ドル＝120円になると強く信じたとしよう。この場合、現在100円で1ドルを購入しておき、将来実際に1ドル＝120円になった時、その1ドルで日本円を買戻せば、手数料を無視すると、20円の利益を得ることができる。この例から、将来の為替レートに対する期待（＝予測、予想）が為替レートの決定に大きな役割を果たすことが分かる。外国為替市場において、将来の円安ドル高予想が支配的であれば、円売りドル買いが優勢となり実際に円安ドル高が実現するだろう。反対の場合も同様である。このように、将来の予想価格と現在の価格の差に注目し利益を得ようとする売買を投機と呼ぶ。

投機の例を挙げよう。円安が続く時期にさらなる円安を予想し外貨取引を行うなど投機に傾注する個人投資家は「ミセスワタナベ」と呼ばれ、この呼称はマスコミにも時おり登場する。インターネットを利用した投機が個人にも身近になったことを示す事例である。もっと規模の大きな投機もある。例えば、1990年代初頭のイギリスポンド・イタリアリラ危機、1990年代後半のタイバー

ツを端緒とする東アジアの通貨危機などが広く知られている。また，2000年代に入ってもトルコやアルゼンチンなどで通貨危機が発生している。いずれも，当該国の為替レートが実力よりも高いと市場から評価され，市場に存在する将来の通貨安予想を利用し一部の機関投資家らが中心となり大量の売り注文を出す点が特徴で，売りあびせられた国の通貨は大きく自国通貨安になり，通貨制度の変更を含め，経済に大きな影響を与える結果となった。

購買力平価説

購買力平価説は為替レートと両国の物価水準の関係に注目した為替レートの決定理論である。今，日本とアメリカでビッグマックバーガーのみが取引されているとする。アメリカでのビッグマックが1個4ドル，日本では1個400円で販売されていたとしよう。仮にアメリカのビッグマックと日本のビッグマックが同じものであり第4章で学んだ**一物一価の法則**が成立しているとするならば，アメリカのビッグマック価格＝日本のビッグマック価格，が成立することになる。この例では，4ドル＝400円が成立し，1ドル＝100円を意味する。このように為替レートが決まると考えるのが購買力平価説である。実は，ビッグマックを使った購買力平価説による為替レートは**ビッグマック平価**と呼ばれる広く知られた指標で，イギリスの *Economist* 誌により現在でも計算・公表されている。

また，1財のケースの購買力平価説は，本章第2節で学んだ1財のケースの実質為替レートとも関連している。第2節では，名目為替レートが既に確定していると仮定して説明したが，ここでは，実質為替レート＝1であるとし，その時の名目為替レートを求めてみよう。

$$実質為替レート = \frac{名目為替レート \times 米国製スニーカー価格(ドル)}{日本製スニーカー価格(円)}$$

$$= \frac{名目為替レート \times 100(ドル)}{8,000(円)}$$

であるから，名目為替レート×100(ドル)＝8,000(円)を名目為替レートについて解けばよい。すると，名目為替レート＝8,000円／100ドル，つまり，1ドル＝80円になることが分かる。購買力平価説に基づく為替レートは実質為替レートが1の時の名目為替レートであると言うこともできるのである。この例では，財単位の交換比率である実質為替レート＝1という条件が一物一価を成立させていることに注意しよう。

4　開放経済における経済政策の効果

この節では，第8章で学んだモデルに海外部門を導入し，海外との取引が均衡所得に与える影響や，経済政策の効果がどのように変化するか考えてみよう。

純輸出と総需要

海外部門を導入するということは，国内の居住者と海外の居住者との取引を第8章の内容に組込むということである。そのために，第8章で学んだ閉鎖経済の総需要に，輸出－輸入で定義される**純輸出**（NX）を加え，総需要＝$C+I+G+NX$とする。ここで，国内総所得（Y）が増大すれば輸入が増加すると考えられるので，Yの増大は輸入の増大を通じて純輸出を低下させることに注意しよう。なお，純輸出は貿易・サービス収支に対応する。

さて，このように海外部門を導入した総需要を表す直線は第8章第4節の図8-4をどのように変化させるだろうか。第8章と同様の設定で説明しよう。消費関数は$C=a+bY$，投資と政府支出は定数でそれぞれI，Gであった。本章ではさらに，純輸出と国内総所得の関係が$NX=m-nY$によって表せるとする。mは$Y=0$であっても生じる純輸出を表す定数，nは追加的なYの増加によって生じる追加的な輸入財の購入数量である。説明を簡潔にするため$0<n<b<1$及び$T=0$と仮定する。純輸出は正負いずれの可能性もあるが，ここでは$m>0$さらにmは十分大きいと仮定する。以上より，総需要は次のように表される。

第Ⅱ部 マクロ経済学

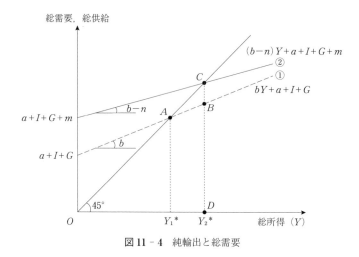

図11-4 純輸出と総需要

$$
\begin{aligned}
総需要 &= a+bY+I+G+m-nY \\
&= (b-n)Y+a+I+G+m
\end{aligned} \tag{11.1}
$$

図11-4を説明しよう。直線①は第8章で説明された総需要，すなわち閉鎖経済における総需要である（図8-4において，$\Delta G=T=0$ としたものに対応する）。①は開放経済のもとでは国内の人々による需要と解釈できる。傾きは b，縦軸切片は $a+I+G$ である。一方，直線②は開放経済における総需要(11.1)式である。②の傾きは $b-n$ で，①の傾きよりも n だけ小さい。$m>0$ と仮定したので②の切片 $a+I+G+m$ は①の切片より大きい。こうして2つの直線は m が十分大きければ図11-4のように描けることが分かる。

開放経済における均衡所得と純輸出

海外との取引を考えた場合の均衡所得がどのように決まるか図11-4を用いて説明しよう。総供給＝国内総所得が45度線である点は第8章と同様である。財市場の均衡は45度線と総需要を表す直線の交点で実現するのであった。そのため閉鎖経済における均衡所得は Y_1^*，開放経済で総需要が直線②の場合は

第11章 国際マクロ経済学入門

> ── *Column* ㉒　ロバート・A. マンデル（Robert A. Mundell: 1932-）
>
> 　マンデルはカナダ生まれの経済学者で，1999年にノーベル経済学賞を受賞した。受賞理由の1つは，開放経済における経済政策に関連する。貿易や資本移動が生じる経済環境で，固定為替相場制，変動為替相場制それぞれの通貨制度のもと，財政政策や金融政策がどのような効果を持つかについて分析した。このモデルは，マンデルが当時所属していたIMF（国際通貨基金）の同僚フレミング（M. Fleming）も同時期に類似の研究成果を発表していたため，マンデル＝フレミングモデルと呼ばれる。
>
> 　もう1つの受賞理由は，単一通貨を流通させる経済圏を形成する場合，その経済圏として設定される範囲が持つべき性質について分析したことである（最適通貨圏の理論）。ユーロを考えると分かりやすいが，共通通貨を持つ経済圏をどのように設定するかは現実問題としても大変重要な問題である。論文執筆は1960年頃のものであり，研究の先見性がうかがえる。

Y_2^* となることが分かる。m が大きければ，第8章で学んだ通り総需要が増えるため均衡所得も大きくなるのである。

　均衡における純輸出はどのように表されるだろうか。$Y=Y_2^*$ の時を考えよう。Y_2^* の総所得（＝総生産）があれば国内の需要は直線①から BD の長さで表される。一方，海外部門を含む②の総需要は CD である。そのため，均衡における純輸出は両者の差 CB となり，また，(11.1)式を用いれば $m-nY_2^*$ となることがわかる。

政府支出増大の効果

　開放経済における政府支出増大の効果と，閉鎖経済における政府支出増大の効果はどちらが大きいだろうか。図11-5の直線①は，閉鎖経済における総需要，直線③は開放経済における総需要を表している。①と③は，政府支出増大の効果を比較するため，政府支出増大前の均衡所得が等しくなるように描かれている。均衡（点 E）における純輸出がゼロになるような m の値を仮定していると言ってもよい。

　政府支出を ΔG だけ増大させた場合，閉鎖経済，開放経済のいずれの場合も，

第Ⅱ部　マクロ経済学

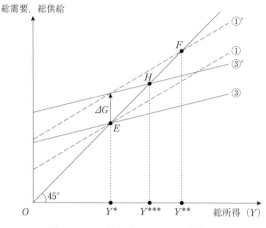

図11-5　開放経済における乗数効果

総需要は ΔG だけ上方にシフトする。閉鎖経済における総需要は①から①′にシフトするため均衡所得は Y^* から Y^{**} に変化する（点 E →点 F）。一方，開放経済における総需要は③から③′にシフトするため均衡所得は Y^* から Y^{***} に変化する（点 E →点 H）。図より明らかに，開放経済における均衡所得の増加分が，閉鎖経済の増加分よりも小さいことが分かる。

なぜこのようなことが起こるのだろうか。原因は，輸入を Y の増加関数と仮定したことにある。すなわち，所得の増大の一部が海外の生産物の購入に向けられ，国内で生産された財への需要増加に貢献しなかったのである。この効果が累積し，開放経済における均衡所得の増分は，閉鎖経済の均衡所得の増分よりも小さくなっているのである。

為替レートと純輸出

ここまでの説明では為替レートを扱ってこなかった。(11.1)式の純輸出にも為替レートは入っていない。以下では，(11.1)式の純輸出とは異なり，為替レートのみが輸出入を変化させるという設定のもとで，為替レートの変化が純輸出の変化を通じて国内総所得に与える影響を直観的に説明しよう。

── *Column* ㉓　マーシャル＝ラーナー条件 ──

　輸出入に影響を与えるのは，本章第2節で見た，輸入財価格を輸出財単位で表した実質為替レート（ε）であると考えられる。したがって，ε の値が上昇すれば（円安になれば）輸出財の数量 X は増大，輸入財の数量 Z は減少する。ここで純輸出は次のように表される。純輸出 $(NX)=X-\varepsilon Z$ となる。ε によって輸入財が輸出財の単位に変換されて NX が計算されていること，及び，第4節とは異なるモデルであることに注意しよう。さて，ε の上昇（円安になる）は右辺第1項の X を増大させ第2項の Z を減少させる。これらは NX を増大させる効果を持つ。ところが，第2項 Z の前に掛かっている ε も増大するため，必ずしも（輸出財単位で表された）輸入 εZ を減少させ，さらには純輸出 NX を増大させるとは限らないのである。では，どのような条件が満たされれば，ε が上昇した時，純輸出が増大するのだろうか。

　純輸出が均衡している状態，すなわち，$NX=X-\varepsilon Z=0$ から，為替レート ε が上昇した時，NX が正の値になる条件を求めよう。ε が $\Delta\varepsilon$ だけ上昇した時，X は $\Delta X(>0)$，Z は $\Delta Z(<0)$ 変化したとする。すると NX の変化分 ΔNX は次のように書ける。

$$\Delta NX=\{X+\Delta X-(\varepsilon+\Delta\varepsilon)(Z+\Delta Z)\}-(X-\varepsilon Z)$$
$$=\Delta X-\varepsilon\Delta Z-Z\Delta\varepsilon-\Delta\varepsilon\Delta Z$$

　最初の行の右辺中括弧は，ε が $\Delta\varepsilon$ だけ変化した後の純輸出，2つ目の括弧は変化前の純輸出である。2行目の式を使って両辺を $\Delta\varepsilon$ で割ると，$\Delta NX/\Delta\varepsilon=\Delta X/\Delta\varepsilon-\varepsilon\Delta Z/\Delta\varepsilon-Z-\Delta Z$ となる。$\Delta\varepsilon$ が十分小さければ，ΔZ も十分小さいので，上式は近似的に $\Delta NX/\Delta\varepsilon=\Delta X/\Delta\varepsilon-\varepsilon\Delta Z/\Delta\varepsilon-Z$ と書ける。ε が上昇した時 NX が増える条件だから $\Delta NX/\Delta\varepsilon=\Delta X/\Delta\varepsilon-\varepsilon\Delta Z/\Delta\varepsilon-Z>0$ となる場合を考える。両辺を X/ε で割れば $(\Delta X/\Delta\varepsilon)/(X/\varepsilon)-\varepsilon(\Delta Z/\Delta\varepsilon)/(X/\varepsilon)-Z/(X/\varepsilon)>0$ となる。最後に，当初 $NX=0$ を考えるので $X=\varepsilon Z$ が成立しているから，これを上の第2項，第3項に代入すると，$(\Delta X/X)/(\Delta\varepsilon/\varepsilon)-(\Delta Z/Z)/(\Delta\varepsilon/\varepsilon)>1$ を得る。最後の式は，マーシャル＝ラーナー条件と呼ばれており，直観的には，円安になった時，輸出数量は十分増加・輸入数量は十分減少することを要求している。

為替レートが円安方向に動いた時,純輸出はどうなるだろうか。まず,輸出は,円安により増大すると考えられる。なぜなら,円安により海外の人にとって日本の財が安く購入できるからである。一方,輸入は,円安により減少すると考えることにする。なぜなら,円安により輸入品は高価になるからである。以上から,円安により輸出は増大,輸入は減少するため,純輸出は増大することになる。円高はこの効果が反対方向に作用し純輸出を減少させる。

円安による純輸出増大の影響は,政府支出増大の影響と同様に考えることができる。すなわち,円安による純輸出の増大は政府支出の増大と同じく総需要を増大させるため,円安は国内総所得を増大させることが分かる。ただし,この結果は,為替レート以外の条件は変化しないという前提のもとで得られた結論である。また円安がもたらす負の側面には触れられていないことに注意しよう。

なお,本節では円安は純輸出を増加させると説明したが,為替レートの変化が輸入や純輸出に与える影響は,もう少し複雑である。実際には,円安が無条件に純輸出を増大させるわけではない。この話題は *Column* ㉓で紹介しよう。

5 海外とのつながりを考えるために

本章では,国際収支統計,特に,経常収支と金融収支の読み方を中心に説明し,経常収支の黒字が対外純資産の増加分あるいは海外への貸付と関連していることを学んだ。次に外国為替レートの基礎について説明した。名目為替レート,実質為替レートの意味や,外国通貨が取引される場である外国為替市場や為替相場制度を学んだ。また為替レートが将来の予想から影響を受けることも学んだ。最後に,第8章で学んだ45度線のモデルに海外部門を導入することにより,海外の取引や,財政政策の効果がどのように変化するかを説明した。

モノ,サービス,資金の国境を越えた取引をどう捉え,これらが国内総所得にどのような影響を及ぼすかについて考えてきたが,紙幅の都合で為替レートと利子率の関係や,これらを含む経済諸変数の相互依存関係など,重要な話題

を説明することができなかった。また，本章では，労働や技術の国境を越えた移動についても触れることができなかった。これらに興味のある読者は章末の文献などを利用して理解を深めてもらいたい。

参考文献

日本銀行ホームページ（http://www.boj.or.jp）。
　＊国際収支統計のデータや分かりやすい解説がある。
二神孝一『新エコノミクス　マクロ経済学入門』第 2 版，日本評論社，2009 年。
　＊国際マクロ経済学のコンパクトな解説がある。
橋本優子・小川英治・熊本方雄『国際金融論をつかむ』有斐閣，2007 年。
　＊国際金融論の入門書。為替レートの決定理論，為替相場制度などの分かりやすい解説がある。

今後の学習のための本

藤井英次『コア・テキスト　国際金融論』第 2 版，新世社，2013 年。
　＊必要な数式を避けることなく国際金融論をしっかり学びたい人向け。マクロ経済理論の解説も充実している。
齋藤誠『父が息子に語るマクロ経済学』勁草書房，2014 年。
　＊本章では扱えなかった交易条件，交易利得についての詳しい解説がある。

練習問題

問題 1
図11-1 から日本では経常収支のうち，第一次所得収支が占める割合が大きいことが分かる。なぜ第一次所得収支がこれほど大きいのだろうか（ヒント：まず，第一次所得収支とは何かを考える。次に，過去の経常収支の状況を図11-1 で確認する。最後に，経常収支と対外金融資産の関係を考えればよい）。

問題 2
第 3 節の「為替レートの決定理論」の「国際資本移動と為替レート」を参考に，アメリカの利上げがドル-円レートにどのような影響を及ぼす可能性があるか考えなさい。

第Ⅱ部 マクロ経済学

問題3
第4節の開放経済モデルを考える。(11.1)式を利用して，政府支出乗数を導出しなさい。また，その求めた乗数と，第8章第5節の閉鎖経済モデルにおける政府支出乗数 $1/(1-b)$ との大小関係を比較し，なぜそのような大小関係になるのか答えなさい。

（三宅伸治）

第12章
経済成長入門

本章のねらい

世界のさまざまな国を比べてみると、人々の生活水準には大きな違いがある。この違いは過去の経済成長の違いによる。この章ではこれまでのマクロ経済学の学習を踏まえて、なぜ私たちが経済成長について学ぶ必要があるのか、そしてどのようなメカニズムで経済成長が実現されるのかを考えていく。まず生産性と資本の蓄積の関係から、貯蓄と投資がどのように経済成長に対して作用するのかを学習する。次に現実のデータを振り返りながら、経済成長のメカニズムを考える際には、貯蓄と投資だけでは十分ではなく、いかに技術進歩を実現していくかが重要であることを理解する。

---

1 なぜ経済成長について学ぶのか

1人当たり実質GDPについて

私たちは第7章でGDPについて学んだ。GDPとはある期間に一国内で生産されるすべての最終的な財・サービスの市場価値を表すものであり、その国の経済規模や経済活動の成果を測定するものだった。それでは50年前と比較してある国が、どれくらい経済的に豊かになったのかを比較するためには、その国の今のGDPと50年前のGDPをそのまま比較すればよいのだろうか。実はこの方法は適切ではない。なぜなら50年前と現在では財・サービスの価格が大きく違っているために、GDPの違いがそのまま利用可能な財・サービスの量の違いを表すわけではないからである。50年前と今の豊かさの違いを比較するた

めには，同じ価格を使って利用可能な財・サービスの量を評価する必要がある。一般的に価格の基準年を定め，その年の価格を用いて計算した GDP は実質 GDP と呼ばれる。第7章では GDP の成長率が「経済成長率」と呼ばれることについて学んだが，一般的に経済活動の変化を読み取る上では，物価による影響を取り除いた実質 GDP の成長率に着目する。

一国の経済的豊かさについて着目する場合には，実質 GDP に対してもう1つ修正する必要がある。例えばある年の A 国と B 国の実質 GDP が同じである一方で，A 国の人口は B 国の2倍であるとしよう。この時生産している財・サービスの量は同じであっても，A 国の国民は B 国の国民の半分しかその財・サービスを消費できない。これは B 国の方が A 国よりもより豊かであることを意味している。この例から一国の経済的豊かさを測るためには，実質 GDP を人口で割った1人当たり実質 GDP に着目するのが適当であることが分かる。定義から1人当たり実質 GDP は以下のように表されることを確認しておこう。

$$1人当たり実質GDP = \frac{経済全体の実質GDP}{その国の人口} \qquad (12.1)$$

実際の例で言えば，最近中国が非常に高い経済成長を達成し，アメリカに次ぐ世界第2位の経済大国になったことが大きなニュースになったが，中国は人口も極端に多いため，1人当たりで見ると欧米諸国ほど豊かであるとは言えない。

ここでアンガス・マディソン（Angus Maddison: 1926-2010）という経済史研究者によって作成された1人当たり実質 GDP のデータを見てみると，日本では2010年時点で100年前と比較して，実質 GDP がおよそ17倍になっていることが報告されている。実際に現代に生きる私たちの生活水準を100年前の日本人と比べてみると，大きな違いを感じずにはいられないだろう。例えば現代の日本人の平均寿命は男女ともに80歳を超えている一方で，100年前の平均寿命は45歳程度しかなかった。また現代では大半の子どもが中学校卒業後，高校に進学し，高校卒業者の半数以上が大学に進学する。しかし100年前では，小学

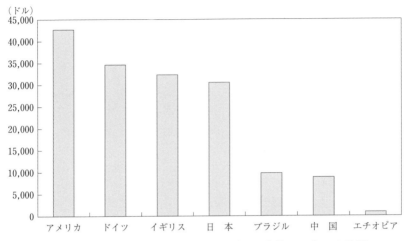

図12-1　2011年における世界7カ国の1人当たり実質GDP（2005年基準）
（出所）　Penn World Table, version 8.1.

校（正確に言うと当時は尋常小学校と呼ばれた）を卒業した後に中学校に進学するのは10人に1人程度であり，多くの子どもたちが12歳から働き始めた。また家事をするにしても，地方では水道・ガスなどの社会インフラは整っておらず，現代ではどの家庭にもある洗濯機や炊飯器などの家電製品もなかった。

　それではなぜ私たちの生活水準はこれほどまでに大きく改善したのか。その答えは経済成長である。過去100年で日本経済が急速に成長できたことが現在の豊かさにつながっている。ではなぜ日本経済は過去100年で急速に成長できたのであろうか。また成長できる国とできない国の違いはどこにあるのだろうか。政府はどのような政策を採用すれば経済成長を促進することができるのだろうか。このような疑問に答えるのがマクロ経済学の中の「経済成長論」という領域である。

世界の経済成長

　前項では1人当たり実質GDPが人々の経済的豊かさを計測する指標となることを見た。それでは1人当たり実質GDPは世界各国でどれほど異なってい

第Ⅱ部　マクロ経済学

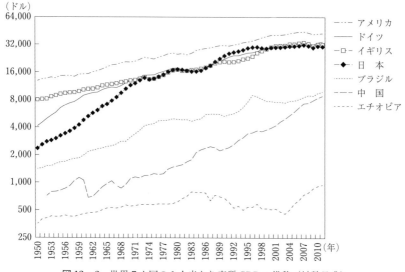

図12-2　世界7カ国の1人当たり実質GDPの推移（対数目盛）
（出所）　Penn World Table, version 8.1.

るのだろうか。図12-1は2011年における世界の7カ国の1人当たり実質GDPを比較したものである。図12-1を見ると，経済的な豊かさには，国ごとに大きな違いがあることが分かる。例えば最も所得の高いアメリカと最も所得の低いエチオピアではその所得格差は40倍を超えている。

　世界ではなぜこれほどの大きな所得格差が存在しているのだろうか。この巨大な所得格差は過去の経済成長率の違いによる。図12-2は上に挙げた7カ国について1950年から2011年までの1人当たり実質GDPの推移を表したグラフである。図12-2ではグラフの縦軸の目盛と目盛の間隔が，ちょうど2倍ずつになっていることに注意してほしい。このような目盛の取り方は「対数目盛」と呼ばれる。実は対数目盛のグラフでは各国のグラフの傾き具合が，ちょうど各国の1人当たり実質GDPの成長率に対応している。このことからグラフの傾き具合が大きいほど，成長率が高いということになる。

　図12-2を使うと各国の成長パターンがはっきりと読み取れる。まず初めにアメリカ経済を見てみよう。アメリカは1950年時点で，すでに7カ国の中では

最も豊かな国であったが，図12-2ではほぼ直線的に（つまり一定の傾きで）成長していることが分かる。実際に確認してみるとアメリカ経済は1950年から2011年にかけて平均して2％程度の成長率をキープしてきたことが理解できる。

次に中国とエチオピアの比較をしてみよう。1950年当時は中国とエチオピアの所得を比較すると中国がわずかに高い程度であったが，その後中国は急激な経済発展によって，ブラジルの所得水準とほぼ同程度になっている。一方でエチオピアの所得水準は（最近ようやく上昇してきたが）依然として低いままであり，結果として生活水準の大きな格差が生じている。

最後に日本経済について見ておこう。図12-2を見ると日本は1950年から1970年あたりにかけては急速に成長し，ドイツやイギリスと同程度の所得水準を実現している。特に1960年代には実質GDPの成長率が10％を超えるほどの急速な成長を実現しており，このことから1960年代は**高度成長期**と呼ばれている。一方で1970年代に入ると次第に成長率は鈍化し，1990年代から現在に至るまで日本経済は低成長時代の真っ只中にいる。それでも世界全体で見れば，戦後，日本経済が高い経済成長率を実現することで豊かな国となり，現在でもその豊かさを維持していると言えるだろう。

2　生産性と物的資本

1人当たり実質GDPと生産性

私たちは国家間で1人当たり実質GDPに大きな違いがあることを見てきた。この違いはどこから生み出されるのだろうか。本節ではこの問題について考えるために，1人当たり実質GDPの式を以下のように変形しておく。

$$1人当たり実質GDP = \frac{経済全体の実質GDP}{その国の人口}$$

$$= \frac{経済全体の実質GDP}{労働者数} \times \frac{労働者数}{その国の人口} \quad (12.2)$$

第Ⅱ部 マクロ経済学

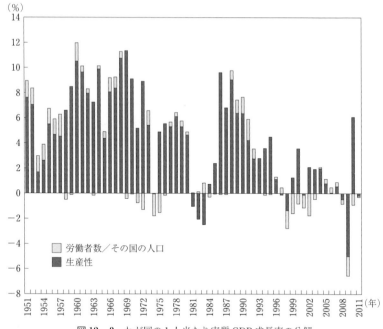

図12-3 わが国の1人当たり実質GDP成長率の分解
（出所） Penn World Table, version 8.1.

　この式は1人当たり実質GDPが「経済全体の実質GDP／労働者数」と「労働者数／その国の人口」の掛け算として表されることを意味している。「経済全体の実質GDP／労働者数」は労働者1人が，どれほどの財・サービスを生産できるかを表しており，**生産性**と呼ばれる。この式から第7章の *Column* ⑮で説明したように，1人当たり実質GDPの成長率は生産性の成長率と「労働者数／その国の人口」の成長率の足し算として表されることが分かる。

　この関係を使って，日本の1人当たり実質GDPの成長率を，生産性の成長率と「労働者数／その国の人口」の成長率の足し算に分解したのが図12-3である。図12-3を見ると，日本の1人当たり実質GDPの成長はその大部分が生産性の伸びによって引き起こされていることが分かる。例えば高度成長期に当たる1960年から1970年にかけて実質GDPの成長率は平均で約9％であった

が，そのうちの9割以上は生産性の成長によるものであった。この傾向は他の国でも同様である。このことから1人当たり実質GDPの成長要因について考察する時には，生産性の成長について考えることが重要になる。

物的資本と人的資本

1人当たり実質GDPを考える上で生産性が重要であることが分かった。しかしそれでは生産性はどのような要因によって決まるのだろうか。この問題を考えるために次のような例を考えてみよう。例えばあなたが今夜，10人の友人を自宅に呼んで，パーティーを行うつもりでいるとする。あなたは10人の招待客のために多くの料理を作って準備しなければならない。本当は何人かの友人に料理を手伝ってほしいが，友人たちは別の用事があり，あなた1人で料理をしなければならない。さてどのようにすれば，手際よく料理をすることができるだろうか。言い換えればどのようにすれば料理の「生産性」を高めることができるだろうか。

この時の1つの解答は，料理を作る際に便利な道具をより多く使うことである。例えば餃子やハンバーグを作る時には野菜をみじん切りにする必要があるが，もしフード・プロセッサーがあれば，あっという間にみじん切りが終わってしまうだろう。また単身者用の小さなガスコンロしかないような場合と比べて，大きなガスコンロやオーブンがあれば，火を使う料理を早く作れるだろう。第10章では，財・サービスを作る際に用いられる道具や設備，そして工場などの建物は資本財もしくは単に資本と呼ばれることを学んだが，より多くの資本財を持っていればより効率的に料理を作ることができる。このことは経済全体についてもあてはまる。実際に各国の生産性を比較すると，生産性の高い国ほど，労働者1人当たりの資本量が多い傾向にある。

注意すべき点は，第1章第1節で説明されたように資本を用いた生産は迂回生産の1つであるということである。資本はただで手に入るものではなく，誰かが生産してくれたものを購入しなければならない。先ほどの料理の例で言えば，オーブンやフード・プロセッサーもメーカーが生産したものを購入しなけ

ればならない。その意味では資本は「誰かによって生産された生産手段である」ということであり，資本を用いて生産を行うためには，前もって資本そのものを生産する必要がある。

　どうしたらより効率的に料理を作れるかという問題に対するもう1つの解答は，あらかじめ料理の腕を磨いておけばよいというものである。例えば日頃から料理を作っている人と，普段全く料理を作らない人では，同じ道具を使ったとしても手際が全く違うだろう。また料理教室や調理師学校に通った人の方が調理に関する技能や知識は優れており，よりおいしい料理を作ることができるだろう。このように教育・訓練などを通じて蓄積される知識や技能は**人的資本**と呼ばれる（それに対して財・サービスを作る際に用いられる道具や設備などの資本財は人的資本と区別して**物的資本**と呼ばれる）。これらの例から労働者がより多くの人的資本を獲得している時ほど，生産性を高めることができることが分かる。人的資本と物的資本がともに「資本」と呼ばれるのは，これらが共に迂回生産によって生産されるという点で共通しているからである。実際に人的資本を蓄えていくために，教師，教科書，学校といった物理的な資源のみならず，教育や訓練を受けるための時間といった形での資源の投入が必要である。このことから人的資本もまた「生産された生産手段」である。

物的資本の蓄積——貯蓄と投資

　前項では生産性を決定する要因として物的資本と人的資本という2つのタイプの資本が重要となることを説明してきた。では私たちの社会はどのような方法でこれらの資本を増やし，生産性を高めることができるのだろうか。

　私たちは，すでに第10章第1節で企業による**設備投資**によって資本量が決定されることを学んだ。一方で投資を行うためにはそのために資金が必要であるが，その資金はどこからやってくるのであろうか。一般的に言うと企業は多くの場合，投資のための資金を外部から調達する必要がある。例えばある企業は株式や債券を発行して，金融市場から投資に必要な資金を直接集めるだろう。一方で銀行などの金融仲介機関から投資のための資金を集めるような企業もあ

るだろう。重要な点はいずれの場合であっても，家計や企業の**貯蓄**が，金融市場や金融仲介機関を通して，企業に貸し出され，その資金が投資に用いられるということである。

　第8章で学んだように貯蓄とは総所得から消費を差し引いたものであり，おおざっぱに言うと所得のうち消費されなかった金額のことである。このことから次のようなお金の流れが見えてくる。まず家計は自らが得た所得を消費と貯蓄に振り分けている。消費に向かった金額は，その年の消費財の購入にそのまま向かう。一方で貯蓄された金額は株式市場や債券市場などの金融市場，または銀行などの金融仲介機関（これらは総称して「金融システム」と呼ばれる）を通じて企業に提供される。そして企業が手にした資金は新たな投資に用いられ，生産性の向上に役立つ。このようなマクロの視点で眺めてみると，貯蓄は「単に将来のためにお金をためる」ということだけではなく，社会的には「企業による生産性の向上をもたらす」という意味を持っていることが理解できるだろう。またこのことから資本量を増やして生産性を引き上げ，経済成長を実現するためには，今期の消費を我慢し，貯蓄を高めていく必要がある。

　最後に人的資本に関しても少しだけ述べておく。この項では将来的に物的資本を増やして生産性を高めていくためには，今の消費を我慢し，貯蓄を増やす必要があることについて述べてきたが，実は人的資本についても同様のことが成り立つ。人的資本を増やすための最も重要な要素は教育や訓練である。特に子どもや若者が教育を受けるためには学校に通う必要があるが，学校に行っている時間は働くことができないため，その分の所得や賃金を得ることができない。したがって教育を受けて将来的に人的資本を増加させるためには，現時点の消費をある程度我慢しなければならないということになる。

資本の限界生産物逓減と生産性の向上

　前項では投資によって物的資本の量が増加していくことを見てきた。それでは設備投資を続けていくと，いくらでも生産性は向上し続けるのだろうか。実はこの問いに対する答えはノーであり，資本量が増加したからといって生産性

第Ⅱ部　マクロ経済学

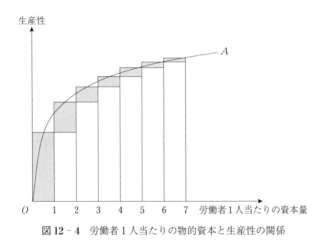

図12-4　労働者1人当たりの物的資本と生産性の関係

が際限なく増えていくわけではない。なぜなら第10章で学んだように資本には**限界生産物逓減の法則**が成り立つからである。資本の限界生産物逓減を踏まえると，生産に投入する労働者1人当たりの物的資本の量と労働者1人当たりの生産量（これは生産性に対応している）との間には図12-4の曲線 OA のような関係があることが分かる。図12-4によると労働者1人当たりの資本量を0から1，2，3単位……と順次増やしていくと，1人の労働者がより多くの設備や機械を利用できるようになるために，労働者1人当たりの生産量が上昇していく。資本の限界生産物は，資本の量を1単位増やした時の生産量の上昇分のことであり，これは図12-4の棒グラフのグレーの部分で表される。図12-4では資本の限界生産物逓減という性質を反映して，労働者1人当たりの物的資本の量が増えていくと，このグレーの部分が次第に小さくなっていることが分かる。

　ここで次のような状況を考えてみよう。ある国の政府が，この国の生産性を高めるために貯蓄を奨励し，これによって家計の所得のうち貯蓄にまわる割合（これは通常，**貯蓄率**と呼ばれる）が上昇したとしよう。この時，より多くの貯蓄が行われるようになり，貯蓄された資金が金融システムを通じて企業に貸し出される。企業はこの資金を使って設備投資を行うために経済全体で資本が蓄積

されていき，生産性が上昇していく。しかしここで資本には限界生産物逓減という性質があったことを思い出してほしい。確かに資本量が増えていくと生産性は上昇していくが，その伸びは次第に小さくなっていく。生産性の伸びが小さくなるということは，成長率が低下していくことになり，やがて生産性の成長は停止してしまうことになる。この状況を要約すると貯蓄率を引き上げ，資本の蓄積を促進することは長期的に見ると生産性の水準を引き上げる効果がある一方で，成長率を引き上げる効果は一時的なものに限られるということができる。

　私たちは資本の限界生産物逓減という性質のもとで，高い貯蓄率とそれに伴う旺盛な投資は，初めに経済を急速に成長させる一方で，次第に成長率は低下し，最終的に成長が停止することを確認した。以下ではこの結論を踏まえて，日本の高度経済成長のプロセスを考えてみよう。日本は第2次世界大戦においてその資本設備の多くを失い，経済全体の生産量は大きく縮小したことが知られている。例えば戦後の経済安定本部の調査では，戦争によって工業用機械の30％以上，船舶にいたっては80％以上を消失している。しかし戦後，1950年代から60年代にかけては，家計の貯蓄意欲が高まったこと，そして政府が家計貯蓄を基幹企業の育成やインフラ整備に投資する仕組みを整備したことにより，家計の豊富な貯蓄を原資として旺盛な設備投資が行われた。また戦争によって資本量そのものが減少してしまったが，逆に資本の限界生産性が高まり，設備投資が大きな生産性の上昇をもたらすこととなった。これによって日本の1人当たり実質GDPは1970年頃までにイギリスやドイツをわずかに下回る程度にまで上昇した。しかしその後高度成長期が終わると，日本経済は次第に成長率を低下させていった。このような成長率の低下は，資本の限界生産物逓減によって生産性の伸びが鈍化していくという上の説明とうまく適合している。

　このような戦後の日本経済の成長プロセスはドイツや韓国などについてもよく当てはまっている。しかし注意深く見てみると物的資本の蓄積だけでは，あらゆる国々の経済成長のプロセスをうまく説明できないことも分かるだろう。例えば図12-2を見ると戦後アメリカ経済はほぼ一定の成長率で成長してきた

ことを既に確認した。計算してみるとアメリカ経済は1950年から2008年にかけて約2％程度でずっと成長しており，「成長率が長期的に低下する」ということは起こっていない。また日本経済についても，1970年以降では確かに成長率は低下しているがゼロになったわけではなく，1980年代は約3％，1990年代でも1人当たりGDPは約2％の率で成長している（ただし2000年代に限ると日本の1人当たり成長率はほぼゼロである）。どうやら図12-2からは，資本の限界生産物逓減による成長率の低下はいくつかのケースに対しては当てはまるものの，経済成長そのものが停止していくという傾向はなさそうである。

3 技術進歩の役割

技術知識と技術進歩

それでは持続的な生産性の向上をもたらすような要因としては，資本以外にどのようなものが考えられるだろうか。物的資本や人的資本以外に生産性を向上させる要因としては，**技術知識**を挙げることができる。技術知識とは財・サービスを生産するための最良の方法に関する知識のことを指す。前節では物的資本や人的資本について説明する際に料理の例を用いて説明したが，料理のレシピは1つの技術知識であると言える。インターネットで検索してみると，いろいろな料理についてさまざまな調理法に関する情報を得ることができる。例えば時間のかかる料理についても情報を調べると調理時間を節約できるようなレシピを見つけることができるだろう。そのようなレシピを使って料理を作れば，たとえ同じような料理道具（物的資本）を使い，同じような料理の腕前（人的資本）であったとしても，より手早く料理を作ることができるだろう。

技術知識の水準が高まることは**技術進歩**と呼ばれる。上の例から分かるように労働者が使うことのできる物的資本や人的資本が同じ水準であったとしても，技術進歩が生じれば，より多くの財・サービスが生産できる。このことは労働者1人当たりの資本量と生産性の関係を使って理解することもできる。図12-5は技術進歩がどのように物的資本と生産性の関係に影響を与えるのかを示し

第12章 経済成長入門

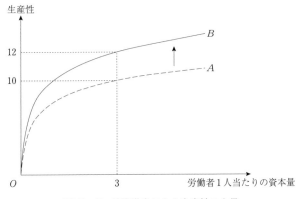

図12-5 技術進歩による生産性の上昇

たものである。右上がりの曲線 OA は技術進歩が生じる前の労働者1人当たりの資本量と生産性の関係を表しており、この経済では労働者1人当たりで3単位の資本を用いて10単位の財を生産している。技術進歩が生じると、前と同じ3単位の資本でより多くの財を生産できるようになるため、生産量が10単位から12単位に増加する。このような生産量の上昇はどんな資本量の水準に対してもおこるので、技術進歩のために曲線 OA は曲線 OB へと上方にシフトする。

　実際に技術進歩は財・サービスの生産方式を大幅に変え、生産性の向上に大きく寄与した。例えば鉄道や自動車の発明は、人々の輸送にかかる時間や貨物の輸送にかかるコストを大幅に削減し、生産性の向上に大きく寄与した。農業分野においても過去100年で機械化が大きく進んだことや、肥料の大量生産の手法が確立されたことなどの農業技術の進歩が生じたため、わずかな農業従事者数で、より多くの農作物を生産できるようになった。結果として多くの先進国で、農業などの第1次産業の従事者数が減少し、工業などの第2次産業、サービス業などの第3次産業の従事者数が増加していった。

技術進歩と成長会計

　生産量や資本量は統計データを用いることによって計測することができる。

251

第Ⅱ部　マクロ経済学

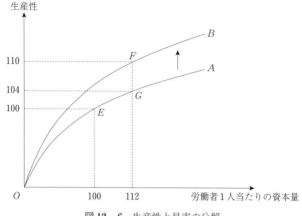

図12-6　生産性上昇率の分解

しかし技術知識や技術進歩といったものは，それに対応する正確な統計データがないために直接計測できない。経済学者はどのような方法で技術知識や技術進歩を計測しようとするのか。ここでは間接的に技術進歩を計測するために用いる方法について説明しよう。

図12-6を見てほしい。この経済では2000年の時点で労働者1人当たり100単位だけの資本量を用いて，労働者1人当たり100単位の財を生産している。つまりこの時の生産性は100単位である。これは2000年にこの経済が点Eで生産を行っていたことを意味している。その後2000年から2010年にかけて，労働者1人当たりの資本量が100単位から12単位，増加率にして12%増加したとしよう。この時労働者1人当たりの資本量が増えることによって生産性が4単位分，増加率にして4%増えている。さらにこの期間に技術進歩も生じたことによって，労働者1人当たりの資本量と生産性の関係を表す曲線OAが曲線OBへと上方にシフトしたとしよう。この結果，生産性が最終的にもとの100単位から110単位に，増加率にして10%上昇している。これは2010年ではこの経済が点Fで生産を行っていることを意味する。

この時点Eから点Fへかけての生産性の上昇率である10%を①点Eから点Gへの変化率と②点Gから点Fへの変化率に分けて考えてみよう。まず点E

から点 G への縦軸方向の変化率について,これは曲線 OA 上にそって資本量が増加した時の生産性の伸びを表していることから,「労働者1人当たり資本の寄与」と呼ばれる。この例では労働者1人当たり資本の寄与によって生産性が4％向上している。次に点 G から点 F への縦軸方向の変化を考える。この点 G から点 F への縦軸方向の変化率は,曲線 OA が曲線 OB へと上方にシフトすることによる生産性の伸びを表しており,これが「技術進歩率」に対応している。このことを踏まえると生産性の上昇率は「労働者1人当たり資本の寄与」と「技術進歩率」の足し算になっている。

生産性の上昇率＝労働者1人当たり資本の寄与＋技術進歩率　　(12.3)

図12-6では生産性の上昇率は10％なので技術進歩率は10％－4％＝6％となる。

ここで資本の限界生産物は3分の1となることに着目しておこう。なぜならこの例では1人当たり資本量を12単位増やすことによって生産物が4単位増加しており,1人当たり資本量1単位当たりで見ると,生産物は4単位÷12単位＝3分の1単位増加しているからである。実はこのケースに限らず「労働者1人当たり資本量の成長率」に,資本の限界生産物である3分の1を掛けると「労働者1人当たり資本の寄与」の大きさが得られる。したがって以下の式を用いると技術進歩率を求めることができる。

$$技術進歩率＝生産性の上昇率－\frac{1}{3}×労働者1人当たり資本量の成長率$$
$$(12.4)$$

このように生産性の上昇率を労働者1人当たり資本の寄与と技術進歩率の足し算に分解する手法は,**成長会計**と呼ばれる。生産性の上昇率と労働者1人当たり資本量の成長率が分かれば,この式を用いることで経済成長の要因を分解することができる。特にこの方法で計測された技術進歩率は,生産性の上昇率の中でも資本の寄与では説明できない部分として計測されている。つまり技術

第Ⅱ部　マクロ経済学

Column ㉔　ロバート・M. ソロー（Robert M. Solow: 1924-）

　第2節では投資を増やし，資本の蓄積を促進することは，長期的に生産性を引き上げるが，資本には「資本の限界生産物逓減」という性質があるために，生産性の成長については一時的に高まるに過ぎず，長期的には成長が停止することを見てきた。また本節では生産性の上昇率を，1人当たり資本の寄与と技術進歩率の2つの足し算に分解するという成長会計の手法について説明した。この2つの考え方はいずれもアメリカの経済学者であるソローによって提示されたものである。前者の考え方はソローが1956年に公表した「経済成長理論への一寄与」と呼ばれる論文の結果に基づいており，彼がこの論文の中で提示したモデルはソロー・モデルとして知られている。ソロー・モデルはその構造が非常に単純である一方で，経済成長について多くの有益な帰結を提示しているために，現在のマクロ経済学では，最も基礎的な成長モデルの1つであるとみなされている。また後者の成長会計の手法についてもソローが1957年に公表した「技術の変化と集計的生産関数」という論文で提示されたものである。この2つの論文によって経済成長を分析するための手法が確立し，その後の経済成長論の発展につながった。この功績によりソローは1987年にノーベル経済学賞を授与されている。

進歩率は，単に経済の技術進歩だけではなく，資本量が増えること以外で生産性を向上させるすべての要素を含んでいることに注意しておこう。

日本の成長会計

　図12-7は1950年代から2000年代にかけての各10年間における生産性上昇率を，成長会計の手法で要因分解したものである。図12-7を見ると日本の経済成長の軌跡をより詳しく理解できる。前節では1950年代から60年代にかけて，高い家計貯蓄率に支えられた旺盛な投資が，生産性を急速に伸ばす要因になったことを説明したが，成長会計の結果によると，それ以上に技術進歩による生産性の上昇が大きな役割を占めていることが分かる。実際に1960年代に日本の労働者1人当たりの生産量は年率で約8.6％程度成長したが，その成長の半分以上は技術進歩による。一方で1970年代以降は徐々に生産性の成長率は低下し

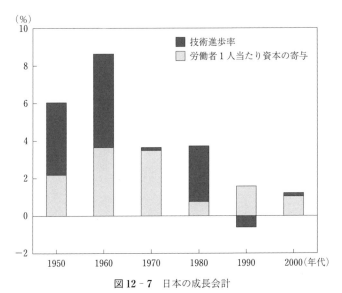

図 12 - 7 日本の成長会計
（出所） Penn World Table, version 8.1.

ていったが，その要因としては労働者1人当たりの資本量があまり成長しなくなっただけではなく，技術進歩率が大きく低下したことが挙げられる。特に1990年代以降は生産性の成長率は1％程度にまで低下しているが，その中でも技術進歩率の影響はきわめて小さくなっていることが分かるだろう。

技術進歩をもたらす要因

本章では技術知識の水準が高まることを技術進歩と呼んだ。したがって財・サービスを生産するための新しい方法やアイデアが生み出されれば，技術知識の水準が高まる。財・サービスを生産するための新しい方法やアイデアを生み出す経済活動は**研究開発**と呼ばれる。

現代は科学技術の時代であり，研究開発はさまざまな形で行われている。例えば研究開発の一部は政府によって行われており，国立大学や公的機関による研究の多くでは国民による税金が研究費として用いられる。一方で現代社会における研究開発のメインプレーヤーは民間企業である。2014年度に大学や非営

利団体・公的機関の研究にかかった費用は約5.4兆円なのに対し，民間企業のそれは約13.6兆円となっている。民間企業は研究に成功すれば，研究成果をもとに新たな製品を販売し，それによってより多くの利益を得ることできる。言い換えれば研究開発に成功した場合の利益が研究開発を行う動機となっている。政府は**特許権**などの知的所有権制度を確立することによって，研究開発を促進することができる。特許権とは有用なアイデアを発明した人が，一定期間そのアイデアを自由に使用できる権利のことである。特許による発明者の保護が強まれば，発明者は研究開発に成功した場合の利潤を確実に手に入れることができるようになるために，企業などによる研究開発は促進されると考えられる。

　研究開発が技術進歩をもたらすという考え方は直感的にも分かりやすい。しかし図12-7で示されているような1990年代以降の技術進歩率の低迷を考える時，日本の技術進歩はそれほど遅れていたのだろうか。ここで成長会計によって計測される技術進歩率は，生産性の上昇率の中でも資本の寄与では説明できない部分として計測されることを思い出そう。つまり成長会計によって計測される技術進歩率は，単に工学的な意味での技術進歩だけではなく，それ以外に「資源を効率的に使う方法の改善」を含んでいる。この点を踏まえると日本の技術進歩率の低下をもたらした別の要因が浮かび上がる。

　それは産業間や企業間における**不適切な資源配分**という要因である。ここでは企業間の資源配分の問題に的をしぼって説明する。一般的に労働者や資本の移動は資源利用の効率性を高める。実際に企業間で労働者の生産性が異なっている時，生産性の高い企業ほど，同じ労働者を使ってもより質の高い財・サービスを生産することができるため，最終的には生産性の高い企業が生き残り，生き残った企業に労働者や資本は集まる。このような競争の結果として経済全体で資源配分の効率性が高まり，技術進歩率も上昇する。しかし何らかの理由（政府による過剰な規制や保護）で市場における健全な競争が妨げられているような場合には，競争による企業の退出が起こらないために，労働や資本が生産性の低い企業にとどまってしまい，経済全体の生産性は低くなる。実際に1990年代以降の日本経済の低迷についての分析の中で，このような不適切な資源配分

―― *Column* ㉕　知的財産保護制度は本当に研究開発を促進するのか ――

　本文中では特許権など知的財産保護制度は，発明者にその発明のアイデアを独占的に使う権利を与えることで研究開発を促進すると説明した。多くの人は知的財産保護制度が研究開発にインセンティブを与える一方で，既に発明されたアイデアの自由な利用を制限しているという意味で「必要悪」であると考えている。しかし本当にそうだろうか。ボルドリン（Michele Boldrin）とレヴァイン（David K. Levine）の議論によると，近年の知的財産保護の強化は特許数の激増を招いた一方で，生産性を引き上げた証拠はない。むしろ現在の知的財産保護の保護水準は強すぎるものであり，現実には，競合他社のイノベーションをつぶしたりするなど，むしろ研究開発を阻害している。実際に1760年代に，既存の効率の悪い蒸気機関を改良し，実用的な蒸気機関を発明したジェームズ・ワット（James Watt: 1736-1819）は，1769年に自らのアイデアについての特許を取得したが，ワットはその後，自らの取得した特許を武器に他の発明者を訴えることにかなりの労力を使った。この結果ワットが特許を保有している期間では，イギリスの蒸気機関に関するイノベーションは停滞した。具体的にはワットの特許期間中，イギリスでは蒸気機関の出力は1年当たり約750馬力増加した一方で，ワットの特許保護期間が終わった30年間を見ると，1年当たりの出力の伸びは約4,000馬力に増加した。

が生産性の低迷を引き起こしたということも指摘されている。

4　経済成長論と日本経済

　本章では，まずなぜ経済成長を学ぶ必要があるのかということについて，いくつかのデータを踏まえながら確認した。次に1人当たり実質GDPの決定要因として生産性に着目し，貯蓄と投資が資本の蓄積においてどのような役割を果たすのかを学んだ。そこでは資本が「限界生産物逓減」という性質を持つことから，高い貯蓄率とそれに伴う旺盛な投資は，初めに経済を急速に成長させる一方で，次第に成長率は低下し，最終的に成長が停止することを確認した。このことは資本の蓄積が長期的な成長のエンジンとはなり得ないことを示している。

続いて生産性を上昇させるもう1つの要因として技術進歩について検討し，どのように技術進歩を計測するのかという問題について学習した。そして実際に戦後の日本経済における技術進歩を計測することによって，戦後の急速な経済成長とその後の成長率の低下は，資本の限界生産物逓減と技術進歩率の低下によることを明らかにした。最後に経済全体の技術進歩に影響を与える要因として，研究開発と不適切な資源配分という2つの要因を取り上げた。今後日本で少子高齢化が進展し，労働者の数が少なくなっていくことを考慮すれば，資源配分の効率性を妨げるような制度を改め，社会全体でイノベーションを促していくことが，長期的に日本の経済成長率を高めていく鍵となるだろう。

参考文献

星岳雄／アニル・K. カシャップ『何が日本の経済成長を止めたのか』日本経済新聞出版社，2013年。
  * 1990年代以降の日本の低成長について，不適切な資源配分という観点から分析している。研究書だが平易な言葉で説明されており，初学者でも読みやすい。

ミケーレ・ボルドリン／デヴィッド・K. レヴァイン，山形浩生・守岡桜訳『〈反〉知的独占——特許と著作権の経済学』NTT出版，2010年。
  * Column㉕で取り上げた知的財産保護制度とイノベーションとの関係に関する一般向けの本。事例が豊富である。

今後の学習のための本

ポール・クルーグマン／ロビン・ウェルス，大山道広・石橋孝次・塩澤修平・白井義昌・大東一郎・玉田康成・蓮田守弘訳『クルーグマン マクロ経済学』東洋経済新報社，2009年。
  * 入門レベルのマクロ経済学の教科書。分かりやすさと面白さに定評がある。経済成長については第8章で説明されている。

グレゴリー・マンキュー，足立英之・小川英治・地主敏樹・柳川隆訳『マンキュー経済学 マクロ編』第3版，東洋経済新報社，2014年。
  * 同じく入門レベルのマクロ経済学の教科書。経済成長については第7章で詳しく説明されている。

チャールズ・I. ジョーンズ，宮川努・荒井信幸・大久保正勝・釣雅雄・細谷圭訳『ジョーンズマクロ経済学Ⅰ 長期成長編』第2版，東洋経済新報社，2011年。

＊中級レベルのマクロ経済学の教科書。経済成長については第3章から第6章にかけて，理論とデータとの関連性が丁寧に説明されている。

練習問題

問題1
私たちが一国の経済的豊かさについて着目する場合，なぜ1人当たりの実質GDPを用いることが適切なのかを説明しなさい。

問題2
ある国の政府が国民の貯蓄を奨励するような政策を行ったとする。このことは生産性の水準及び成長率に対してどのような影響を与えるか説明しなさい。

問題3
ある国の10年間の生産性成長率が5％である一方で，労働者1人当たりの資本量の平均成長率は6％であったとする。この時生産性の成長率を成長会計の手法を使って分解しなさい。

(池下研一郎)

終　章

経済学の可能性

　序章で「経済学とは，人々の物質的な豊かさの原因や性質について研究し，それらを体系的に整理すること，あるいは体系的に整理されたもの」と述べた。この点にもう一度立ち返って本書で学んだことを確認することから始めたい。

1　ミクロ経済学の可能性

市場の可能性

　「市場とは何ですか。そして，市場の役割は何ですか」という質問に対する皆さんの答えは本書を読む前と読んだ後でどのように変わっただろうか。本書を読む前から，ほとんどの人が「市場とはモノやサービスが取引されるところであり，市場で価格が変化することによって需要（買いたい量）と供給（売りたい量）がうまく調整される」という考えは持っていたと思う。しかし，市場の存在が分業を可能にし，生産を社会全体として効率的に行えるようになること，そして比較優位の原理に従った分業によってその効果がさらに大きくなることまでは認識していなかったのではないだろうか。市場が労働や資本などの限られた資源を効率的に配分することを通して，社会全体で分業を行い交換からの利益を得ることで，私たちの生活は豊かになる。第1章ではこの点について説明したが，それは市場の可能性を示したに過ぎない。市場がいかにしてこの重要な役割を果たしているのかを理解してもらうのが，第Ⅰ部の課題であった。

家計と企業の行動と余剰

　市場は，実際のところ交換の場でしかなく，効率的な資源配分を達成するために自ら主体的に行動するわけではない。効率的な資源配分が達成されるかどうかは，家計や企業の市場での行動に依存している。そこで，第2章と第3章で家計と企業の行動について考察した。その結果，需要曲線は単に価格と買いたい量との間の負（右下がり）の関係（需要の法則），供給曲線は単に価格と売りたい量との間の正（右上がり）の関係（供給の法則）を示しているだけではないことが分かった。つまり，需要曲線と価格から家計が得る幸せ（効用）の大きさを，供給曲線と価格から企業が得る利益（利潤）の大きさをそれぞれ知ることができるのである。これらはそれぞれ消費者余剰，生産者余剰と呼ばれる。

　価格が低いほど消費者は嬉しいことから分かるように，価格が低下すると消費者余剰は大きくなる。逆に，価格が高いほど生産者の利潤が増加することから分かるように，価格が上昇すると生産者余剰は大きくなる。つまり，価格の変化に伴って，これら2つの余剰は逆方向に変化するのである。この事実こそが市場が社会全体の豊かさに貢献できる基礎となっている。

価格メカニズム

　一般に，価格が上昇すると需要量は減り供給量は増え，価格が下がると需要量は増え供給量は減る。このように，価格の変化に需要と供給が逆方向に反応するので，価格の変化を通して需要量と供給量が一致するようになる。これを価格メカニズムと思っていた人も多かったのではないだろうか。もちろん，これも価格メカニズムの重要な一部であるが，それ以上に重要なのは，第4章で説明したように，需要と供給が一致する時，消費者余剰と生産者余剰の合計である総余剰が最大化されていることである。これは1つの市場だけを考えた部分均衡分析の結果であるが，第5章で見たように，複数の市場を同時に分析しても，あるいはより一般的にすべての市場を同時に考察する一般均衡分析でも同じ結論が得られる。部分均衡での総余剰の最大化という結論は，一般均衡では「パレート効率性」としてより一般的な形で表現される。

終　章　経済学の可能性

　市場が私たちの生活を豊かにするためには，市場の参加者が価格だけをシグナルとして行動すること，そして価格に必要な情報のすべてが含まれていることが必要である．つまり，ある財の価格は，家計のその財に対する評価と，企業がその財を生産するための費用を正しく反映したものでなければならない．この前提が満たされ，市場への何らの介入もない時，部分均衡分析では物質的な豊かさの尺度である（総）余剰が最大となることが，一般均衡分析ではパレート効率的な資源配分が達成されることが示される．

市場の限界と失敗

　パレート効率性という言葉が示しているように，市場がうまく機能した時に実現する物質的豊かさは資源の効率的な利用によるものである．つまり，豊かさは効率性と同じ意味であり，これは有限の資源のもとで最大の経済的な成果を実現するということを考えれば当然である．しかし，同時にそれは効率性だけを考えているという意味で非人間的でもある．つまり，貧富の格差などの経済主体間での公平性について，市場は何も語らないのである．これは市場の役割には限界があることを示している．

　市場の役割に限界があることに加えて，市場がいつも資源の効率的な配分に成功するわけではないことも知っておく必要がある．これが第6章のテーマであった．価格メカニズムがきちんと働くためには，価格にすべての情報が正しく反映されていることと，市場の参加者によって価格が操作されないことが前提である．ミクロ経済学では，前者が満たされていない場合を外部性や公共財などの問題として，後者が満たされていない場合を独占や寡占の問題として扱う．さらには，経済活動の副産物として出てくる汚染物質や騒音などにはそもそも正の価格が存在せず，市場そのものが存在しない．つまり，市場は効率的な資源配分に失敗することもあり，それは決して無視できるような問題ではなく，第6章で説明したような対策が不可欠なのである．

市場原理と市場原理主義

価格に影響を与える経済主体が存在せず，価格がすべての情報を正しく反映していれば，市場は資源の効率的な配分に成功する。これは市場原理と呼ばれるもので，このことが市場経済の豊かさの重要な基礎になっていることは間違いない。そのために，市場が完全に働くようにすることが最も重要で，それさえ保証されていれば他には何もする必要はない，という市場原理主義と呼ばれる考え方が生まれてくるのもある程度は理解できる。しかし，市場の働きを決定している原理（principles）や規範（norms）を正しく理解することと，それを盲信して原理主義者（fundamentalists）になることは同じではない。私たちは，市場原理の素晴らしさと同時にその限界及びその現実妥当性についてもきちんと認識しておく必要がある。

2　マクロ経済学の可能性

規範的経済学と実証的経済学

ミクロ経済学は，経済，特に市場の原理的あるいは規範的な側面に焦点を当てて分析するので，規範的な（normative）経済学と言われる。しかし，現実の経済はその原理の通りに動いているわけではない。また，個々の経済主体の合理性が経済全体としての合理性を必ずしも保証するものではない。それゆえ，個々の市場の効率性に注目するあまりに全体としての経済の動きを見失ってしまうこともある。そこで，ミクロ経済学とは異なるアプローチが必要になる。まず現実を観察し，それを説明するための理論やモデルを構築するという，実証的な（positive）アプローチである。これが，今ではミクロ経済学と並んで経済学の重要な柱となっているマクロ経済学の大きな特徴である。

国民所得会計と GDP の決定

豊かさを享受するためには，利用可能な資源はすべて使うべきである。しかし，資源の配分，つまり限りある資源を何のために使うのかだけに注目すると，

終　章　経済学の可能性

全体として資源がどの程度使われているかという肝心な点を見失ってしまう。「木を見て森を見ず」ということになりかねない。1本1本の木（個々の経済主体や市場）だけを見ていたのでは，森（経済全体）の健全さを保つことは難しいだろう。また，森の全体としての健全さが失われると，個々の木々にも大きなダメージとなるであろう。個々の木々に焦点を当てる代わりに森を全体として捉え，その保全をすることで1本1本の木を元気に生かしていこうとするのが，マクロ経済学の考え方である。

そこでまず森全体の活動を測定する必要がある。それが第7章で説明している国民所得会計であり，その中心となるものがGDP（国内総生産）である。もちろん，表面的な森の活動（名目）の大きさを知るだけでは十分でない。それが実態（実質）を伴ったものであるかどうかも大事である。これらの点に注意しながら経済を全体として可能なかぎり正しく把握しようとするのが，国民所得会計の理論であると言える。

森全体をきちんと把握すると同時に，なぜそのような状態になったのかを知る必要がある。それが第8章で説明した総所得の決定の理論である。森全体の元気がなくなることがあるように，マクロ経済も元気がなくなってしまうことがある。その原因が分かれば対処法も自ずと明らかになる。森の一部に水や栄養を与えると，それが全体に行き渡り大きな効果を生むように，経済に需要（栄養）を注入すると，最初に注入した需要の何倍もの効果が得られることを示しているのが乗数理論である。それが財政政策と呼ばれる政府による総需要の刺激政策の理論的な根拠となっている。しかし，政府が財政政策を行うためには，お金が必要である。今の世代の豊かさのために後の世代の豊かさを犠牲にする可能性があることも第8章では指摘されている。

マクロ経済と金融

ミクロ経済学が規範的で，マクロ経済学が実証的であることを示す端的な例として，貨幣を挙げることができる。貨幣を媒介としない取引は現実には考えられないにもかかわらず，ミクロ経済学では貨幣を明示的に考慮して分析する

ことは少ない。

　これに対して，マクロ経済学では，現実経済における私たちの生活（豊かさ）にとって不可欠であるが，時として厄介な問題も引き起こす貨幣に向き合うことになる。「貨幣とは何か。そしてその量をどのように測るのか」という問題から始めて，貨幣の存在によって円滑に行われることが可能になる金融，つまり資金の融通やそのためのシステムに迫るのが第9章である。さらには，貨幣の価値の減少や上昇，つまりインフレやデフレという，私たちの生活にとってとても重要な現象についても説明されている。

　消費の最も重要な決定要因は可処分所得であり，そのことが第8章で説明されている乗数理論の基礎となっている。そこで展開されている国民所得の決定理論では投資は外生変数として扱われており，投資が何らかの外的な要因で変化した時に国民所得がどれだけ変化するかを，乗数理論を用いて明らかにしている。しかし，投資は経済主体によって決定されるので実際には外生変数ではない。第10章ではまず，利子率が投資の最も重要な決定要因となることを企業の合理的な行動から説明している。これは，利子率の変化が，投資の変化を通して国民所得に大きな影響を及ぼすことを意味する。そこで次に，中央銀行が行うさまざまな金融政策と利子率の関係を明らかにし，第8章の理論を拡張して金融政策が国民所得に与える影響を詳しく説明している。最後に，皆さんもどこかで聞いたことがあるであろう「量的緩和政策」などの最近の金融政策についても言及している。

開放経済と経済成長

　閉鎖経済から開放経済へ移行すると，より大規模な分業が可能になるので豊かになることは，ミクロ経済学の視点から明らかなように思える。しかし，それが事実かどうかは現実のデータから判断するしかない。第11章では海外との財・サービスや資金の取引を記述した国際収支統計の説明から始め，そこで重要な役割を果たす外国為替レートとその決定要因について説明している。皆さんは海外旅行をする時などをのぞいて為替レートをそれほど意識しないかもし

れないが，グローバル化している今日の経済では，好むと好まざるとにかかわらず，日々の生活にも為替レートの影響が及んでいる。また，国民所得の水準も海外との取引の影響を受けて変動し，それに対応した政策が必要になる。第11章では，これらの点についても詳細に論じられている。

日本に住んでいると日本の豊かさを実感できないかもしれない。しかし，世界的に見れば，日本がとても豊かであることは間違いない。それが経済成長によってもたらされたこと，つまり私たちの豊かさにとって経済成長が決定的に重要であることを示すことから，第12章は始まっている。私たちは，自然に存在するモノ（資源）を，生産活動を通して生産手段に変化させることができる。この生産された生産手段を資本という。物的資本と呼ばれる生産設備や工場などや人的資本と呼ばれる人間の技術や能力などである。さらには知的資本と呼ばれる資本を蓄積することもできる。知識や技術，それを効率的に使うための市場などの仕組みや金融などの社会制度も，この知的資本に含まれる。第12章では，物的資本の蓄積や技術進歩が生産性の向上にどのように寄与するか，そして寄与してきたかを，理論と現実の歴史を踏まえて描き出している。その結果として，現在の物質的な豊かさが実現したのである。

3　経済学の可能性

科学としての経済学

「経済学は社会科学の王様である」と言われている。これは社会現象を扱うさまざまな学問あるいは研究領域の中で最も（自然）科学的であると考えられているからである。科学の重要な特徴の1つは，検証可能な結論を提示し，それを実験や現実のデータによって確かめることにある。「万有引力の法則」「作用反作用の法則」は，重要かつ検証可能な力学の法則である。経済学にも，自然科学の法則ほど普遍的ではないかもしれないが，かなり一般的に成り立つ法則がある。科学のもう1つの重要な特徴に，equilibrium（平衡）と呼ばれるシステム（体系）の安定性がある。同じ equilibrium を経済学では均衡と呼ぶ

が，これが部分あるいは全体の経済の安定性を示している。この2つに大きく貢献しているのが，需要と供給という考え方である。

　経済学では価格に着目し，価格に対して全く異なる反応をする需要と供給の2つを考えることで，法則を導き出すことに成功している。「需要の法則」「供給の法則」などがこれに当たる。つまり，家計や企業といった「経済主体」が価格にどのように反応するかではなく，「需要」と「供給」が価格にどのように反応するのかに注目するのである。家計はある時は需要者であるが，別の時は供給者にもなる。企業もまた同様である。これらの行動を詳しく分析しながら，最終的には需要と供給の2つに分けることで，科学的な結論（命題・法則）を導き出す。市場では経済主体が価格をシグナルとして行動するので，安定的な均衡が実現することも容易に示すことができる。さらには，他の要因が変化した時に起こる変化も，それが需要や供給に与える影響を通して分析できる。

　もちろん，自然科学との大きな違いもある。自然科学の場合，実験を繰り返すことで十分なデータを生み出し，それによって理論の妥当性を検証することができるが，経済学ではそれが難しい。しかし，最近実験経済学という分野が生まれ理論の妥当性が実験によって検証され始めた。また，情報通信インフラの整備拡充やデータサイエンスの発達によって，人々の経済的行動に関するビックデータを分析することが可能になり始めている。その結果，これまでは理論的仮説に過ぎなかったものをデータによって検証することができるようになるであろう。つまり，経済学はより科学的になる可能性を秘めている。

理論と現実

　「理論が想定しているのとは違って現実はとても複雑なので，経済学は実際には役に立たない」というような批判がなされることがある。例えば，ノーベル賞を受賞したスティグリッツ（Joseph E. Stiglitz）のような経済学者も強調しているように，市場原理が成り立つための前提条件はとても厳しく，すべてが厳密に満たされる市場は現実にはほとんど存在しない。しかし，現実と理論の前提が違うということがその理論が役に立たないことを意味するわけではない。

終　章　経済学の可能性

> ― **Column ㉖**　ヨーゼフ・A. シュンペーター（Joseph Alois Schumpeter: 1883-1950）―
>
> 　シュンペーターは，同い年のケインズとはいろいろな面で対照的な人生を歩んだ。25歳の時ワルラス流の静学的一般均衡理論に関する名著『理論経済学の本質と主要内容』を書いている。彼が早熟の天才であったことは，ワルラス（Leon Walras）が彼と初めて会った時，「君のお父さんの立派な本を読んだよ」と語りかけたと言われていることからも分かる。彼は，資本主義の本質はダイナミクスの中にあると考え，4年後の1912年に彼の名を不朽のものにする『経済発展の理論』を著している。イノベーションが（資本主義）経済のダイナミズムの原動力であるという，そこで展開された彼の考えに今日反対する人はほとんどいない。彼の経済学への主要な貢献は，ケインズが経済学への貢献を始める前になされている。ケインズが最後まで祖国イギリスの国益のために努力したのに対し，シュンペーターは晩年愛するヨーロッパを離れ，アメリカのハーバード大学でサミュエルソン（Paul Samuelson）など多くの経済学者を育てている。日本嫌いだったと言われているケインズとは対照的に，シュンペーターは親日家としても知られている。

　重要なのは，理論の前提と現実のどこが違うのかを正しく認識して理論を使うことである。シュンペーターが強調したように，「おもちゃの鉄砲を持って，実戦の塹壕(ざんごう)に入ってはいけない」のである。しかし，おもちゃの鉄砲（理論）であることをきちんと認識していれば，それは十分役に立つのである。

　本書でもそうであるが，経済学では，グラフや数式や図で表されたモデルを用いて理論を説明することが多い。そのため「どのモデルが正しいのですか」あるいは「どのモデルが重要ですか」といった質問をよくされる。「何が知りたいのかによる」というのが，その質問への答えである。経済のモデルはしばしば地図にたとえられるが，まさにその通りで，目的によって地図を使い分けるように，何が知りたいのかによってモデル（理論）を使い分けるべきである。東京とニューヨークの位置関係を知りたいのに5万分の1の縮尺の地図を使う人はいない。地図を部屋いっぱい広げても位置関係は分からない。渋谷の駅に着いて，そこから200メートルから300メートル離れた店に行くのに5万分の1の縮尺の地図を使う人もいない。そんな地図には店の位置や名前は載っていな

いからである。

ミクロとマクロ

　経済学ではミクロ的なアプローチとマクロ的なアプローチの両方を重視する。その際のミクロとマクロとは，単に小さいか大きいか，あるいは小さな視点で見るか大きな視点で見るかを言っているのではない。現在の環境問題の多くは国境を越えた地球規模のものとなっており，規模の点ではまさにマクロの問題である。しかし，その解決には第Ⅰ部で紹介したようなミクロの視点が不可欠である。つまり，価格がすべての情報を正しく反映していないので，価格メカニズムがうまく働かないために生じた問題なのである。

　これに対して，多くの人が雇用されている中で限られた数の人だけが失業しているというのは，個人のすなわちミクロの問題であると言えるかもしれない。しかし，大和君の失業問題を解決するために，花さんが新たに失業するようであれば，ある人の問題を他の人に移したに過ぎない。この場合，全体として雇用が不足しているというマクロの視点で問題を捉えて解決する必要がある。

4　経済の課題と経済学の課題

古くて新しい課題

　地球規模の環境問題，国家間及び国内での大きな所得格差，頻繁に発生する世界的な不況など，最近新しい問題がたくさん発生しているように思われるかもしれない。しかし，これらは市場経済が最初から抱えていた問題であることを，今の皆さんは理解できるだろう。1つひとつの国が経済的に成長したことと，国や地域の統合が進んだことを通して，経済の規模が大きくなっている。このことによって経済問題の規模もまた大きくなっているのである。

　問題を大きくしているもう1つの原因として，成長のスピードがある。先進国の経済は，人口成長の鈍化もあり成長の速度は落ちているが，世界経済はかつてないほどの速さで成長している。そのために，不安定さも増している。こ

の点で市場経済は飛行機に似ているのかもしれない。飛行機は推進力を揚力に変換して飛び上がる。スピードがある時は安定して飛び続けるが，失速すると墜落してしまう。世界経済も順調に成長している時は良いが，いったん成長が鈍化すると一気に不安定になってしまう。それだけではなく，順調に成長していた時には成長の成果の陰に隠れていたさまざまな問題が，次々と表に現れることになる。格差や環境問題などがこれに当たる。

新しい課題

　新しい課題が現れてきているのも事実である。多くの場合，経済発展のトッププランナーである先進国がそれらに最初に直面することになる。30年前まではインフレに苦しんでいた多くの先進国が，今ではデフレという課題に取り組まざるを得ない状況に陥っているのもその1つである。しかも国際協調と国益を同時に考えながら，デフレ対策を講じなければならない。

　長期的な観点からより深刻なのは，少子高齢化である。この問題は先進国の中でも日本が特に深刻であることは皆さんも知っているだろう。しかし，問題の本質は少子化，高齢化そのものというより，そのスピードにある。資源や国土の観点からは，少子化によって人口が減少することは日本にとっては決して悪いことばかりではない。また，寿命が延びること自体はとても良いことである。しかし，この2つが同時に，しかも急速に進んでいることが問題なのである。

経済学の課題

　学生の皆さんが「経済学は難しい」と言うのをしばしば耳にする。「数学を使っているので難しいものだ」と最初から決めつけている場合も多いように感じる。しかし一方で，教員の側が数学的な説明に頼り過ぎているという面もあるかもしれない。この点については，学ぶ側，教える側，双方の課題である。

　最先端の経済学研究で難しい数学が用いられ，その結論を専門家でも正しく解釈するのが難しくなっていることが現実に起こっている。それらを一般の人

が直感的に理解できるように説明するというのは，さらに難しいことである．作家の司馬遼太郎さんは『坂の上の雲』（文藝春秋社，1972年）の中で「すぐれた戦略戦術というものはいわば算術程度のもので，素人が十分に理解できるような簡明さをもっている」と書いている．私たちが語る経済学も，背後にどんなに難しい理論や難解な統計的な検証があるとしても，ごく普通の人が「十分に理解できるような簡明さをもっている」必要がある．現実の経済問題を解決するための経済政策は，もちろん経済学の専門家によって立案されるものであるが，その実施に当たっては，国民への丁寧な説明と国民の理解が不可欠だからである．

5 経済と経済学の可能性

　私たちはつねに何らかの経済的な問題（problems）に直面している．それらの中には，新しいものもあるし，古いものが新しい形で現れたものもある．経済学はそれらの問題を分析し，対応や対策を考えることで進歩してきた．それは経済にとっても同じである．第2次世界大戦後の日本経済だけを考えてみても，戦後の物不足やインフレ，1970年代の2度の石油ショック，1980年代の貿易摩擦，1990年代初めのバブル崩壊などの多くの問題を乗り越え成長してきた．その意味では，それらは，現実の経済にとっても経済学にとっても，問題ではなく取り組むべき課題（challenges）と言うべきかもしれない．

　本書の著者はそうではないが，読者の皆さんの多くはデジタルネイティブだと思う．ICT（Information and Communication Technology＝情報通信技術）やAI（Artificial Intelligence＝人工知能）の発展が大きな原動力となり，現在さまざまな学問や研究においてこれまでとは全く違った新しい展開が見られる．人々の経済行動を研究する経済学もその例外ではない．10年後，20年後の経済学は今とは大きく違ったものになっている可能性がある．しかし，その時でも皆さんが本書を通じて学んだ内容の1つひとつは経済学の基礎であり続けているだろう．

参考文献

ジョセフ・E. スティグリッツ，桐谷知未訳『これから始まる新しい「世界経済」の教科書』徳間書店，2016年。
　＊現在の世界が直面する経済問題を分かりやすく解説している本。
ジョセフ・A. シュムペーター，塩野谷祐一・中山伊知郎・東畑精一訳『経済発展の理論』上下，岩波書店，1977年。
　＊ケインズの『一般理論』と並ぶ20世紀の古典。
吉川洋『いまこそ，ケインズとシュンペーターに学べ――有効需要とイノベーションの経済学』ダイヤモンド社，2009年。
　＊日本の代表的マクロ経済学者によるケインズとシュンペーターという20世紀の偉大な経済学者についての分かりやすい解説書。

(中村　保・大内田康徳)

索　引
（*は人名）

あ　行

アベノミクス　170
安定的　76
1財モデル　145
一物一価の法則　92, 230
一括税　81
一般均衡　89
一般均衡分析　8, 89, 91, 102, 104
（雇用，利子および貨幣の）一般理論　7
意図せざる在庫投資　154
インセンティブ（誘因）　74
インフレ　192
インフレ率　149
迂回生産　18, 245
売りオペレーション（売りオペ）　209
営業余剰　141
X非効率性　112

か　行

買いオペレーション（買いオペ）　209
海外からの所得受取　143
海外への所得支払い　143
外貨準備　220
外国為替市場（外為市場）　224
外部性　115
外部費用　116
開放経済　28, 231
価格　51, 53, 57, 78
価格差　92, 93
価格支配力　108
価格線　55
価格比　223
価格変化　90
価格メカニズム　8
拡張的財政政策　153, 164
確定利負債　188
家計　15

可処分所得　165
課税政策　80
寡占市場　112, 113
価値財（merit goods）　119
価値貯蔵機能　176, 187
価値の基準（価値尺度機能）　175
株式　180
貨幣　175, 189
貨幣数量説　191
貨幣数量方程式　191
貨幣の購買力　187
貨幣の中立性　191
貨幣の流通速度　191
可変費用　61
為替介入　226
為替ルートを通じた波及効果　213
為替レート　222
間接金融　181
間接税　142
完全競争企業　64
完全競争市場　109, 110
完全特化（complete specialization）　27
管理通貨制度　177
機会費用（opportunity cost）　25
企業　15, 52, 60
技術進歩　250-252, 254-256
技術率　253, 255, 256
技術知識　250, 252
技術的外部経済　115
技術的外部不経済　115
基準貸付金利　209
帰属計算　140
基礎消費　157
基礎的財政支出　169, 173
ギッフェン財　43
規範（norms）　264
規範的な（normative）経済学　264
規模の経済　108

275

逆選択 123
客観的指標 72
供給 51
供給曲線 52, 57, 65, 68, 91, 94, 96
供給曲線の形状 58
供給曲線のシフト 57
供給全体 51
供給の減少 58
供給の増加 58
供給の法則 52
供給は弾力的 59
供給は非弾力的 59
供給量 51, 53, 57, 59
協調の失敗 172
均衡 75
銀行 184
銀行貸出を通じた波及経路 212
均衡財政 165
均衡予算乗数 168
金準備率 185
金銭的外部経済 115
金銭的外部不経済 115
金融 179
金融機関 209
金融市場 246
金融システム 247
金融収支 218, 220, 221
金融政策 192, 208
金融仲介機関 183
金利 186, 200
＊クールノー，A・A 114
　クールノー競争 113
　クールノー均衡 124
　クラブ財 (club goods) 119
＊クルーグマン，P 172
　計画支出 160
　計画的な在庫投資 154
　経済主体 15
　経済成長 241
　経済成長率 147, 240, 242
　経済成長論 241
　経常収支 218
　経常収支と為替レート 227

＊ケインズ，J・M 7, 156, 164, 208
　ケインズの限界効率 201
　ケインズの限界効率理論 199
　ケインズの交差図 159, 206
　ゲーム理論 124
　決済業務 184
　限界効用 44
　限界効用逓減の法則 44
　限界消費性向 157, 161
　限界生産物逓減の法則 248
　(物的資本の)限界生産力 203
　限界生産力逓減の法則 203
　限界代替率 46, 47
　限界費用 62, 66
　限界費用曲線 62, 65, 67
　研究開発 255-257
　現金通貨 178
　(割引)現在価値 202
　現実の支出 160
　原理 (principles) 264
　原理主義者 (fundamentalists) 264
　公開市場操作 209
　交換 100
　交換からの利益 (gains from trade) 27
　交換経済 99
　公共財 118, 121
　厚生経済学の第一基本定理 77
　合成の誤謬 153, 170
　公定歩合 209
　公定歩合(基準貸付金利)操作 209
　高度成長期 243, 244, 249
　高年齢者 97
　購買力平価説 230
　公平性 71, 73
　公平的 102
　効用 44, 46, 98-100
　効用最大化 45, 47, 48
　効率性 71, 256
　効率的 102
　コール市場 213
　国債 169
　国際資本移動と為替レート 228
　国際収支統計 217

索引

国内総支出(GDE) 140
国内総所得(GDI) 141
国内総所得の決定 206
国内総生産(GDP) 134
国富論 5
＊コース, R・H 60
国民総所得(GNI) 142
固定為替相場制 225
固定資本減耗 141
固定費用 61, 108
個別供給曲線 53-55
個別需要曲線 35, 36, 43, 47
個別の生産者余剰 54, 55
雇用政策 97

さ 行

サービス収支 219
財・サービス 15
財・サービス市場 33
債権 180
在庫投資 139, 154, 196
財市場 38
財市場均衡所得 159, 166
最終生産物の価値 137
財政再建 153, 173
財政政策 168
裁定取引 92, 93
再分配政策 103, 104
＊サミュエルソン, P 269
三面等価の原則 143
死荷量(厚生損失, 超過負担) 80, 111
資金不足主体 180
資金余剰主体 180
シグナリング(signaling) 125
資源 72
資源配分 16
資源配分の効率性 17
資産価格を通じた波及経路 212
資産効果を通じた波及経路 212
資産変換機能 183
支出面から見たGDP 155
市場 16
市場供給曲線 53, 56

市場均衡 98
市場経済 16
市場需要曲線 35, 36
市場全体の生産者余剰 56
市場の失敗 8, 79
自然独占 108
実質GDP 145, 240
実質為替レート 223, 224, 235
実質金利 188, 192, 207
実質経済成長率 149
実証的な(positive)アプローチ 264
質的緩和策 214
私的情報 122
GDP 239
GDP統計 160
支払い手段(交換機能) 175
資本 17, 245, 246
資本移転等収支 218
資本財 245
資本の限界生産物逓減 248-250, 254
社会厚生関数 103
社会主義国家 74
社会的な望ましさ 103
社会的費用 117
奢侈財 42
従価税 80
住宅投資 141, 196
重農主義 4
自由放任主義(レッセ・フェール) 6
従量税 80
主観的 73
需要 33
需要曲線 33, 34, 39-42, 52, 90, 94-96
需要の法則 34, 39
純(Net)所得受取 143
純粋交換経済モデル 98, 101
純粋公共財 119
準通貨 178
純輸出 140, 231
上級財 39
小国開放経済 84
少子高齢社会 97
乗数効果 161, 162, 173

277

消費　247
消費関数　157, 231
消費者余剰　33, 36-38, 44, 47, 54, 111
消費需要関数　206
情報の非対称性　123, 182
将来の予想と為替レート　229
諸国民の富　5
所得格差　242
人的資本　17, 246, 247
人頭税（コミュニティー・チャージ）　81
信用創造　185
信用度　187
スクリーニング（screening）　125
＊スティグリッツ, J・E　268
ストック　132
正貨　176
政策金利　213
生産可能性フロンティア　30
生産者余剰　54, 66, 68, 111
生産性　21, 244, 245, 251
生産の3要素　17
生産面から見たGDP　158
生産量　60
正常財　39
成長会計　253, 254
税の二重配当（double dividend）　118
政府　15
政府支出（G）　140, 167
政府支出乗数　165, 166
制約条件　46
世界価格　84
絶対優位　21
絶対劣位　22
設備投資　141, 153, 196, 246, 248
節約のパラドックス　171
ゼロ金利政策　213
戦略的相互依存関係　113
総供給　155
操業停止価格　66
操業停止点　66
総収入　56
総需要　155, 158, 165, 232
総所得　247

増税　167, 168
相対価格　223, 224
総費用　60, 61
租税乗数　167

た　行

第一次所得収支　219
対外純資産　221, 222
大恐慌　6
対数目盛　242
代替　95
代替財　93, 94
第二次所得収支　220
＊高橋是清　162
兌換紙幣　176
担保　183
単利　186
弾力的　82
地代　18
中立財　40
超過供給　160
超過需要　159
超過負担　82
直接金融　181
直接投資　220
貯蓄　161, 247, 248
貯蓄率　248
賃金　18
通貨危機　230
通貨の需給バランス　227
デフレーション（物価下落）　192, 213
投機　229
投資　195
投資需要関数　206
投資乗数　164, 166
投資の二面（重）性　197
等比級数　163
独占企業　107
土地　17
特化（specialization）　26
特許権　256, 257
ドル高（円安）　223
ドル安（円高）　223

索 引

トレードオフ 73

な 行

内部化(internalization) 116
ナッシュ均衡(Nash equilibrium) 124
日本銀行 208
日本銀行券 177
ネットワーク外部性 115

は 行

配分(allocation) 72
波及過程 163
波及効果 162
パレート改善 99-101
パレート効率的 75, 101, 103
比較静学 80
比較優位 24
比較優位の原則 26
比較劣位 24
非競合性 118
ピグー税 116-118
非効率的 102, 104
非自発的失業 156
ビッグマック平価 230
必需財 42
1人当たり実質GDP 240, 241, 243
非排除性 118
評価 71
評価指標 71
フィッシャー方程式 188
*ピケティ, T 75
付加価値 135
不換紙幣 177
複占市場 112
複利 186
物価指数 146
物価水準 188
物的資本 17, 196, 246
物々交換経済 189
不適切な資源配分 256
負の公共財(public bads) 120
部分均衡 89
部分均衡分析 8, 77, 89-91, 104

プライマリーバランス 169, 173
フリーライダー問題 121
フロー(flow) 132
分業 19
分配(distribution) 72
分配面から見たGDP 158
平価 225
平均可変費用 62, 63
平均固定費用 62, 63
平均費用 62, 63, 108
平均費用曲線 63, 67
閉鎖経済 28, 85
ベビーシッター 171
ベビーシッター協同組合 171
ベルトラン競争 113
変動為替相場制 226
貿易収支 219
貿易の利益 85
法定準備制度 210
法定準備率 185, 210
法定準備操作 209
補完財 95, 96
補助金 142
補助金政策 82
ポリシーミクス 170
本位貨幣 176

ま 行

*マーシャル, A 79
マーシャル=ラーナー 235
マクロ経済学 7
マネーストック 178, 179
*マルサス, T・R 27
*マンデル, R・A 233
見えざる手 79
ミクロ経済学 7
ミクロ的な動機づけ 201
ミセスワタナベ 229
民間消費(C) 140
民間投資(I) 140
無差別曲線 46
無担保コールレート(翌日物) 213
名目GDP 144, 169

279

名目為替レート　223
名目金利　187, 207
名目経済成長率　148
名目利子率　169
モニタリング　183
モラルハザード　123, 125, 182

　　　　　　や　行

有効需要　156
有効需要の原理　156, 162
輸出（EX）　140
輸入（IM）　140
輸入自由化　84
要素市場　138
預金準備率　185
預金通貨　178, 185
予算制約線　46
余剰　76
余剰分析　77

予想収益率　199
欲求の二重の一致　189
予備的貯蓄　172
45度線　232
45度線分析　159

　　　　　　ら・わ行

＊リカード, D　27
利子（配当）　18
利潤　64
利潤最大化　64, 65, 67, 68, 204
流動性の罠　211
留保価格（reservation price）　37
量的緩和（政）策　213, 214
累進所得税　167
劣等財　40
労働　17
労働者1人当たり資本の寄与　253
ワルラス的調整過程　76

《執筆者紹介》

中村　保（なかむら・たもつ）編著者・はしがき・序章・第1章・第7章・終章
　　編著者紹介欄参照。

大内田康徳（おおうちだ・やすのり）編著者・はしがき・第6章・終章
　　編著者紹介欄参照。

中村大輔（なかむら・だいすけ）第2章
　1974年　神奈川県生まれ。
　　　　　中央大学経済学部卒業。
　　　　　中央大学大学院経済学研究科博士課程後期課程退学, Ph. D. (Universitty of Glasgow)
　　　　　イリノイ大学（米国）特別客員研究員，ノーザンカソリック大学（チリ）講師，国際東アジア研究センター上級研究員，九州大学大学院経済学研究院客員准教授などを経て，
　現　在　中央大学国際経営学部教授。
　主　著　*Attractiveness of Regions as a Measure of Social Welfare Function*, Heidelberg: Springer（近刊）.
　　　　　"An integrated production-stage analysis on market areas and supply areas," *Annals of Regional Science*, Vol. 45: 453-471, 2010. など。

小野　宏（おの・ひろし）第3章
　1974年　岡山県生まれ。
　　　　　広島経済大学経済学部卒業。
　　　　　広島大学大学院社会科学研究科経済学専攻博士課程後期修了，博士（経済学，広島大学）。
　　　　　広島大学経済学部附属地域経済システム研究センター講師（研究機関研究員），大分大学経済学部講師・助教授を経て，
　現　在　大分大学経済学部准教授。
　主　著　"Searching for nonlinear effects and fiscal sustainability in G7 countries," *Applied Economics Letters*, Vol. 15: 457-460, 2008.
　　　　　"The government expenditure-economic growth relation in Japan: an analysis by using the ADL test for threshold cointegration," *Applied Economics*, Vol. 46(28): 3523-3531, 2014. など。

藤井隆雄（ふじい・たかお）　第4章

- 1973年　大阪府生まれ。
  神戸大学経済学部卒業。
  神戸大学大学院経済学研究科博士後期課程修了，博士（経済学，神戸大学）。
  市役所勤務の後，神戸大学大学院経済学研究科准教授，福山大学経済学部准教授，神戸市外国語大学外国語学部国際関係学科准教授を経て，
- 現　在　神戸市外国語大学外国語学部国際関係学科教授。
- 主　著　"Effects of Public Investment on Sectoral Private Investment: A Factor Augmented VAR Approach,"（共著）Journal of the Japanese and International Economies, Vol. 27: 35-47, 2013.
  "The Role of Complenenrarity between Goverment Spending and Labor in Government Spending Multiplier: Evidence from Japan,"（共著）Adachi, H., Nakamura, T. and Osumi, Y., edt., Studies in Medium-Run Macroeconomics, Ch. 12, 2015: 281-295. など。

安岡匡也（やすおか・まさや）　第5章

- 1978年　愛知県生まれ。
  名古屋市立大学経済学部経済学科卒業。
  神戸大学大学院経済学研究科博士後期課程修了，博士（経済学，神戸大学）。
  神戸大学大学院経済学研究科 COE 研究員，北九州市立大学経済学部准教授，関西学院大学経済学部准教授を経て，
- 現　在　関西学院大学経済学部教授。
- 主　著　"Change in the transition of the fertility rate,"（共著）Economics Letters, Vol. 106(2): 78-80, 2010.
  "How is the child allowance to be financed? By income tax or consumption tax,"（共著）International Review of Economics, Vol. 62(3): 249-269, 2015. など。

室　和伸（むろ・かずのぶ）　第8章

- 1979年　富山県生まれ。
  富山大学経済学部経済学科卒業。
  神戸大学大学院経済学研究科博士課程前期課程修了。
  神戸大学大学院経済学研究科博士課程後期課程単位取得退学，博士（経済学，神戸大学）。
  London School of Economics and Political Science (LSE) 客員研究員，姫路獨協大学経済情報学部講師，准教授を経て，
- 現　在　明治学院大学経済学部教授。
- 主　著　"Structural Change and Constant Growth Path in a Three-Sector Growth Model with Three Factors,"（単著）Macroeconomic Dynamics, Vol. 21(2): 406-438, 2017.
  "Individual Preferences and the Effect of Uncertainty on Irreversible Investment,"（単著）Research in Economics, Vol. 61(3): 191-207, 2009. など。

三宅敦史（みやけ・あつし） 第9章

- 1977年　大阪府生まれ。
  神戸大学経済学部卒業。
  神戸大学大学院経済学研究科博士課程後期課程修了，博士（経済学，神戸大学）。
  サイモン・フレーザー大学（カナダ）客員研究員，神戸学院大学経済学部講師，准教授を経て，
- 現　在　神戸学院大学経済学部教授。
- 主　著　"A Dynamic Analysis of an Economy with Banking Optimization and Capital Adequacy Regulations,"（共著）*Journal of Economics and Business*, Vol. 59: 14-27, 2007.
  『大恐慌論』（ベン・バーナンキ著，共訳書）日本経済新聞出版社，2013年など。

秋山太郎（あきやま・たろう） 第10章

- 1979年　大阪府生まれ。
  同志社大学商学部卒業。
  神戸大学大学院経済学研究科博士課程後期課程退学，博士（経済学，神戸大学）。
  名古屋学院大学経済学部講師，Victoria University of Wellington 客員研究員を経て，
- 現　在　名古屋学院大学経済学部准教授。
- 主　著　"An Intergenerational Child Care Support and the Fluctuating Fertility: A note,"（共著）*Economics Bulletin*, Vol. 29(4): 2478-2491, 2009.
  「資産価格の変動が企業の参入・退出に及ぼす影響」（共著）『名古屋学院大学論集社会科学編』48(2)：79-100，2011年など。

三宅伸治（みやけ・しんじ） 第11章

- 1970年　岡山県生まれ。
  京都教育大学教育学部卒業。
  大阪大学大学院経済学研究科博士後期課程単位取得退学，博士（経済学，大阪大学）。
  アウクスブルク大学（ドイツ）客員研究員，釧路公立大学経済学部を経て，
- 現　在　西南学院大学経済学部教授。
- 主　著　「所得再分配政策と労働移動が存在する経済での効率性と公平性のトレードオフ」（単著）『日本経済研究』No. 41：151-167，2000年。
  「世代別失業率と資本蓄積」（単著）『西南学院大学経済学論集』50巻2号：73-97，2015年など。

池下研一郎（いけした・けんいちろう）　第12章
　1975年　長崎県生まれ。
　　　　　九州大学大学院経済学部卒業。
　　　　　九州大学大学院経済学府単位取得退学，博士（経済学，九州大学）。
　　　　　金沢大学人間社会研究域経済学経営学系准教授を経て，
　現　在　九州大学大学院経済学研究院准教授。
　主　著　"A Phase Diagram Analysis of "The Environmental and Directed Technical Change"," （共著）*Economics Bulletin*, Vol. 35(2)：968-977, 2015.
　　　　　"Intellectual Property Rights and Foreign Direct Investment in an Endogenous Growth Model,"『応用経済学研究』3巻：166-186, 2010年など。

《編著者紹介》

中村　保（なかむら・たもつ）
　1962年　長崎県生まれ。
　　　　　山口大学経済学部卒業。
　　　　　神戸大学大学院経済学研究科博士課程後期課程退学，博士（経済学，神戸大学）。
　　　　　ブリティッシュ・コロンビア大学（カナダ）客員准教授・客員教授，山口大学助手・講師・助教授，神戸大学助教授を経て，神戸大学理事・副学長，同大学大学院経済学研究科教授，厦門大学（中国）マクロ経済研究センター連携教授を歴任。2024年逝去。
　主　著　*Studies in Medium-Run Macroeconomics: Growth, Fluctuations, Unemployment, Inequality and Policies*,（共編）World Scientific Publishing, 2015.
　　　　　『所得格差のマクロ動学分析』勁草書房，2014年。
　　　　　『自由市場とイノベーション――資本主義の成長の奇跡』（ウイリアム・J・ボーモル著，共訳書）勁草書房，2010年など。

大内田康徳（おおうちだ・やすのり）
　1972年　福岡県生まれ。
　　　　　西南学院大学商学部卒業。
　　　　　九州大学大学院経済学府博士後期課程経済工学専攻修了，博士（経済学，九州大学）。
　　　　　北九州工業高等専門学校講師，助教授，広島大学助授（准教授）を経て，
　現　在　広島大学大学院人間社会科学研究科教授。
　主　著　『環境投資と規制の経済分析』九州大学出版会，2007年。
　　　　　"Environmental research joint ventures and time-consistent emission tax: Endogenous choice of R&D formation,"（共著）*Economic Modelling*, Vol. 55: 179-188, 2016.
　　　　　"Cournot duopoly and environmental R & D under regulator's precommitment to an emissions tax,"（共著）*Applied Economics Letters*, Vol. 23(5): 324-331, 2016.
　　　　　"Do emission subsidies reduce emission? In the context of environmental R&D organization,"（共著）*Economic Modelling*, Vol. 36: 511-516, 2014. など。

　　　　　　　　　　MINERVA スタートアップ経済学②
　　　　　　　　　　　　経済学入門

　　2017年3月30日　初版第1刷発行　　　　〈検印省略〉
　　2025年2月10日　初版第6刷発行
　　　　　　　　　　　　　　　　　　　　　定価はカバーに
　　　　　　　　　　　　　　　　　　　　　表示しています

　　　　　　　　　編著者　　中　村　　　　保
　　　　　　　　　　　　　　大　内　田　康　徳
　　　　　　　　　発行者　　杉　田　啓　三
　　　　　　　　　印刷者　　江　戸　孝　典
　　　　　　　　　発行所　　株式会社　ミネルヴァ書房
　　　　　　　　　　　　　　607-8494 京都市山科区日ノ岡堤谷町1
　　　　　　　　　　　　　　電話代表　075-581-5191
　　　　　　　　　　　　　　振替口座　01020-0-8076

　　　　　　　　　© 中村保・大内田康徳ほか，2017　共同印刷工業・吉田三誠堂製本
　　　　　　　　　　　　ISBN978-4-623-07919-3
　　　　　　　　　　　　　Printed in Japan

MINERVA スタートアップ経済学

体裁　Ａ５判・美装カバー

① 社会科学入門　奥　和義・髙瀬武典・松元雅和・杉本竜也著
② 経済学入門　中村　保・大内田康徳編著
③ 経済学史　小峯　敦著
④ 一般経済史　河﨑信樹・奥　和義編著
⑤ 日本経済史　石井里枝・橋口勝利編著
⑥ 財政学　池宮城秀正編著
⑦ 金融論　兵藤　隆編著
⑧ 国際経済論　奥　和義・内藤友紀編著
⑨ 社会保障論　石田成則・山本克也編著
⑩ 農業経済論　千葉　典編著
⑪ 統計学　溝渕健一・谷﨑久志著

———————— ミネルヴァ書房 ————————
https://www.minervashobo.co.jp